国视教育研究书系

田慧生◎主编　曾天山◎副主编

高等学校绩效评价报告 *2013*

张男星 等 著

教育科学出版社
·北 京·

丛书编委会

主　　编：田慧生
副 主 编：曾天山
编委会成员（按姓氏笔画排序）：

为打造具有国家水准、国际视野的教育科研成果，更好地服务于办好人民满意的教育，服务于全面建成小康社会，在中央级公益性科研院所基本科研业务费专项基金的支持下，我院开展了对国内外重大教育理论与现实问题的系统研究，形成了"国情、国视、国菁、国际"四大书系。

"国情"教育研究书系以年度发展报告的形式，全面反映我国各级各类教育的成就、经验和挑战，对全国各省（自治区、直辖市）教育发展和政策进行区域比较，对我国各级各类教育的发展水平进行国际比较，力求对我国教育的规模、结构、质量和效益做出科学判断。

"国视"教育研究书系聚焦社会关注的教育热点难点，着眼于基础性、长远性、前瞻性问题，以了解事实、回应关切、提供政策建议为主要目的，探索教育发展规律。

"国菁"教育调研书系专门研究大中小学生的学习生活状态，涉及学校生活、家庭生活、社会生活、网络生活等，通过调查研究，了解当代学生的思想情感和行为特点，为研究如何促进学生的身心健康发展提供科学依据。

"国际"教育研究书系分为著作和译作两类，主要反映国际教育改革发展动态，回顾国际教育的历史进程，跟踪国际教育的改革动态，把握国际教育的发展趋势。

四大书系既各自独立又相互联系，在保持各书系特点的同时，力求做到：

一、"从事实切入"。"事实"是"事件真实的情形"，是在过去和现在被验证且中立的信息。在科学研究中，事实是指可证明的概念，是研究的起点。客观的事实是逻辑的基础和内容，逻辑是事实的理论再现。从实际对象出发，从实际情况出发，能够提高研究问题的针对性和实效性。

二、"用数据说话"。数据是研究和决策的基础。四大书系力图建立在数据和事实的基础之上，通过对数据的搜集、提炼、整合、分析，发现问题，探索规律。

三、"做比较分析"。没有比较就没有鉴别。四大书系力求通过国别比较、区域比较、类型比较、结构比较，找到差距，发现真知，提供卓见。

四、"搞协同创新"。协同创新是提高创新效率和创新水平的战略要求。四大书系研究调动院内外、系统内外、国内外资源，注重人员交叉、学科交叉、方法交叉，力求有所创新、有所突破。

五、"靠政策影响"。建言献策是智库研究的最终目的。四大书系以教育公共政策为研究对象，以影响政府决策为研究目标，以公共利益为研究导向，以社会责任为研究准则，建可信之言，献可行之策。

四大书系的编辑出版是我院全面提高教育科研水平的一项整体努力，也是建设国家一流教育智库的客观要求。在研究和编写过程中，书系得到了相关机构和同仁，特别是教育部相关司局及有关部委的大力支持，前期成果也受到了广大读者的欢迎，在此一并致谢！我们将以此为起点，不懈努力，加快中国特色新型智库建设，为推动中国教育事业科学发展发挥不可替代的重要作用。

中国教育科学研究院
2014 年 11 月

目　录
CONTENTS

自 2008 年起，"中国教育科学研究院绩效评价课题组"（以下简称课题组）启动并持续开展高校绩效评价研究，将直属高校作为绩效评价观测对象予以追踪研究、比较分析，不断推进绩效评价的理论深化与实践探讨。课题组坚持理论和实践相结合，坚持从实践中来到实践中去，不断加强对研究对象的调研，注重评价对象对评价结果的反馈，并充分吸收其中的有益建议。同时，在方法和指标上坚持继承与创新结合的原则，不断探索，力图更加全面、合理。

一、深化高等教育综合改革需要高校绩效评价

对高校进行绩效评价是公共管理发展的趋势，也是世界许多国家的管理政策。党的十八届三中全会提出"要严格绩效管理"，"深入推进管办评分离"。《国家中长期教育改革和发展规划纲要（2010—2020 年）》要求在高校中"引入竞争机制，实行绩效评估，进行动态管理"。教育部直属高校第 24 次工作咨询委员会更是明确提出："以科学评价为基础，通过绩效拨款引导高校内涵发展、提高质量。"

当前，在深化高等教育综合改革的重要时期，绩效评价作为一种新的评价方式，是对传统高校评价方法的补充，有助于深化高等教育综合改革，并且通过优化资源配置，最大程度激发高校的办学活力和效益。长期以来对高等学校绩效评价的研究和实践表明，绩效评价对于高校管理理念的更新、学科专业优化调整以及教育教学质量的提升有着巨大的作用。其最直接的体现是对高校教育资源配置的诊断和优化，西方发达

国家的许多高校都积极主动参与绩效评价，就充分表明高校绩效评价的优越性。

2009 年中国教育科学研究院对教育部直属高校的绩效评价结果向社会公布之后，引起了各方对高校绩效评价的关注。从近年来课题组对教育部直属高校绩效评价的研究和实践来看，这项工作赢得了许多高校管理者的认可。高校已经开始接受绩效评价，表示研究的结论和他们的主观判断基本一致。同时，也有一些高校自发探索校内的绩效评价，采用绩效评价方法进行管理，通过绩效评价推动学校内部资源配置的优化，在实践中取得非常理想的效果，比如同济大学、河海大学等，这些高校在绩效评价中已经主动先行先试。

这些实践和政策动向，足以反映高校绩效评价研究的价值和功用。未来，随着高校绩效评价的辐射效益不断发挥，将会带动一批学校走内涵式发展的道路，全面提升办学质量。

二、高校绩效评价指标与方法的改进

2013 年，课题组向直属高校发放问卷，就高校绩效评价的指标、权重、方法以及对本校绩效评价结果的看法等内容，广泛征求直属高校的意见。从高校的反馈情况来看，大多数高校在总体上肯定了高校绩效评价的价值，对于分类评价的做法表示高度认可，并对课题组的研究结果表示认同。同时，一些高校也建议要考虑政策、历史因素的影响，并在某些具体指标上能够进一步细化。

依据研究目的，参照反馈意见和建议，本次绩效评价基本沿用 2013 年确立的直属高校绩效评价指标体系，包括人力、财力、物力投入指标和人才培养、科学研究、社会服务产出指标。同时，继续对直属高校实行分类评价（综合类高校 27 所、大理类高校 32 所、大文类高校 13 所）（见表 1）。

表 1　2013 年确立的直属高校绩效评价分类指标体系

投入指标（12 项）			综合类 （12 项）	大理类 （12 项）	大文类 （12 项）
人力投入	1	专任教师数	√	√	√
	2	行政人员数	√	√	√
	3	教辅及工勤人员数	√	√	√
	4	具有博士学位专任教师数	√	√	√
	5	研究与发展全时人员数	√	√	√
财力投入	6	教育经费投入（拨款与收入）	√	√	√
	7	科研经费拨款	√	√	√
	8	其他经费拨款	√	√	√
物力投入	9	实验室（实习场所）面积	√	√	√
	10	图书馆面积	√	√	√
	11	教室面积	√	√	√
	12	图书册数	√	√	√
产出指标（21 项）			综合类 （21 项）	大理类 （19 项）	大文类 （14 项）
教学产出	1	当量在校生数（不含留学生与培训生）	√	√	√
	2	当量学历在校留学生数	√	√	√
	3	规划教材数	√	√	√
	4	精品课程数	√	√	√
	5	特色专业数	√	√	√
	6	ESI 前 1%学科数	√	√	△
	7	百篇优秀博士学位论文数	√	√	√
	8	当量国家级教学成果奖获奖数	√	√	√
科研产出	9	出版专著数	√	√	√
	10	发表论文总数	√	√	√
	11	SCI 期刊论文数	√	√	△
	12	EI 期刊论文数	√	√	△
	13	CSSCI 期刊论文数	√	√	√
	14	SSCI 期刊论文数	√	√	√
	15	当量国家科技奖获奖数	√	√	△
	16	省部级科学研究与发展成果奖数	√	√	√
	17	研究与发展课题数	√	√	△

续表

产出指标（21 项）		综合类（21 项）	大理类（19 项）	大文类（14 项）
社会服务产出	18 研究报告采纳数	√	△	√
	19 社会培训数	√	√	√
	20 专利出售当年实际收入金额	√	√	△
	21 专利转让当年实际收入金额	√	△	△

注：√代表"使用"，△代表"不使用"。

　　高校绩效评价的方法论基础是"投入—产出"法，旨在将投入向量与产出向量组成二维结构分析高校办学的投入—产出关系，主要运行方法是主成分分析模型，分别评价高校的投入、产出以及绩效发展状况。

　　为了能更好地施行高校绩效评价并便于多方面的比较，本次绩效评价对评价年限、指标无量纲化方法、指标赋权方法进行了调整。调整的依据如下：（1）通过实证分析发现，年限 8 年与 5 年两个时间段的投入产出数据排序比较结果尚未对评价结果造成影响；本次绩效评价将评价周期从 2006 年拉长到 2013 年。（2）四种指标无量纲化方法在相同测算模型下获得的排序结果差异较少，位序差在 3 位以上的高校基本很少，表明目前指标无量纲化方法对评价结果影响较小；本次绩效评价采用指数法进行指标的无量纲化处理。（3）传统主成分法赋权对排序的影响作用较小，基本与等权简单加总法的排序结果一致；修正主成分法赋权会对个别高校的排序结果有一定影响，但更能反映指标信息量差异的影响，体现权重的重要性。但两种方法的赋权排序结果高度相关，没有统计学意义上的显著差异，说明修正主成分赋权并非对传统主成分赋权方法的完全颠覆，而是对其的改进。本次绩效评价采用修正主成分分析作为评价运行模型。

三、直属高校绩效评价的结果

　　2013 年绩效评价对直属高校 2006—2013 年办学中投入产出的绩效进行评价，依然采用"位差法"（产出排序与投入排序之间的差值）呈现其绩效归类（"绩效偏高"、"绩效相当"、"绩效偏低"三类），基本结果如下。

第一，直属高校整体绩效状况趋于稳定，高校类型间存在绩效差异的分化。在 72 所直属高校中，"绩效偏高"类共有 31 所高校，较去年增加 3 所，其中综合类高校 12 所、大理类高校 14 所、大文类高校 5 所。"绩效相当"类共有 12 所高校，与去年相比减少 4 所，包括综合类高校 3 所、大理类高校 5 所、大文类高校 4 所。"绩效偏低"类共有 29 所高校，较去年增加 1 所，包括综合类高校 12 所、大理类高校 13 所、大文类高校 4 所。大文类高校在三种绩效类型中的分布较为平均，而大多数大理类和综合类高校集中在绩效偏高或偏低类，在绩效相当类中分布较少。（见表 2）

表 2　2006—2013 年 72 所直属高校的绩效归类情况

绩效 类别	产出与投入排序的位差值	学　校　名　称
绩效 偏高 （31 所）	10	中国农业大学
	9	北京交通大学、北京师范大学、华中农业大学
	7	天津大学、北京科技大学
	6	南京农业大学、北京邮电大学
	5	南京大学
	4	上海交通大学、复旦大学、中国人民大学、北京化工大学
	3	南开大学、对外经济贸易大学、上海财经大学
	2	浙江大学、华中师范大学、江南大学、大连理工大学、电子科技大学、华东理工大学、中国药科大学、中央音乐学院
	1	武汉大学、湖南大学、兰州大学、东华大学、北京中医药大学、北京语言大学、上海外国语大学
绩效 相当 （12 所）	0	北京大学、华东师范大学、陕西师范大学、清华大学、华中科技大学、同济大学、东北大学、河海大学、中南财经政法大学、中央财经大学、中央美术学院、中央戏剧学院

续表

绩效类别	产出与投入排序的位差值	学 校 名 称
绩效偏低（29所）	−1	山东大学、西安交通大学、东南大学、东北师范大学、华南理工大学、西南交通大学、北京林业大学、中国传媒大学
	−2	中山大学、中南大学、中国海洋大学、中国政法大学
	−3	四川大学、华北电力大学、西南财经大学
	−4	厦门大学、北京外国语大学
	−5	重庆大学、武汉理工大学、合肥工业大学、西安电子科技大学
	−6	中国石油大学、东北林业大学
	−7	西南大学、中国矿业大学
	−8	长安大学
	−9	吉林大学、中国地质大学
	−11	西北农林科技大学

第二，直属高校的产出增幅较大，教学、科研和社会服务能力持续提升。直属高校在学科建设、课程教材以及人才培养质量和国际影响力等方面均有长足进展，如当量学历在校留学生数、规划教材数、ESI前1%学科数以及百篇优秀博士论文数增幅均超过10%。高质量的科研产出增长更快，其中SCI期刊发表论文数、SSCI期刊发表论文数、EI期刊发表论文数的增长率分别达到34.40%、47.69%和8.67%。大文类高校的科研产出增长尤为明显，其SCI期刊发表论文数和SSCI期刊发表论文数增长率分别为67.51%和51.65%。社会服务产出也呈现大幅增长的趋势，其中社会培训数增长率为110.28%，技术转让当年实际收入和专利出售当年实际收入金额增长率分别为30.14%和6.91%，显示出直属高校服务社会的力度在逐步增强。

第三，直属高校的投入呈现结构性增减，变化方向有利于高教内涵发展。对高水平教师队伍的投入、对科研的投入、对教学类基础设施的投入都在不同程度地加大力度。专任教师数、具有博士学位专任教师数、研究与发展全时人员数均有所增长，其中具有博士学位专任教师数增幅最高，达到15.25%，但教辅及工勤人员数则下降了2.60%；教育总经费下降了

14.39%，但科研经费拨款却增加了 15.84%；物力投入中的持续增长点都在教学类基础设施，如综合类和大理类直属高校的实验室（实习场所）、图书馆、教室和图书册数等基础设施的投入增幅在 4.18%—5.07%，大文类高校的实验室（实习场所）面积下降了 8.12%，但教室面积却增加了 10.65%。

第四，近半数直属高校综合配置办学资源的效率较好，年度有效配置水平在逐步提升。采用 DEA 模型对直属高校资源配置效率进行分析，结果表明，资源配置综合效率有效的直属高校共 31 所，占总数的 43.06%，其中综合类 15 所，大理类 6 所，大文类 10 所。同时直属高校在 2006—2013 年这 8 年间的麦氏指数分析结果表明，直属高校资源配置效率水平的整体改善力度不足，但最近几年如 2009、2010、2012 和 2013 年的年度效率呈现逐步提升的趋势。

四、影响直属高校绩效的因素分析

第一，目前直属高校多处于规模收益临界状态，容易导向绩效走低。DEA 模型分析显示，直属高校现有规模多处于收益临界点状态，这是影响直属高校投入产出效率未达有效的重要因素。大理类直属高校未达有效的有 26 所，其中 25 所处于规模收益递减状态；综合类未达有效的有 12 所，其中 7 所处于规模收益递减状态；大文类未达有效的有 3 所，均处于规模收益递减状态。这表明随着部分直属高校办学规模的逐步扩大，对投入产出各方面进行均衡协调的困难加大，产出增长的难度远大于投入增长，容易导向绩效走低或回落。

第二，资源管理缺乏创新牵制了直属高校绩效水平的发挥。麦氏指数分解结果显示，大理类、综合类、大文类直属高校的管理创新指数在 2006—2013 年的 8 年均值分别为 0.975、0.949、0.966，均未达到有效数值 1，且该指数还呈年度下降趋势。管理创新指数偏低，表明管理制度对直属高校资源配置的效率提升未能发挥应有作用。在规模收益处于临界状态的情况下，直属高校要实现产出与投入两者之间的同步增长或者是产出增长大于投入增长，仅仅依靠数量上的增长是远远不够的，而必须切实进行管理改革与创新，以管理促进效率，以制度提高绩效。

第三，客观办学因素对直属高校的绩效表现有很大影响。通过多项分类的 Logistic 模型做回归分析发现，合并与否、学校类型、学校所在区域等客观因素对直属高校的绩效具有显著影响。结果显示，曾经合并过的高校比没有合并过的高校更有可能表现出投入产出之间的"绩效相当"，绩效不会太偏低；大文类、综合类相比大理类更有可能表现为"绩效偏高"或"绩效相当"；西部和中部地区高校表现为"绩效偏高"的可能性显著低于东部高校。

五、直属高校绩效提升建议

第一，合理确定发展规模，提升结构效益，跨越边际发展陷阱。目前，直属高校依靠简单扩大投入规模实现产出增长的粗放型发展方式已走到尽头，直属高校必须面对规模收益递减现象的出现，采取有效措施控制其影响范围、影响时间、影响程度。为此，需要从行政管理部门以及高校内部等多主体入手，推进直属高校合理确定发展定位和有效规模，调整发展方式，提升结构效益，跨越规模发展的边际陷阱，持续有效提升办学绩效。

第二，建立高校内部资源有偿占用制，全面强化资源使用成本及效率意识。党的十八届三中全会提出要"发挥市场的决定作用"。高校也应引入市场机制，盘活办学资源存量，实现资源有偿共建共享共用。基于降低自身办学成本、提高现有办学资源使用效率的目的，直属高校可以建立高效内部资源有偿占用制度，促使校内各教学、科研单位遵循市场法则占用、使用学校办学资源，强化资源使用成本及效率意识，提升单位投入的使用效率。

第三，加快推进成本会计核算制度，推动直属高校资源管理由粗放向精细转变。精细化管理是一种以最大限度地减少管理所占用的资源和降低管理成本为主要目标的管理方式。当前，直属高校资源管理的制度作用还未充分有效发挥。必须通过推进成本会计核算制度等外在方式，促进高校关注成本、积极改革、创新制度，以精细化管理为方向，以教育成本会计核算为抓手，合理确定办学成本，有效提高资源配置效率，切实推进办学质量的提升。

　　综上，为提高办学绩效，优化投入产出资源配置，直属高校应及时分析办学资源利用状况，分析办学效率的原因，适时做出相应调整，走上结构合理、资源节约、特色鲜明的内涵式发展之路。

第一章

高校绩效评价的理论新探索

高校绩效评价，既是一个推动高校内涵发展的实践方式，同时也是一个理论不断总结丰富完善的过程。自 2009 年中国教育科学研究院高等教育研究中心开展教育部直属高校绩效评价以来，在推动实践的同时也不断对绩效评价的理论进行探索，回应研究和实践中出现的问题。本章主要聚焦叙述高校绩效评价的内涵、需求、目标分解以及运行机制，进一步阐释开展绩效评价的可行性、必要性和操作性等问题。

一、高校绩效评价的内涵阐释

高校绩效评价是对大学组织投入、过程和产出的表现的评价，目的是诊断大学办学质量和优化资源配置，提高大学运行效率，实现高等教育内涵发展。

（一）词源探析与多维解读

绩效评价是一个被广泛使用却又极少分析的词语。因为"绩效"和"评价"在不同的情境下于不同的群体和个体其含义也不一样。不同的研究者基于不同的学科背景和视角形成了各自的理解。首先，从语词分析的角度来看，绩效（performance）是指主体（个体、小组和组织）为履行责任而采取的行为或实施的过程以及获得的成就。也就是说，绩效包括做事的过程与结果两个方面，是一种可证明的行动。这种行动旨在通过行为主体有效地使用恰当的技巧、知识、能力和行为等以产生特定的结果。[①] "评价" 在英文中常用 "appraisal、evaluation、assessment" 三个词汇。因其词根不一样，这三个词的内涵也不一样。appraisal 的词根是 prais，其本义就是价值，而 ap 是一个表示强调的前缀，其内涵可以理解为 "强调价值并评估"；evaluation 的词根是 valuate，其本义是 "对……作估价"，e 则是表示提取的前缀，其内涵可以理解为 "做出评价并提取价值"；assessment 的词根是基于一个拉丁文单词，意思是 "坐在旁边协助" (to sit down beside to assist)，其内涵可以理解为 "基于评价获得/提供帮助"。[②] 因此，绩效评价在英文中就有三个词语来表示，但是各自的侧重点不一样。其中，performance appraisal 更多用在经济、管理等领域；performance evaluation 和 performance assessment 则更多用在科技、教育和人力资源等领域。

绩效评价是组织机构回应问责的主要机制，与效率和效能，与诚实提供有关达到特定目标的行为信息有关。[③] 绩效评价通过界定不同主体之间的关系，与信任、沟通、反馈、激励等相联系，是一种追求特定目的的社会实践，为各种特定关系及评价程序所规定。[④]

绩效评价包括了绩效测量和绩效指标。其中，绩效测量是指对正在进行或者已经结束的活动的直接量化；绩效指标是测量那些被认为是和这一活动相关的因素，而非对活动本身的直接测量。因此，理想的绩效评价不仅要构建和选择合理的绩效指标，还要直接测量活动本身，只有这样才能

---

①　FORRESTER G. Performance management in education：milestone or millstone？[J]. Management in Education，2011，25（1）：5-9.

②　HARTLE T W. The growing interest in measuring the educational achievement of college students [J]. Assessment in American Higher Education：Issues and Contexts，1986，1-12.

③　FERRIS G R，MUNYON T P，BASIK K，et al. The performance evaluation context：Social，emotional，cognitive，political，and relationship components [J]. Human Resource Management Review，2008，18（3）：146-163.

④　FORRESTER G. Performance management in education：milestone or millstone？[J]. Management in Education，2011，25（1）：5-9.

给出全面合理的判断，并依此做出相应的决策。①

绩效评价是推动组织改进与发展的工具。学者们视绩效为组织制订的规划、使用的策略、开展的活动、设定的目标等与组织中成员的执行力、实际的参与度、工作完成率之间的关系，绩效评价能够说明组织是否有效达成了制订的目标，组织可依据评价结果制订未来的发展规划。② 绩效评价不仅强调评价的测量学特征，还重视评价过程中社会的、情境的、情感的和认知的因素。③ 组织应积极沟通评价的结果，并基于评价结果进行改进和提高。④

在高等教育领域中，高校绩效评价就意味着对高校及其成员要履行的职责或完成任务的过程与结果进行自评或者他评，理解其中蕴含的价值，并在此基础上获得或者提供相应的帮助。从利益相关者与行动主体的角度出发，高校绩效评价体现了高等教育机构回应政府部门、市场或学生、家长等社会公众对问责的要求。从测量和指标的角度来看，高校绩效评价应重点关注并直接测量教学、科研、服务等活动过程，并辅之以投入—产出的绩效指标做出评价，从而说明价值，指出需要改进和提高的领域。

事实上，高校绩效评价是一个多维度的概念，既强调价值、追求效率，又关注过程、重视改进；不但与不同主体间的利益诉求相关，而且与真诚信任、沟通反馈的伦理诉求以及宏观场域的环境诉求等多种因素有关。

总体上，绩效评价体现的是一种经济理性观和组织再造观。虽然绩效评价在现代政府部门和经济领域大行其道，但高等教育中的绩效评价却因

---

① MACDOUGALL A. Performance Assessment: Today's Confusion, Tomorrow's Solution? [C]. Proceedings of the Conférence Générale de L'International, Federation of Library Associations and Institutions, 1991.

② FLETCHER C. Performance appraisal and management: The developing research agenda [J]. Journal of Occupational and organizational Psychology, 2001, 74 (4): 473-487.

③ FERRIS G R, MUNYON T P, BASIK K, et al. The performance evaluation context: Social, emotional, cognitive, political, and relationship components [J]. Human Resource Management Review, 2008, 18 (3): 146-163.

④ BOND L. Unintended Consequences of Performance Assessment: Issues of Bias and Fairness [J]. Educational Measurement: Issues and Practice, 1995, 14 (4): 21-24.

"高等教育所承担的教书育人、科学研究、社会服务等核心使命具有高度的情境生成性、功效滞后性和专业内控性，难以复现、公约和度量，且学术自由、院校自治等传统价值一直为高等教育机构所珍视"而具有自己的特殊性。

（二）基本指向及关注重点

高等学校绩效评价作为一种评价方式，具有多种指向或多样面向。本报告中的高校绩效评价属于组织绩效评价。这类高校绩效评价的目的在于通过对高校办学的投入、成果、效果进行测量，促进高校内涵发展，从而帮助高校对比过去的计划和战略实施情况，为未来愿景规划提供依据。

从一种角度考察高等学校绩效，与从另一种角度考察高等学校绩效，其结果可能是不同的或者是不相关联的。米勒（Miller）曾提出过适合高等学校的 7 个不同领域（观察重点）的绩效评价[①]：（1）关注效能的绩效评价，主要观察高校实现其预定目标的程度；（2）关注生产力的绩效评价，主要观察高校输入和输出的比例；（3）关注质量的绩效评价，主要观察输入质量、关键运行过程、输出质量。领导系统的质量、工作的质量和上级系统的质量；（4）关注顾客和利益相关者满意度的绩效评价，主要观察外部和外部利益相关者的满意状况；（5）关注效率的绩效评价，主要观察高校对资源使用、成本和质量管理的收益；（6）关注创新领域的绩效评价，主要观察高校对改善组织的创新变化；（7）关注财政支付能力的绩效评价，主要观察高校对组织财政健康和水平的策略。可见，高校绩效评价概念内涵十分丰富，包括学科专业项目评价、专业认证、大学排行等。既可以对整个大学组织的投入和产出的效率进行综合测评，也可以进行本科生教育质量、学科专业发展等不同指向的项目评价。本报告中，高校绩效评价是对高校办学的绩效进行评价。

从文献分析来看，绩效评价作为舶来品首先被引入到中国高等教育中

---

① Richard I. Miller. The Assessment of College Performance ［M］. San Francisco, California: Jossey-Bass，1979.

的管理领域，并广泛应用在科研评估中。大多数研究和实践直接借鉴国外特定时空背景下实施的绩效评价方案、指标等研究成果。到目前为止，还没有文献系统地分析在中国高等教育领域中实施的绩效评价内涵是什么。约85%的文献是在应然层面上探讨如何对高等教育中的科研、财政支出、教师、院校组织等的绩效进行评价；10%的文献是基于数据评价特定对象的绩效并对其进行排名；5%的文献是在介绍和反思国外高等教育中具体实施的绩效评价。在这些文献中，有不到10%的文献借鉴国外研究解释了绩效的含义，并说明了绩效既可以表示结果，也可以表示过程；有2%的文献对绩效评价进行了界定，认为绩效评价是考察一个组织如何达成某种目标以及是否达成目标的系统化过程。

　　总体而言，目前国内学者对高校绩效评价的内涵的理解体现出简单化、机械化和片面性的倾向，在绩效指标的构建中强调结果，忽略过程。一方面可能是由于对实施绩效评价的需求的认识不到位，绩效评价还没有真正与高等教育机构内部的质量改进、与社会各界对高等教育质量的问责关联起来，在某种程度上就是为了评价而评价；另一方面则可能是因为目前国内学界和实践领域受社会大环境的影响，忽视了高等教育的独特性，在借鉴国外高等教育绩效评价的过程中过滤掉了其多维、复杂的特点，特别是关注过程、重视改进、沟通反馈的特点[1][2]。

二、高校绩效理念的要素分解[3]

　　20世纪60年代，美国会计总署最早提出"3E"的绩效理念，即经济性（Economy）、效率性（Efficiency）和效益性（Effectiveness）。经济性着

---

①　苑健. 高等教育绩效评估的困境及展望 [J]. 江苏高教，2014（1）：58-60.

②　沈自友，张欣. 大学绩效管理沟通存在的问题及对策研究 [J]. 国家教育行政学院学报，2014（1）：36-41.

③　本部分内容主要为课题组成员楚晓琳在《中国教育政策评论2014》发表的研究成果。详见：袁振国主编《中国教育政策评论2014》（教育科学出版社，210-220页）。

眼于实际输入，测量输入的节省情况，以避免过分的花费；效率性着眼于将输出与输入进行比较，通常是用现实的结果与现实的输入进行比较，从而考察资源使用情况，以追求成本的最小化；而效益性则是着重衡量政策所制定的目标是否已经实现，从而测量工作的有效性，以追求目标的达成。

（一）"3E" 的差异性分析

1. 评价的侧重点不同

第一，经济性评价的侧重点主要倾向于考核组织前期投入成本的节约及投入是否符合相关程序。追溯"经济"（Economy）在经济学中的含义，目前常用的有两种解释。第一种，经济指一个国家国民经济的总称，包括一国全部物质资料生产部门及其活动和部分非物质资料生产部门及其活动。第二种，经济指生产或生活上的节约、节俭，在生产上指节约资金、物质资料和劳动等。

从高校绩效评价的经济性来讲，经济性倾向于第二种含义，即成本的节约。任何一种活动都有成本的投入，教育领域也不例外，教育成本最早出现在 20 世纪五六十年代，1958 年，英国教育经济学家约翰·维泽（John vaizy）在《教育成本》（The Cost of Education）一书中，简单地把教育经费看成是教育成本。1963 年，美国经济学家西多奥·舒尔茨（Theodore W. Schultz）在《教育的经济价值》（The Economic Value of Education）一书中提出"教育全部要素成本"（total factor costs of education），指出教育全部要素成本由两部分组成，一是学校提供教育服务的成本，包括教师、行政管理人员的支出，教学用房等与教育服务有关的维持学校正常运转的开支，不包括学生食堂、住宿以及奖学金等成本，二是学生上学的机会成本，因上学而放弃的收入。1979 年，美国学者科恩（Elchanan Cohn）在《教育经济学》（The Economics of Education）一书中将教育成本分为直接成本和间接成本，直接成本包括学校提供教育服务的成本和学生的支出，间接成本包括学生上学的机会成本、学校的减免税款以及用于教育的基本建设和土地等资产损失的利息和租金等。从高校绩效评价的经济性来讲，教育成本的投入，可以将高校教育成本理解为高校提供教育服务所直接耗费的资源，包括维持教育服务的人力、财力和物力。人力包括教师、行政管理人员、后勤服务人员等，财力包括科研经费、奖助学金等，物力包括图书馆、教室、实验室等。绩效评价的经济性是指对这些维持高校教育服务的人力、财力、物力的节约，是否以较低的成本进行投入，对这些资源的投入是否按照相关的法律和相关的规定进行。

第二，效率性评价的侧重点主要倾向于高校运行管理的效率。美国管理学家斯蒂芬·P.罗宾斯（Stephen P. Robbins）在《效率管理——现代管理理论的统一》（Effective Management）一书中提出效率是管理极其重要的组成部分，它是指输入与输出的关系。对于给定的输入，如果能获得更多的输出，就提高了效率。类似的，对于较少的输入，能够获得同样的输出，同样也提高了效率。因为输入所需的资源是稀缺资源，所以才需要关注效率，即成本最小化和利益最大化。

效率分为静态效率和动态效率。静态效率反映的是均衡，即无人愿意改变其行为的状态。静态效率的标准是帕累托最优状态，即一种没有人可以在不伤害他人的情况下改善自己福利的状态。动态效率反映的是发展，或者是从一个均衡态到一个更高均衡态的变化。帕累托最优隐含一般均衡的因素，从微观经济学角度来讲，是一种行为的边际成本等于边际收益。从高校绩效评价的效率性来讲，效率性是重视高校运行的过程，是指高校以最少的资源完成高校发展，追求产出与投入之比最大化，使资源的投入在生产可能性边界上。高校投入人力、财力和物力，产出可以从人才培养、科学研究和社会服务等方面来衡量。在帕累托最优的状态下，人力、财力或物力的任何改变，会造成高校效率的降低。

第三，效益性评价的侧重点主要倾向于高校运行效果的有效性。"效益"是一个被广泛应用的词，如经济效益、社会效益、生态效益等，效益是效和益的组合词，"效"可以理解为效用、效果和效率等，"益"可以理解为收益、利益和获益等。鉴于本文的研究，在此将效理解为效果，即由行为产生的有效结果、成果。

效益性是产出与期望值之间的比较。效益从不同方面表现出来，如经济效益和社会效益、直接效益和间接效益、近期效益和远期效益等，效益是复杂的，从各个方面综合考虑，才能表现出总体的效益性。就高校绩效评价的效益性来讲，高校的效益具有长期性和潜在性。大部分的高校成果是一种潜在的力量，通过潜藏在劳动者身上，会在更长的时间内发挥作用，通过物质生产领域的活动，转换为现实的收益。高校的成果表现在高质量的劳动力人数的增加、科技研究促进生产力的提高、高校整体服务社会能力的加强等。

2. 评价的方法不同

第一，经济性的评价较多地选取对成本的评价以及合规性评价。成本的评价，有以下几种方法，即专家经验法、标准成本法、数学建模法等。从经济性评价的侧重点可以看出，经济性侧重于成本的节约及投入是否合规。对高校人力、财力和物力投入进行评价。专家经验法，可以由高校专家根据管理工作中积累的经验及根据行业内的经验，对高校的成本投入进行估算。标准成本法，以大量的历史成本数据为基础，对高校投入的成本进行核算，或者使用已有的标准定额或标准成本进行评价。数学建模法，根据数学公式或数学模型对高校的成本进行计算。合规性评价是对高校投入是否符合相关规定进行评价。首先，收集与高校投入相关的法律、法规、规章、高校规定等；其次，根据高校人力、财力、物力的投入，进行分类；最后，通过分类对比、常识性分析等评价高校投入的合规性。如在对高校人力的投入，可以对岗位设置、人才流动等方面进行考察。对高校财力的投入上，对高校资金投入的数量和程序进行合规性评价。对高校物力的评价，可以看高校基本建设等是否符合规章制度。

第二，效率性的评价一般选取投入—产出评价方法。效率性的评价，是对高校资源使用情况的评价。对高校效率性的评价主要是对高校投入—产出之间的比较。投入—产出方法，将拥有不同投入和发展条件的高校放在相对公平的标准下进行评价，反映高校自身的办学情况。通过在资源投入上的调整，来影响高校的产出，通过投入—产出方法的不断比较，不断调整高校资源的配置，提高高校的效率。一种是通过调整现有资源在各方面的配置，提高效率，使生产可能性边界以内的状态向生产可能性边界移动，达到帕累托最优。如在高校管理中，通过教授在本科生教学和研究生教学之间的不同分配，对最终产出进行影响，若提高教授对本科生的课程量，可能有利于提高学生的兴趣，若提高教授对研究生的课程量，可能有利于高校的研究性产出。另一种是通过投入资源的增加、技术的改进或生产效率的提高，使生产可能性曲线向外扩张。如在高校管理中，教师通过授课方式的改变，更能激发学生的创作灵感，可能更有利于科学研究。

第三，效益性的评价倾向于选取定性的判断性评价方法。效益性是对高校管理效果的评价，是对预设的目标实现情况的评价，主要是对满意度的调查。对高校效益性的评价较多地采取定性的研究。如对高校行政管理制度运转是否让学生、教师满意，高校教师参与教学科研的积极性是否符合学校的发展目标。效益性可以分为两类，一类是现状的改变，另一类是行为的改善。现状的改变，是指高校最终产出的变化是否与期望值相符，如培养的学生数量是否满意、科研成果是否达到期望的效果；行为的改善，是指为达到较好的最终结果，在过程中的改善，如在教学方法上是否得到改进、高校课程设置是否优化、科研积极性是否提高等。

3. 评价的利益主体不同

第一，从经济性角度来看，其关注度主要来自于权威利益相关者和潜在利益相关者。高校发展所需的人力、财力、物力的投入，都需要相关的资金投入，从目前高校发展所需的资金来源看，资金投入方主要包括政府、企业及民间资本等。高校绩效的经济性的关注者还包括高校管理者，高校管理者作为管理层，在配置各种资源时都需要资金的投入，其对高校绩效的经济性也进行关注。

第二，从效率性角度来看，其关注度主要来自于权威利益相关者。效率性主要体现在高校运行的过程中，效率性直接影响的是高校运行中的教学、科研、后勤等，其各利益相关者，主要有高校领导层、行政管理层、教学科研人员、学生等。高校运行中的效率与这部分人息息相关，对高校绩效评价的效率性主要来自于高校运行中的参与者。

第三，从效益性角度来看，其关注度主要来自于权威利益相关者、潜在利益相关者和第三层利益相关者。效益性是涉及满意度的评价，考虑高校绩效评价的结果，评价其结果是否与期望相符合，对其关注度较高的来自于高校发展规划的制定方，另外，与投入相比，高校的产出对社会的影响较大，具有较大的外部性，高校的绩效评价的最终结果也会受到来自于社会各界的关注。

（二）"3E"的关系性分析

1. "3E"的非一致性

第一，经济性和效率性存在非一一对应关系。从"3E"的差异性分析可以看出，经济性和效率性在很多方面是不同的，经济性侧重于从投入的角度分析高校的绩效，效率性侧重于从高校运行的角度分析高校的绩效。在高校绩效评价中，经济性与效率性之间的状况并非是一一对应地取得同好或同差。如高校经济性较好，但效率性未必同样的好，在一些教学设备的配置上，高校为了节约成本，购买质量较差的投影仪，为了一时资金的节约，可能造成教师使用过程中，投影设备易损坏，影响了教学的效果，虽然经济性较好，但效率性并不好。

第二，效率性和效益性存在非一一对应关系。效率强调的是单位产出的成本最小化，效益更多地关注满足需求的状况，效率侧重从量的角度反映生产效果，效益侧重从质的方面反映产出的价值。效率取决于生产力的发展水平，讲究效率是为了提高生产率，促进生产力的发展，效益也受生产力水平的影响，但更注重产出满足需求。有的学者认为效率属于生产力经济学范畴，效益属于政治经济学范畴。效率性关注过程中的资源配置，效益性关注目标的设定、结果是否达到目标等。效率性和效益性并不是一一对应地取得同好或同差。如高校效率性较好，但效益性未必是同样的好，在研究生培养中，要求学生发表一篇 A 类期刊的学术论文，或者发表三篇 C 类期刊的学术论文，才达到毕业要求，学生为了追求效率，尽快达到毕业要求，可能选择发表 C 类期刊，这种短平快的做法，可能影响长期的学生培养质量，造成高校科研质量的下降，影响效益性，存在效率性较好，效益性并不好的现象。

第三，经济性和效益性存在非一一对应关系。经济性主要强调在投入环节，效益性主要强调高校办学的效果，两者侧重于不同的两个环节，高校绩效评价的经济性和绩效评价的效益性差别较大，高校投入人力、财力和物力，要经过高校管理的各个环节，产生最后的效益，高校的经济性和效益性是间接的联系，并非一一对应地取得同好或同差。如高校经济性较好，效益性并不好的现象，在高校基本建设过程中，由于资金的短缺或建校时的短视，可能造成更注重基本建设的数量，不注重质量，存在重复性建设，反复性拆建的现象，国内高校很少存在像世界知名高校那样的标志性建筑，不利于校园文化的沉淀，短时期内经济性较好，长期不利于效益性的形成。

2. "3E" 的相互影响

第一，高校绩效评价的经济性会影响到效率性和效益性。高校绩效评价的经济性，从人力、财力和物力几个角度进行评价。效率的提高有两种途径，一是通过调整现有资源在各方面的配置，提高效率，二是通过投入资源的增加、技术的改进等，提高效率。高校的经济性会影响效率性，从人力的投入看，人力资本投入的多少，在教学科研上的分配等，会影响到高校的效率；从财力的投入看，高等教育属于非义务教育阶段，高校除了政府投入外，还存在许多政府外的投资，如社会捐赠、学费等，高校水平的高低对吸纳资金有不同的吸引力，资金投入的增加对改善高校效率有很大的影响；从物力的投入看，高校基本建设的好坏，直接影响高校的运行，如在艺术类院校，乐器的质量好坏，会直接影响到教师上课的设备，影响教学的质量。高校绩效的经济性会影响效益性，如高校有一万名在校生，而高校配置只能容纳一千名在校生的人力、财力、物力的资源，显然会影响高校人才培养、科学研究和社会服务的能力。

第二，高校绩效评价的效率性会影响到经济性和效益性。高校绩效评价的效率性主要是对高校办学过程的评价，高校的产出是人才培养、科学研究和社会服务等，这些会间接地影响高校的经济性，如高校培养的部分人力资源会重新回到高校，作为高校发展的投入，影响高校的人力投入。在高校具体运行中，高校绩效的效率性也会影响到经济性，如高校后勤管理效率较高，在有限食堂的情况下，实行分时段就餐，实行教职工餐厅和学生餐厅合并，加快餐具的流转，则可以减少前期对高校食堂的建设，减少物力投入，节约成本。效率是产生效益的前提和基础，是效益的必要条件。高校绩效的效率性会影响效益性，如高校在配置效率上，注重科学研究，科学研究转换为生产力，对社会的影响则是长期的，在较长时间见效，若高校在配置效率上，注重一般性劳动力的培养，则对社会的贡献更容易在短期见效。

第三，高校绩效评价的效益性会影响到经济性和效率性。高校提供的教育服务越好，办学效益越高，越能得到政府、社会、个人的青睐，从而也就越能获得更多更好的资源投入。高校绩效的效益性影响经济性，如北京大学、清华大学等高校在科学研究上对社会做出了很多的贡献，会吸引更多的投资到这类高校中，企业投资、社会捐赠等会进一步流向这类高校，增加对这类高校的财力投入。高校绩效的效益性影响效率性，如高校在对计算机运行速度的研究上，做出了改进，提高计算机运行速度，则这种研究成果将会重新投入到教学和科研上，进而提高高校运行的效率。

经济性、效率性和效益性存在非一一对应又相互影响的关系，三者在高校管理分别侧重反映前期投入、管理过程和运行效果，在高校管理时间上是顺承关系。单纯地追求绩效的经济性，可能会对效益性产生负面影响；单纯地考虑效率性，可能会造成资源的浪费；单纯的考虑效益性，可能会产生高校财政危机。

总之，经济性、效率性和效益性是高校绩效的不同方面，经济性、效率性和效益性非一一对应，也相互影响，简单将"3E"累加对高校进行绩效评价，并不能真实反映高校绩效评价的结果。在高校绩效评价的实施中，可以选取"3E"的不同方面进行绩效评价。

三、高校绩效评价的推动力及机制

通过梳理国内外文献发现，中外高校实施绩效评价的动因有所差异，具体表现为国外高校绩效评价的开展是内外力共同作用使然，相比之下，国内高校绩效评价的实施由于缺乏内外因素的推力，目前总体上仍然处于探索阶段。

（一）推动力差异

1. 国外：多种合力作用的自觉行为

美国著名的行为科学家、管理理论的奠基人之一道格拉斯·麦格雷戈（Douglas McGregor）在广泛了解工业、商业和教育领域中实施绩效评价现状的基础上，提出在组织中实施绩效评价不仅要满足组织自身发展的需求，更要关注和满足组织中成员的自我提升和工作绩效改进的需求。① 组织和组织之间的唯一差异就在于其成员的绩效，实施绩效评价旨在：①为满足组织的管理需求提供重要的信息；②提高职员的工作绩效；③识别组织培训需求提升职员能力；④服务于组织中的人事制度规划与改革；⑤在组织内部构建良好的人际关系，营造互相信任的氛围②。伴随着西方发达国家高等教育大众化的进程，如何在高等院校中实施有效的管理以提高学生的学习成效和教师的教学、科研能力，从而切实提高高等教育质量就成为实践者和研究者广泛讨论的话题。人们普遍认为，借鉴工商业领域的经验对高等学校进行绩效评价是一种合理的做法。③ 自 20 世纪 70 年代开始绩效评价被广泛用于高等教育领域中。纵览 20 世纪 70 年代之后的外

---

① MCGREGOR D. An uneasy look at performance appraisal [J]. Harvard Business Review，1957，35（5）：89-94.

② BHATIA S. Trends in performance appraisal [J]. Indian Journal of Industrial Relations，1981，17（1）：111-120.

③ REYNOLDS M. Performance appraisal the educator learns from business and industry [J]. Educational Leadership，1975，4：465-468.

文文献，可以从高等教育的外部要求和内在发展两个视角来分析其实施绩效评价的需求。

　　在政治与政策方面，随着新公共管理和治理而非管理的理念在推动政府职能转变和评估型国家兴起的过程中扮演越来越重要的角色，重构政府与大学之间的关系，重视评价高等院校的绩效成为必然趋势。因为只有公共服务部门（包括高等教育机构）借鉴已存在于市场环境中的绩效激励和规则，通过市场方式来配置公共资源，才可能提供有效的公共服务①。"只有满足政府对于绩效问责的需求，高等教育机构才能够保护其所珍视的自主。这对于实现诸如学术自由、回应不断改变的社会需要以及投身于高质量的知识生产和传播等核心价值至关重要。"②

　　在新公共管理理念被广泛应用于公共服务部门的同时，新自由主义经济学思想也逐渐盛行。西方各国政府对高等教育采取财政紧缩政策，不断削减拨款经费。另外，在与医疗卫生、福利事业等的预算争夺战中，高等教育也丧失了优先地位。曾经被认为是独立不可触碰的西方公立精英高等教育，伴随着大众化进程的不断深入，在 20 世纪 90 年代就变成了一个极易为预算缩减和外部批评所针对的目标。不断增长的成本和日益压缩的资源和资助，共同导致了对高等教育机构不断翻新和日益紧迫的绩效评价要求。③

　　如果说新公共管理和新自由主义思想已经渗透到高等教育领域的方方面面，那么知识社会则是促使这两种思想渗透的催化剂。④ 在知识社会中，大学逐渐成为针对市场而非民族国家进行人力资源开发的重要场所，通过科研既要生产文化知识，又要制造就业机会；通过教学既要传授文化知识，又要提供就业培训。⑤ 早在 20 世纪 80 年代，社会各界就开始提出大

---

①　TOLOFARI S. New public management and education［J］. Policy Futures in Education，2005，3（1）：75-89.

②　PETER B. Performance-based Accountability［M］//SHAH A. Performance accountability and combating corruption. Washington D. C.：World Bank Publications. 2007：15-33.

③　POUNDER J S. Evaluating the relevance of quality to institutional performance assessment in higher education［J］. Evaluation，2000，6（1）：66-78.

④　SCOTT P. The changing role of the university in the production of new knowledge［J］. Tertiary Education & Management，1997，3（1）：5-14.

⑤　比尔·雷丁斯. 废墟中的大学［M］. 郭军，等，译. 北京：北京大学出版社，2008.

学应和私企一样强调效率和竞争能力；高等教育中知识生产和传播的重心就从强调社会公益（social good）转向了市场价值（market good），强调知识产权、效率、成本削减、治理等。① 而高等教育持续为产业界提供训练有素的专业人士，提高了全社会对科学和技术的熟悉程度。其结果是被认可的、专业化的研究场所数量的增加。这不仅使得大学不再处于决定何谓卓越的强势地位，而且为了获得资源和资助还不得不借用产业界中的绩效评价说明其效率和竞争力如何。②

　　除了前述分析的外部要求之外，高等院校自身的发展与提升是其实施绩效评价的内在需求。现在的大学以及身处其中的大部分师生员工都逐步意识到只有提升院校的实力和效率，提高管理者的治理和决策能力、职员的服务意识和能力、教师的教学和科研能力、学生的学习和就业能力，院校才可能在全球竞争的环境中做到国内领先、国际一流。③ 所以，绩效管理及评价于高等教育，既是外部环境施加给高等教育的外部干预，又是高等教育机构进行内部有效运作和获得优异表现以满足外界需求、赢得社会各界支持和资助的本体诉求。因为绩效评价虽然是一个充满争议的概念，但其核心是大学管理其自身的能力，这也是大学坚守自由与自治等传统价值的基本条件。④ 在现代高等教育系统与社会之间的边界越来越模糊的情境下，二者在很大程度上呈现出一种相反相成的图景。⑤

2. 国内：属于外在学习的模仿行为

　　中国知网上收录的第一篇关于绩效管理的文献就是以高等院校为主体

① BUCHBINDER H. The market oriented university and the changing role of knowledge [J]. Higher Education, 1993, 26 (3): 331-347.

② GODIN B., GINGRAS Y. The place of universities in the system of knowledge production [J]. Research Policy, 2000, 29 (2): 273-278.

③ DEEM R. 'New managerialism' and higher education: The management of performances and cultures in universities in the United Kingdom [J]. International Studies in Sociology of Education, 1998, 8 (1): 47-70.

④ VOLKWEIN J. F. The assessment context: Accreditation, accountability, and performance [J]. New Directions for Institutional Research, 2010, s1: 3-12.

⑤ SARRICO C. S., ROSA M. J. TEIXEIRA P. N., et al. Assessing quality and evaluating performance in higher education: Worlds apart or complementary views? [J]. Minerva, 2010, 48 (1): 35-54.

进行论述的。研究者提出了在高等院校中实施绩效管理是社会主义四化建设的客观要求，是高等学校引领其他各行业贯彻党的"八字方针"的基本思路。① 这虽是基于中国特色并是改革开放之初第一篇探析国内高等院校绩效管理的文献，但可贵的是其基本理念和对绩效管理内涵的界定总体上能够与同一时期发达国家的相关研究成果保持一致。不同的只是当时中国的高等院校还没有感受到来自政治、经济、文化等外部环境施加的压力。1990—2003 年的文献侧重于分析高等教育中科研绩效评价的实践。2004 年之后的文献可以划分为四类：①以构建"理想型"的教师绩效管理体系②③和评价行政管理人员的绩效为主要研究内容④；②以高等院校为绩效评价的对象，评价其投入产出的绩效如何，并基于评价结果对其绩效进行排名；⑤⑥ ③以高等教育财政支出为绩效评价的对象，构建评价指标体系；⑦⑧ ④综合考察国外高等教育绩效评价的发展历史⑨，以及高等教育绩效评价的合理性与可行性。⑩⑪

　　综上，通过分析不同时代国内学者对高等教育领域中绩效评价的研究文献可以看出，学者们更为重视探究应然层面的绩效评价指标构建和实践的应用操作，而对为什么要实施绩效评价以及高等教育内部是否具有实施

----

　　① 贾九洲. 高等学校绩效管理初探 [J]. 四川大学学报：哲学社会科学版, 1983, 31（1）：34-46.

　　② 李军. 高校教师绩效管理体系的构建 [J]. 高等教育研究, 2007, 28（1）：54-58.

　　③ 林家莲. 高等院校教师绩效管理体系的构建 [J]. 黑龙江高教研究, 2007（7）：94-95.

　　④ 鲍传友，毛亚庆，赵德成. 高校行政管理干部绩效考核指标体系的构建——基于 A 大学的案例研究 [J]. 国家教育行政学院学报, 2010（6）：67-72.

　　⑤ 袁振国，张男星，孙继红. 2012 年高校绩效评价研究报告 [J]. 教育研究, 2013（10）：55-64.

　　⑥ 牛奉高，邱均平. 基于效率指标体系的高校绩效评价研究 [J]. 高教发展与评估, 2013, 29（6）：49-56.

　　⑦ 刘国永. 高等教育财政支出绩效评价指标设计原理，方法及运用 [J]. 教育与经济, 2007（3）：30-35.

　　⑧ 付梅英，王德. 高等教育支出绩效评价与投入机制改革 [J]. 中央财经大学学报, 2009（12）：11-15.

　　⑨ 王占军. 高等教育绩效评价历史考察 [J]. 教育理论与实践, 2011, 31（5）：23-26.

　　⑩ 卢彩晨. 高等教育绩效评价的缘起与功能 [J]. 复旦教育论坛, 2011（3）：23-26.

　　⑪ 郭芳芳，张男星. 高深知识的生产变革与高等教育绩效评价 [J]. 复旦教育论坛, 2012（6）：5-9.

绩效评价的需求的研究很少。如果在学理上就没有明确高等教育实施绩效评价的需求，那么在具体实践中又怎能让各参与主体感受到绩效评价的意义和价值。所以尽管有少量的研究或借鉴国外高等教育中实施绩效评价的原因和需求[1][2]，或基于国内高等教育的内外部环境分析实施绩效评价的必要性和迫切性[3][4]，但是由于研究的数量过少，且已有研究的中国适切性和文化独特性还有待于进一步深入，其影响实践、激发实践主体积极性的作用就无法充分发挥。

（二）作用机制差异

基于国内外文献的梳理，高校绩效评价的作用机制也存有差异。相对而言，国外发达国家的高校绩效评价侧重于在理顺不同主体关系的前提下，强调过程与结果；国内目前做的主要还是基于投入—产出方法论基础上的绩效评价，更多关注绩效结果。

1. 国外重视理顺不同主体间相互关系，强调结果与过程互动

在高等教育机构中实施绩效评价的目的是保障和提高内部质量、回应和满足外部问责的需求。研究者从这个角度出发，将绩效评价的作用机制根据自愿与强制、个体与组织、正式奖惩与否这三个维度分为六大类。①个体自觉自愿为评价对象，根据评价结果有正式的奖惩机制。但是这一机制很难保护个体选择退出或放弃的权利，因为只有参与才能获得激励。②个体自觉自愿为评价对象，但是没有正式的奖惩机制。如果这一机制想持续下去，那么非正式激励或获得精神上的满足是必要的。③个体被要求作为评价对象，根据评价结果有正式的奖惩机制。这一作用机制旨在管理控制，认为普通的奖惩和精神上的满足不足以刺激个体去改进和提升。

---

① 卢彩晨. 高等教育绩效评价的缘起及功能［J］. 复旦教育论坛，2011（3）：23-26.

② 郭芳芳，张男星. 高深知识的生产变革与高等教育绩效评价［J］. 复旦教育论坛，2012（6）：5-9.

③ 袁振国，张男星，孙继红. 2012年高校绩效评价研究报告［J］. 教育研究，2013（10）：55-64.

④ 郭芳芳，张男星. 高深知识的生产变革与高等教育绩效评价［J］. 复旦教育论坛，2012（6）：5-9.

④组织被要求作为评价对象，根据评价结果有正式的奖惩机制。这一机制强调效率，而非效能。因为效能即做正确的事的政治敏感性较高，且非常隐晦、很难测量。⑤组织自觉自愿作为评价对象，但是没有正式的奖惩机制。如果"自觉自愿"的界定范围和程度的变化幅度很大，这一机制就会走向机制④或⑥。⑥组织被要求作为评价对象，但是没有正式的奖惩机制。随着时间的推移，并基于资源配置实施非正式奖惩，这一机制将会演变为和④一样。① 另外，波利特（Pollitt）还指出以下两种作用机制基本上不可能实现，即"个体被要求作为评价对象，但是没有正式的奖惩机制"和"组织自觉自愿为评价对象，根据评价结果还有正式的奖惩机制"。因为任何组织都不可能自愿将自己置于一种尴尬的竞争情境，组织也不愿意让自己的员工在没有任何奖惩机制的情况下被评价。

如果说波利特是从总体的类型学角度分析了绩效评价的作用机制，那么其内含的具体要素则可从以下三方面来分析。第一，从评价的角度来看，只要实施绩效评价，组织和个体就要基于特定的评价情境和目标明确并理解以下十个要素：即绩效评价的内涵、功能、接受评价的对象、实施评价的主体、评价服务的对象、信息收集、判断标准、实施过程、评价原则、评价方法。② 第二，从绩效测量和指标选择的角度来看，麦克杜格尔（MacDougall）指出绩效测量和指标是绩效评价的核心要素，二者缺一不可。前者强调评价的过程性，强调价值增值（value-added）的影响因素，但是因为过程中的种种不确定性和情境易变性，大多数绩效评价就选择了那些被认为是和活动过程相关的因素——绩效指标。③ 绩效指标有一定的优势，但是也有其自带的不足。因为绩效指标测量的是那些被认为是和活动相关的因素，而非对活动的直接测量。所以慎重选择绩效指标就成为绩

① Pollitt C. The politics of performance assessment: Lessons for higher education? [J]. Studies in Higher Education, 1987, 12 (1): 87-98.

② NEVO D. The conceptualization of educational evaluation: An analytical review of the literature [J]. Review of Educational Research, 1983, 53 (1): 117-128.

③ MACDOUGALL A. Performance Assessment: Today's Confusion, Tomorrow's Solution? [C] Proceedings of the Conférence Générale de L'International, Federation of Library Associations and Institutions, 1991.

效评价的核心。另外，绩效指标应该具有监控的作用，即可以定期收集与指标相关的信息以追踪系统的绩效情况。① 从绩效指标的选择来分析，输入性指标和输出性指标最为常见。但是这两类指标对于解释和说明高等教育中学生体验的质量基本上没有任何意义。因为如果高等教育还旨在人才培养，重视学生个体的智力和道德发展的过程，那么这两类指标对于评价高等教育的整体绩效就是不合理的。② 这两类指标只能说明高等教育过去的绩效，他们对于未来高等教育机构如何改进与提高没有实质性的借鉴作用。因此，基于高等教育及其机构自身的独特性，绩效指标应该基于系统模型来构建。即绩效指标不仅要包括输入和输出指标，还应包括过程性以及与过程相关的情境性指标。③ 第三，从绩效评价的过程来看，研究者提出了绩效评价过程的要素三角模型（见图1-1）。④ 首先要在组织和个体层面构建绩效评价的概念域，以确保二者，特别是个体能够充分理解绩效评价的目标和实施环节。其次要采用信效度较好的且很切合实际的测量指标以及相应的工具；要在不同的个体间建立良好的人际关系，明确自己的权利和职责，在评价过程中不同主体要及时地进行沟通反馈；要让所有的成员参与到绩效标准和指标制定的过程中；在正式且大规模地实施绩效评价之前应该在小范围内以一种非正式的方式进行预实施；在讨论分析预实施结果的基础上将结果及时反馈给参与评价的各主体，并基于结果改进正式的实施方案⑤⑥⑦。

---

① TAM M. Measuring quality and performance in higher education [J]. Quality in Higher Education, 2001, 7 (1): 47-54.

② TAM M. Measuring quality and performance in higher education [J]. Quality in Higher Education, 2001, 7 (1): 47-54.

③ BENJAMIN M. The Design of Performance Indicator Systems: Theory as a Guide to Relevance [J]. Journal of College Student Development, 1996, 37 (6): 623-630.

④ STRONGE J. H. The dynamics of effective performance evaluation systems in education: Conceptual, human relations, and technical domains [J]. Journal of Personnel Evaluation in Education, 1991, 5 (1): 77-83.

⑤ MCGREGOR D. An uneasy look at performance appraisal [J]. Harvard Business Review, 1957, 35 (5): 89-94.

⑥ REYNOLDS M. Performance appraisal the educator learns from business and industry [J]. Educational Leadership, 1975, 4: 465-468.

⑦ SARRICO C. S., ROSA M. J., TEIXEIRA P. N., et al. Assessing quality and evaluating performance in higher education: Worlds apart or Complementary views? [J]. Minerva, 2010, 48 (1): 35-54.

图 1-1　绩效评价过程的要素三角模型

　　总之，国外高等教育中的绩效评价更为重视评价的系统性，重视院校各级主体在评价过程中的作用，重视在评价过程中参与主体之间的沟通反馈，重视评价对内部改进和未来发展的指导意义。绩效评价作用机制的核心是做事的过程与结果，二者缺一不可。在评价过程中理顺不同主体间的相互关系也是很重要的。只有这样绩效评价才既能回应外部问责，又能满足内部需求，提高质量。

　　2. 国内更注重结果，评价主体与评价对象间的互动不足

　　与国外研究相比，国内关于高等教育绩效评价的文献更多侧重于分析应然层面的指标构建和应用操作，以及基于此从投入—产出维度使用多种方法测量的高等院校的绩效结果。根据文献统计的结果，在 548 篇研究高等教育绩效评价的文献中仅有 9 篇涉及高等教育中绩效评价作用机制的研究，且基本上都是从投入—产出的指标构建维度来说明绩效评价的作用机制。也就是说，国内学者是在孤立地研究绩效评价的作用机制，没有将绩效评价放在高等教育和整个社会系统中去分析。其实早在 21 世纪初，研究者就在梳理国外绩效评价发展的基础上指出，绩效评价要重视现场调查、过程评估；要分析影响绩效评估的所有可能因素，区分背景性因素和决定性因素，在此基础上再构建绩效评价模型；要厘清绩效评价的基础是政治导向的还是理性导向的；要重新审视绩效的内涵，根据特定的评价对象，

分析绩效的结构，确定绩效指标。[①] 但是之后的研究就没再沿着这一方向继续。

目前国内高等教育领域中绩效评价作用机制的研究在以下几方面还是空白：从参与主体来看，无论是作为绩效评价的主体还是客体，学生都是一个缺失的群体；从指标体系来看，目前的绩效评价更多侧重于分析投入—产出，针对过程的指标体系基本上没有；从结果来看，目前的绩效评价结果更多用于外部的排名，对内改进的功效基本上没有体现；从反馈的角度来看，目前在高等教育中实施的绩效评价并没有在组织内部得以很好的沟通反馈，影响了其最终的效果。总体上，在国内实施的绩效评价没有很好地将院校和院校中各成员的主体积极性激发出来，院校及其成员是被动地卷入其中，他们并没有真正理解绩效评价的意义、目标、标准、过程和结果等。

---

① 蔡永红，林崇德. 绩效评估研究的现状及其反思 [J]. 北京师范大学学报：社会科学版，2001（4）：19-26.

第二章

高校绩效评价的实践现状

从20世纪80年代起，绩效评价已经成为西方发达国家制定教育政策、优化教育资源和加强学校管理的重要手段之一。美国、英国率先开展高校绩效评价，其后，澳大利亚、荷兰、瑞典等国家高校也开始推行绩效评价。2009年，中国教育科学研究院对72所教育部直属高校进行了绩效评价尝试，这是我国首次开展基于高校组织的绩效评价；此后，我国许多省份，比如江苏、上海、辽宁等也陆续引入高校绩效评价。本章主要对国内外的绩效评价实施现状做出阐释，并归纳出高校绩效评价的特征、挑战和发展趋势。

一、国外现状

20世纪70年代以后，许多国家的高等教育机构实际获得的资源投入遭到削减，办学经费下降。而且经费削减时常与加强对高等教育机构绩效表现的检视以及对其是否提供物有所值的教育的质疑相联系。事实上，与经费宽裕时期相比，经费紧缩时期更加强调对院校的绩效进行评估。造成这种结果的原因是在相互竞争的高校之间分配有限的资源以及随之需要确定的配置标准的难度逐渐加大。在各国强化对公共部门绩效问责的要求下，所谓"金钱的价值"成为政府拨款的重要依据。在绩效责任的标准下，高等教育机构必须拿出"绩效"证据以争取经费，这是高等教育绩效评价兴起的重要原因。本章对国外近些年高等教育绩效评价的现状进行了分析和比较。

（一）绩效评价的政策意义：思想与行动

1. 背景

运用绩效指标对高等教育机构进行评价已经成为国际上普遍的趋势，英国、澳大利亚、美国、荷兰等国家最具代表性。各国把绩效指标理解为管理信息和管理工具，认为绩效指标带来了改进问责和规划等各种益处，并且未来会得到更多的推广运用。高等教育绩效指标把宏观政策转化为微观实践，它除了为消费者提供选择的依据，为资金投入者提供信息，也提供强有力的管理命令——把描述结果与目标设置之间的各种因素协调起来。联合国教科文组织在《欧洲高等教育 2002》报告中指出：这不仅可以形成一种组织内部监控机制，提高个人和组织的自我监控能力，还可以产生一种新的规训模式（disciplinary grid）。今日高等教育机构无不处于绩效评价压力之下，绩效评价对高校的运作产生了深刻的影响。质量与绩效已经成为各国高等教育政策制定者日益重视的问题。

20 世纪 90 年代以来，在高等教育问责压力之下，许多国家都颁布法律，要求高校展示出效率、效益、经费情况以及进步绩效。美国教育委员会 90 年代末的调查显示，有 40 个州积极推动评估运动。美国教育理事会调查发现，97% 的高校宣称他们已经参与评估活动。1992 年，有 19 个州要求公立大学建立评估学生学业表现的项目，此后有越来越多的州已经要求州立大学采取措施评估学生学习表现。南部地区教育董事会 15 个州中的 11 个州已经立法，规范有关评估、质量和高校绩效报告的活动。

在高等教育领域，质量和绩效指标已经得到广泛的关注，并投射出大学、政府和公众之间的紧张关系。对这些问题的关注，一方面反映了公众对高等教育信心下降，加之经费紧缩，纳税人对成本和税收上升不断抱怨，另一方面也反映了高等教育在规模扩张时代面临质量下降问题。

在许多大学内部，法律规定和评估的现实之间还是有很大距离的。评估活动坚持目标导向，有时候通过经费奖励来鼓励院校朝向某个方向发展，例如英国的科研绩效评估政策、美国田纳西州的绩效评估政策。田纳西州的绩效评估政策至今仍然是其他州模仿的样本，国内在介绍美国大学绩效评估政策时一般都介绍该州的绩效评估政策。美国南部教育委员会帮助推动"典型立法"，以推动各州发展"最优"实践，以提高高等教育的质量和绩效表现。这也是1987年田纳西州实施绩效评估，后来实施绩效拨款政策的初衷。随后，堪萨斯州开发了产出目标系统，密苏里州建立了绩效拨款制度，南卡罗来纳州和弗吉尼亚州使用绩效报告卡展示高校绩效表现，并朝向绩效拨款方向发展。在南部教育理事会之外的州，科罗拉多州在1993年就开始拨付经费奖励绩效表现好的大学，到1994年就有18个州已经开发了高等教育绩效指标。到目前为止，几乎所有的州都开发了绩效指标。欧洲的荷兰、丹麦等国家也采取了类似的做法，加大对高等教育绩效的测量和要求。

评估、绩效指标和绩效拨款等概念有共同的目标：即要求高等教育机构表现出责任意识，展现对使命和目标的实现情况。这些概念无疑影响了大学的战略偏好以及教书育人职能的实现。大学外部对这些概念的重视更加刺激大学内部对学术表现，尤其是本科生教学质量的关注。我国大学内部质量评估和外部绩效评价正是在扩招后，外部对大学质量关注的背景下产生的。

美国教育委员会在20世纪90年代就呼吁每所大学都要建立自己的内部效率指标，以反映出大学在杰出本科生教育方面的使命，并且可以通过校际乃至国际比较，来了解各自使命的完成情况。对绩效的关注促使政策制定者和大学内部探索使用各种绩效指标评估机构的绩效，或者至少释放一种信号，提醒院校要增强对政府和社会服务的效能。研究者也发现，如果评估活动不和经费划拨结合起来，所起的作用就是有限的。因此，20世纪90年代以来欧美国家越来越把绩效评估和经费拨款政策联系起来。澳大利亚、欧洲自20世纪70年代以来，绩效指标和质量评估越来越重要，可见绩效评价已经成为国际问题。不同之处在于，欧洲和澳大利亚绩效评估主要在国家层面，而在美国由于分权的高等教育管理体制，绩效评估主要在州层面，20世纪90年代之后联邦政府也越来越多介入到绩效评估活动中。在澳大利亚、荷兰和英国，绩效评估概念是政府管理意识形态的产物，指标反映了国家和时代的思想。政府运用绩效指标作为政策杠杆或者工具控制高等教育机构。当然采取指标的理由国家间、州政府间也有所不同。

在澳大利亚，采用绩效指标的目的是让教育更好地适应政府的政策导向。1987年12月，澳大利亚就业、教育与培训部部长约翰·道金斯（John Dawkins）公布了有关高等教育政策的绿皮书——《高等教育：政策咨询文件》（Higher Education：A Policy Discussion Paper），这份绿皮书中着重强调了绩效评价（performance assessment）问题。绿皮书第一次明确提出应在量化的基础上对高校绩效进行评价，并通过某种形式使这种绩效在政府拨款中得以体现。为回应这份政策咨询文件，澳大利亚大学副校长委员会（Australian Vice-Chancellors Committee，AVCC）专门成立了绩效指标工作组，开展绩效指标体系的制定工作，以使绩效指标能够用于高等教育机构的绩效评价而且覆盖教学和科研等高等教育主要功能。此举受到了澳大利亚政府的欢迎。1988年7月，澳大利亚政府在高等教育政策白皮书《高等教育：政策声明》（Higher Education：A Policy Statement）中表示要鼓励绩效指标的进一步发展。1988年12月，澳大利亚大学校长委员会和高等教育学院院长委员会（Australian Committee of Directors and Principals in Advanced Education，ACDP）的联合工作组（以下简称"联合工作组"）发表报告，确定了30多个可适用于整个高等教育系统以及单个院系的绩效指标，同时还确定了一系列在考察绩效评价结果时须考虑到的"院校背景"（institutional context）指标。1989年，澳大利亚联邦政府又任命了以罗素·林克（Russell Linke）教授为首的研究组，制定绩效指标的实施细则，并对联合工作组报告中确定的绩效指标开展试点，以了解广泛应用这些绩效指标的可行性。研究组于1991年发表报告确定了28项具体指标，这些指标涉及院校背景、院校绩效（包括教学与学习、科研与专业服务两大类）、入学与社会平等三方面。研究组还制定了应用所有这些指标的实施细则。

荷兰运用绩效指标和质量评估主要是因为20世纪80年代以来的经济

危机。每年教育和科研经费占政府年度预算的 20%，由于难以为继，高等教育机构更需要缓解对国家开支的压力。新的管理体系运用绩效指标，可以使高等教育机构提高运行效率，使经费使用更加合理有效。高校则需要报告毕业率、师生比、人员情况等。

英国强化对高等教育的问责是从 20 世纪 80 年代开始的。由于英国经济的衰退等多重原因，撒切尔政府奉行新自由主义，对公共领域进行了深入的改革，导致教育经费减少。同时，高等教育大众化使教师和学生与过去相比有了很大的不同，课程与教学本身都发生了很大变化，增加了多样性。政府对于教育在日益增强的全球性竞争中所起的作用表示担忧。公众对于高等教育的健康发展和其有效性表现出前所未有的关注。资金的紧张使得高等教育越来越与市场联系在一起，越来越依靠市场力量筹措经费。所有的这些因素交错在一起，可以看出高等教育机构在资助者和利益相关者之间维持着多元复杂的关系。而高等教育机构需要向政府、公众和市场来说明其责任，即使高等教育的独立精神也不能使其免于来自公众对于其如何使用资金的问责。可以说，正是由于这些因素，问责在 20 世纪 80 年代在英国高等教育机构中得到了强化。20 世纪 80 年代，英国高等教育进行了一系列的改革举措。其中之一就是高等教育拨款机构的改革。1989 年 4 月 1 日，存在了 70 年之久的大学拨款委员会（UGC）被新的拨款机构大学基金委员会（UFC）所取代。大学拨款委员会从 20 世纪初建立开始，就致力于维护英国的学术传统，并负责将经议会通过的不附加任何政治性要求的经费分拨给各个大学。大学拨款委员会作为国家与大学间的缓冲机构，长期以来是得到认可的。然而，20 世纪 80 年代，保守党政府开始对其进行批评，并最终用新的拨款机构将其取代。大学拨款委员会存在时期，政府和大学之间是一种信任的关系，而大学拨款委员会被取代，则是问责加强的一种表现。如今高等教育基金委员会在英国高等教育问责中发挥着至关重要的作用。

2. 质量问题的演进

（1）质量问题的产生

1994 年美国教育测验服务政策信息中心（Educational Testing Service

Policy Information Center）通过一项样本量为 2600 人的调查发现，有一半的大学毕业生不能理解公交时刻表；13% 的大学毕业生能解决数学问题；只有 11% 的四年制毕业生和 1% 的二年制毕业生能把律师辩护词总结成一段话。这一结果使美国政府和公众对高等教育质量问题倍感担忧。

经费投入的走向反映了高等教育的公共价值和国家政策的导向。例如在 20 世纪六七十年代，美国高等教育的国家目标是增加少数群体的入学和学费援助项目，低收费以增加入学规模。但 20 世纪 80 年代以后，公众对质量问题开始关注，质量成了高等教育机构重点问题。从 1983 年到 1990 年，ERIC 的数据库中至少有 13541 篇关于质量的教育论文和报告。[①] 1986 年，全美州长联合会的一份报告强调，州长、州议会和州高等教育委员会应改变传统的拨款方式，改为根据院校质量拨款的方式，刺激院校改进本科教育质量。

近年来，大学运行机制越发呈现市场化趋势，其内部知识活动也更加商品化。由于受全球高等教育不断扩张和各方面需求压力的促动，高等教育机构被迫改变它们的课程，更换教职员工，使用日益昂贵的硬件设施和实验设备来进行现代化更新。创业型大学是对环境和大学之间关系持续增长不平衡的一种反应。环境的复杂性和不确定性要求大学必须以新的方式表现它们自己，在系统层次和院校层次寻求解决方法，发展出创业型的反应机制等，这也给大学带来了一次操纵自我命运的良机。[②] 正如康奈尔大学荣誉退休校长弗兰克·罗兹在他撰写的《创造未来》一书中所讲：大学将不得不在如何应对全球化、信息技术和服务于大量新客户的问题上做出选择，担负起一系列的新职能。因此，传统大学要积极与企业需求对接，了解公司的商业文化和教育需求，根据企业需求帮助公司设计、发展和输送能够帮助其面对技术更新和商业挑战的课程，为企业大学提供教育培训

---

① GAITHER G H, et al. Measuring Up: The Promises and Pitfalls of Performance Indicators in Higher Education [R]. New York: Jossey-Bass, 1994.

② 伯顿·克拉克. 建立创业型大学：组织上转型的途径 [M]. 王承绪，译. 北京：人民教育出版社，2003：157-177.

支持，而不再像以前那样持续地垄断着教育资源。① 大学正在充分利用这种新的自主权来掌控自己的命运，它们以企业追求利润最大化的模式来运作。当然，这种利润并不仅仅是一种经济利益，它必须保证大学的学术前沿性，保证大学的可持续性发展性，否则大学企业化运作的初衷也就失去了意义。可以说，大学正日益像处于市场中的企业一样，需要借用市场运作的机制在市场竞争中求得生存，需要不断响应市场的需要，需要调整打造自身形象，需要不断提高产品质量，需要借鉴企业的管理模式与策略，并考虑成本效益以及追求卓越等。

（2）评估目的多元化：以绩效为目的的评估质量观

20 世纪 90 年代是关注绩效评价的 10 年。绩效资助政策的目的即着意于以财政政策鼓励和嘉奖来促进绩效的提高，绩效指标也就成为绩效资助政策体系的核心所在。② 那么，何谓绩效指标？美国国家高等教育管理中心的彼得·尤厄尔和丹尼斯·琼斯认为，绩效指标是关于一项政策执行结果的具体信息或者结果，可以有规律地生产、公开报道、系统地应用于计划、管理或者配置资源。卡夫、汉尼、科根则给出了一种更为简洁的定义：绩效指标是一种权威性的度量——通常以定量的形式。从这一方面来看，绩效指标另外一个本质要素就是它是可以量化的，其价值是通过数字来表达的。博格在总结以上诸定义的基础上，将绩效指标界定为：对教育资源、教育活动、教育业绩的公开性的定量测评工具或证据。它可以优化策略运行环境，可以依据相关的标准对策略运行趋势、业绩目标、效率进行评估，可以在资源配置、服务水平提升、项目决策的改进上提供决策依据。绩效指标可以在项目、学校、州、区域、国家等层面上被发展应用，具有管理、评估、对话交流、合理化和资源配置等功能。③

一般来讲，高校质量评估的绩效指标可分为内部指标、外部指标和运

---

① 任之光，张彦通．企业大学的发展与思考［J］．高等工程教育研究，2009（1）：37-41.

② 博格，等．高等教育中的质量与问责［M］．毛亚庆，等，译．北京：北京师范大学出版社，2008：173.

③ 博格，等．高等教育中的质量与问责［M］．毛亚庆，等，译．北京：北京师范大学出版社，2008：174-175.

行指标。内部指标反映高校输入情况和内部工作，如获得研究经费的数量、学位授予状况、教学质量等方面的数据；外部指标是指对高校所设置专业或人才培养是否符合和达到社会需要，体现在如大学毕业生的就业情况、科研成果转化为生产力的情况等；运行指标反映的是大学教学和科研工作运行效率的情况，如机构开支、教师的工作量、硬件设备的利用率等。总的来看，绩效指标政策确实为在学校、系统、地区和国家的各个层面上去获得反映质量活动的表现和成果提供了一个信息渠道。通过绩效指标的测量，能够提供关于学校运行状况的较为准确的信息，反映高校办学的效率和效益，这不仅对高校自身改进办学实践具有重要的指导意义，而且使政府对教育工作的决策更加科学化。

由于受到新自由主义、新公共管理主义和新制度经济学等思潮的影响，质量保证、绩效评价、公众问责等思考和实践方式被广泛引入对大众化高等教育的质量管理和评估之中。在英国，质量保证的存在是"为了确保由高教基金管理委员会拨款的所有教育具有让人满意或者更好的质量，以及确保能快速地整顿那些不让人满意的质量"，其主要目标就是"把经费提供给那些优秀的组织"（高等教育基金委员会，1992，1993）。泥夫（G. Neave）也同样认为，质量保证的目的在于充当资源分配的工具（a resource allocation device）。弗雷泽（M. Frazer）则通过对欧洲 24 个国家进行问卷调查发现，欧洲各国高等教育质量保证的主要目的是帮助高等教育机构改进质量（improvements）、确定绩效责任（accountability）、适应国家法律的变化（changes in law）、向潜在的学生和雇主提供质量标准的信息（inform potential students and employers about standards）、帮助政府做出资助决策（making funding decisions）。[①] 在这其中，以绩效为目的的评估质量观已成为世界各国政府或市场的首要价值取向。总之，对于绩效资助政策体系来讲，正确的构思和设计可能会揭示资助和绩效之间的有效关联，也会成为对绩效问题的重要刺激物。

---

① 田恩舜. 高等教育质量保证模式研究［D］. 武汉：华中科技大学，2005：22-23.

（3）绩效评价在争议中发展

绩效指标在欧洲有所发展，而在美国其作用正在下降，有越来越多人质疑绩效是无法测量的，特别是用来评价的测量方法的效度，而且在许多国家包括荷兰和英国都删减了绩效指标。同时，各国和院校探索评估技术，同行评议和质量审计逐渐成为主流方法，进而降低了绩效指标在评估中的作用。

这一新出现的方法可以为教师提供一个比较容易认可、比较有活力的学术质量视野，看起来也觉得比运用外部绩效指标更加值得信奉和实施。教师坚信他们懂得什么是学术质量，并且认为有责任评估它。但是自治权总是被那些为公众和政策制定者服务的专门从事对结果进行公共问责的人所掌握。仍待观察的是教师是否能承担责任，并且负担起职业义务去开发基于共同目的的评估过程，并且与各种公共机构共同分享问责。如果这种方式占有优势，则绩效指标很可能成为作用很小的辅助工具，如果学界没有反应，公众对结果的偏好将促成使用绩效指标评估既定结果的扩展和固化。这样的疑问随着高等教育本身的发展仍将长期存在。

质量和绩效指标已经引起了高等教育利益相关者的关注，其中的发展也显现出学校、政府和公众之间的紧张关系。对这些议题的关注不断增多，这实际上反映了人们对教育的信心不足。紧缩的财政投入、纳税人对不断激增的学费的抱怨以及对国家失去经济竞争力的担忧，这些因素共同作用使人们开始担忧教育质量的下滑。由于不同类型学校和州之间具有很大的差异，评估运动可以有助于在目标导向的绩效上形成一种追求卓越的意识，有时候绩效表现会与财政拨款挂钩作为奖励工具。于 1984 年创立的田纳西（Tennessee）目标导向绩效拨款模型仍是其他州实施绩效拨款的蓝本。① 美国南部地区教育委员会（Southern Regional Education Board，SREB）可以帮助立法以发展有关问责和教育质量方面的有益实践，特别

---

① BANTA T W, Rudolph L B J. et al. Performance Funding Comes of Age in Tennessee [J]. Journal of Higher Education, 1996, 67 (1)：23-45.

是在本科生教育方面。早在 1987 年，得克萨斯州就已开始考虑激励式拨款政策了，并随后实施了绩效拨款。阿肯萨斯州创建了一套产出目标，密苏里州在"根据结果拨款"的框架下发展了绩效拨款。在南部教育董事会之外，科罗拉多州 1993 年采用了激励式拨款奖励那些符合州绩效目标要求的学校。评估、绩效指标和绩效拨款这些相关的概念有共同的目标：要求对高等教育机构报告其使命和目标的实现情况；影响大学和学院的偏好和本科生教育目标。

尽管人们想知道高等教育是否值得投入那么多的公共资源，这种需求十分迫切。但是从专业自我评价转向外部和管理主义的评价，这还是会面临一些共同的问题：首先，绩效评价技术主要运用于工业部门，本身对高等教育具有一定的局限性，特别是当绩效指标强调的是结果而非过程的时候。其次，评估标准从以往强调卓越转向与经济或社会成果相关的标准；再次，关于评估的机制、动机和方法等方面的问题。

尽管围绕绩效指标的讨论很多，但是这些指标最初在多数的政府和院校的政策和决策过程中起到的作用是微乎其微的。许多因素限制了绩效指标的作用：首先，把指标与选择性拨款挂钩，被认为是对院校的威胁；其次，绩效指标的选择和运用面临信度和效度的问题；再次，政府和院校之间在使用绩效指标上缺乏概念一致性。尽管如此，欧洲在使用绩效指标引导高等教育发展时，做法越来越趋于一致，尤其是越来越多地收集有关教育质量的信息。

（二）美国：质量和效能成为关键

1. 背景

在 20 世纪 80 年代初期，美国高等教育关注的焦点主要是入学问题，同时也需要进一步定义和认识新出现的问题，包括问责、质量、产出率和本科生教育。80 年代是评估和问责发展较快的时期。当时，美国有近 40 个州积极推动评估运动。伴随评估运动的是人们对本科生教育质量的强烈关注，许多出版物都指出了本科生教育需要改进之处。1984 年，美国创立的田纳西州目标导向绩效拨款模型是各州实施绩效拨款的蓝本。在此基础上，南部地区教育委员会帮助一些州建立法律，以利于在发展有关问责和教育质量方面进行有益的实践，尤其是在本科生教育方面。到 1986 年，有 50 个州和哥伦比亚特区已经采取了行动改善本科生教育。在"问责规则"的推动下，许多州已经立法要求院校提高效能、效率，具有合理的财政状况，并且证明自身的绩效。1987 年，得克萨斯州就已经开始考虑激励式拨款政策，并随后实施了绩效拨款。阿肯色州创建了一套产出目标。密苏里州在"根据结果拨款"的框架下发展了绩效拨款。

20 世纪 90 年代，政策制定者更加关注公共问责系统。1992 年，美国有 19 个州要求公立学院和大学建立评估机制，以评估学生在大学所学知识的情况。南部地区教育董事会成员中的 15 个州中已有 11 个州立法实施评估、质量保障和绩效报告。除南部地区教育委员会之外，科罗拉多州于 1993 年采用了激励式拨款奖励那些符合州绩效目标要求的学校。评估、绩效指标和绩效拨款这些相关的概念有共同的目标，即要求高等教育机构报告其使命和目标的实现情况；影响大学和学院的偏好和本科生教育目标。到 1994 年，美国有 18 个州已经发展了指标系统。同年，美国教育理事会的报告显示，94% 的大学已参与评估。各州相互借鉴推动绩效指标使用，促使建立统一的指标以解决共同面临的问题。截至 1996 年，有超过一半的州发布了各自高等教育系统的绩效报告。

21 世纪以来，美国高等教育绩效评价的一个显著特征是超越了过去单纯的教学和科研绩效的评价，把绩效评价上升到组织系统和战略发的高度进行。到 2003 年为止，美国有 44 个州发布绩效报告，其中有 25 个州对高等教育实施绩效拨款。[①]

2. 绩效指标的使用

绩效指标的定义包括几种描述：效率、效能、投入、过程、产出、优异、质量、问责等。1988 年凯文（Cave）等把高等教育的绩效指标定义为对高等教育机构及其构成要素的活动的关键属性进行权威的和定量的测量。他们需要在不同层面收集资料，以帮助在院校和整个高等教育系统内

---

① 王占军．国际高等教育绩效评价的历史和现状［J］．中国民族教育，2012（10）：43–44.

做出管理判断。① 与此相似的是韦拉斯尼夫等人（L. Vlāsceanu，L. Grünberg 和 Pârlea）的定义，他们认为绩效指标是一组反映高等教育机构或某个学科特定质量水平的统计参数，强调了指标的多层次性和全面性。② 绩效指标可以是定量的也可以是定性的反映某个院校或学科产出水平的量度。既可以用于院校自我评价，也可以用于与其他院校比较。绩效指标只有在当它们作为输入、过程和输出指标的构成部分时才可以有效运行。高等院校具有多种功能，并有各种不同的目标，因此需要绩效指标本质上能够覆盖高校的整个活动领域。经常使用的绩效指标包括：申请人数、录取分数、工作负荷、就业率、研究资金和合同、出版论著数、师生比、院校收入和支出、设备数等。绩效指标的主要功能是监控、评价、诊断、合理化和资源配置。

3. 不同主体的绩效评价

（1）州高等教育绩效报告

到 20 世纪 80 年代末 90 年代初，已经有许多州转向"绩效报告"（Performance Reporting）的形式，即每隔一或两年，高校针对社会和政府关心的问题，出具一个回应其质询的报告。例如，加利福尼亚州从 1991 年开始实行"加州高等教育报告卡"制度，要求大学在以下五方面提供年度报告：学生人口特征、财务、学生学业准备情况、入学机会和学习结果。报告一般包括 75 个以上的独立指标，动辄上百页，还包含了学生资助等信息。各州对绩效报告的争相采用，说明越来越多的政策制定者看重它为评价高校办学水平所提供的依据。政府与相关机构的管理者究竟有没有用这些绩效报告呢？除了满足政府和公众"知情权"外，绩效报告到底能不能改进高校的人才培养、资源使用效率，或者管理呢？

2003 年，对美国高等教育财务官员（State Higher Education Finance Officers，SHEFOs）的一项调查表明，高等教育协调机构在规划和制定政策时

---

① CAVE M., HANNEY S, KOGAN M., TREVETT G. The Use of Performance Indicators in Higher Education [M]. London：Jessica Kingsley，1988：22-23.

② VLASCEANU L, GRUMBGER L, PARLEA D. Quality Assurance and Accreditation：A Glossary of Basic Terms and Definitions [R]. UNESCO，2004：48-49.

对绩效报告的实际运用要远低于预期。几乎半数的财务官员称所在州的高等教育协调机构对报告的应用仅达到中等程度，1/4 以上的人认为"应用很少""没有应用"或"无从判断"；仅 4% 的人声称"应用很多"，20% 的人认为在相当大的程度上用到了绩效报告。来自州管理者的数据更加不容乐观：没有任何州在应用报告信息方面达到很好的程度，仅 20% 的州达到中等程度，39% 的人认为所在州"应用极少"或"根本没有"。可见这一时期的绩效报告，更多是对公众呼吁和高等教育产生的社会问题摆出的象征性"姿态"，作秀式"回复"。究其原因，很大程度是因为报告与报告之间"花样百出"，指标不一致，缺乏可比性；此外，报告虽然内容不少，却缺少一些有助于决策的关键指标。对于避免今后的高校年度质量报告沦为"绣花枕头"，这是一个警示。

　　每隔一年或两年发布的报告，往往关系到政府拨款，因此高校的绩效需要在政府和公众关注的"共同指标"上着重表现。大多数州的绩效报告围绕教育机会、毕业率和保持率、教学质量和学生成绩、学费和家庭的可支付能力、对经济和社会的贡献等几方面的政策目标进行。而测量这些目标实现情况的途径主要有四种（见表 2-1）。

表 2-1　美国高校采用的绩效指标范例

目标实现途径	具 体 指 标
输入、过程和结果	新生 ACT 和 SAT 平均分； 第一年巩固率（Retention，即第一学年后在校学生数占开学时注册人数的比例）； 毕业率； 获得学位的平均年限； 获得学位的学分要求； 职业资格证考试的通过率； 研究生学业情况； ……

续表

目标实现途径	具 体 指 标
资源使用效率和效果	生师比； 平均接触教师时间； 各学科和各年级学生每学时的培养成本； 教学空间的日常利用情况； ……
本州需求和投资回报	本州生源所占比例； 雇主对毕业生的整体满意度； ……
"顾客需要"和投资回报	毕业生毕业一年之后在其专业领域内就业的比例； 各专业毕业生的平均起薪； 学生/校友对教育经历的整体满意度； ……

【资料来源】 LAYZELL D. T. Linking Performance to Funding Outcomes at the State Level for Public Institutions of Higher Education: Past, Present, and Future [J]. Research in Higher Education, 1999, 40 (2): 233-246.

美国学者鲁伯特（S. Ruppert）通过研究数十所公立高等院校的内部审查报告指出，绩效指标往往反映了州的政策目标（state policy goals），绩效指标的确立必须参照样本指标（sample indicators）的做法，他通过研究列举了如下五类指标。

教育质量与成效（Educational Quality and Effectiveness）。这类样本指标强调公立高等院校有关本科生教学的相关投入、过程和输出信息，例如大学新生的 ACT 或 SAT 成绩、需要补习的学生数量、生师比、班级规模、完成学位的时间、毕业率、就业率、雇主的满意度调查等。

入学机会、多样化与公平（Access-Diversity-Equity）。这类绩效指标反映了公立高等教育满足不断变化的人口和不断变化的学生需求的能力，例如大学教师的多样性、学生的性别及种族比例、学生的校际参与程度等。

效率及生产力（Efficiencyand Productivity）。这类绩效指标反映了公立高等院校实现其目标或优先发展领域所需的费用，例如科研经费的使用效率、教室与图书馆的利用率、学生的费用、州生均教育拨款、设施维护、教师的平均工资等。

对州的贡献（Contributionto State Needs）。这类绩效指标反映了州政策制定者对于人力资源发展和经济竞争力等问题的关注，例如课程设置与就业需求的关系、毕业生在关键领域的就业数量、继续教育模式、公立高等院校对地区经济的影响力、雇主的评价等。

与其他教育部门的联系及贡献（Connection and Contribution to Other Education Sectors）。这类绩效指标反映了公立高等院校作为教育系统的一部分，对整体产生了怎样的促进作用，例如对基础教育的影响力、对高中教学效果的反映、支持 K-12 的研究与服务等。①

以《加州大学 2011 年度问责报告》（University of California Annual Accountability Report 2011）为例，介绍美国公立大学在回应质量问责时关注哪些方面的问题、其报告特点如何。该评价指标体系涵盖了 13 个一级指标，下设 69 个二级指标。

《加州大学 2011 年度问责报告》对以上指标进行定量描述，通过纵向对比近 10 年（甚至更长时间）以来数值上的变动，全面展现加州大学的发展状况。除此之外，报告还针对每项指标明确指出其发展目标，分析本年度工作过程中产生问题的原因，并提出着手改进的措施。

该报告特点包括：①有完备的指标体系，涵盖内容极其广泛，并以定量指标为主，旨在以具体的统计数据说服公众，全面展示学校开展的工作及其对社会的贡献；②以学生为中心，关注以绩效为核心的动态评估，重视教育过程和教育输出；③主动面对公众的质询，回答了大学系统如何满足本州教育需要以及服务地区发展，以"效率与公平"作为评估的原则；④着眼解决大学与社会之间的关系问题。

（2）非官方机构的绩效指标

将企业界所发展出的标杆学习应用在教育机构中，最著名的当属由美国"全国大学院校商学院协会"（National Association of College and University

---

① CAVE M, HENKEL H M, KOGEN M. The Use of Performance Indicators in Higher Education：The Challenge of the Quality Movement ［M］. London：Jessica Kingsley Publishers，1996：72.

Business Officer，NACUBO）在 1991 年所推动之标杆化研究项（benchmarking project）。该计划推动的第一阶段，有 6 个国家共 115 所高等教育机构参加，其后扩大到 282 所，其目的在于鼓励参与的高等教育机构以合作的方式找出各种运作功能之最佳实务，并提供品质改善所需之信息。

美国大学院校商业主管学会曾利用标杆学习策略，研究大学院校的管理与财务行政效率。各大学院校在国际竞争的趋势下，深感不应再沉溺于过去的辉煌历史而抗拒变革，应善用标杆学习的方法与策略，学习其他典范的长处与优势，以加强本身课程与教学的发展，以便面对国际化与全球化的竞争态势。

Alstete 认为大学院校可以借由标杆学习，进行系统的资料收集与比较研究，帮助教职员接纳变革，促进大学院校之间的资讯分享与沟通；而相关的研究与试验计划在 1991 年后陆续出现，如芝加哥大学、奥勒冈州立大学、宾夕法尼亚州立大学等，已将标杆学习当作品质改进的重要策略，其应用范围涵盖大学与研究所的教学过程，以及学术研究与行政事务。因此，标杆学习对学校而言，其本身就是一种正向的积极过程，不仅搜寻世界级标杆，设定参照目标，更改进教学过程，产生教育的革新。

Welsh 利用标杆学习法调查研究全美州立高等教育机构的转学流程，期望找出最佳实务来改善各个教育机构的转学功能与品质。

美国全国高等教育管理系统中心（National Center for Higher Education Management System，NCHEMS）的彼得·尤厄尔（Peter Ewell）和丹尼斯·琼斯（Dennis P. Jones）在大量实证研究的基础上，于 1996 年成功牵头研发了名为《本科教育良好实践（Good Practice，GP）指标》的使用手册，这本开放性的手册帮助许多院校建立起以学生为中心的本科教育 GP 指标体系，促进了本科教育评估的发展，推动了本科教育的改革。[1]

---

[1] 岳小力，张晓鹏. 构建以学生为中心的本科教育质量评价指标体系——试析美国"本科教育良好实践指标"手册 [J]. 复旦教育论坛，2009 (3).

尤厄尔等从 GP 指标体系框架铺展开来设计 GP 指标体系量表时，主要按照 GP 十二项相应的教育教学原则进行分类，每一项原则下均列举数个条目从不同层次和数据来源综合考察院校实践情况，每一条目都必须有教育教学相关性的实证研究作为支持。为了便于实践操作，每个指标都有特定的编号，并且做了详细的数据来源说明，例如编号为 11. C. b. 1 的指标，11 表示该项指标主要用于考察第十一项原则（频繁的师生间交往），如果该位数字为 0 的话，表示该指标与原则无关；C 表示考察教育教学过程中教学内容传授的环节，b 表示数据来源是成绩单或者学生记录，1 表示该条目是 11. C. b 中第一个条目；如果条目后边带有 *，表明该指标至少和两个以上的原则有关（见表 2-2）。

表 2-2　GP 指标体系

N/A	指　　　标	编　　号
1. 较高的期望	在特定课表中分配给特定学科或者学习领域的通识教育课程或学分的比例，或者是不同先决技能的开发（例如，写作数学口头交流等）	0. B. a. 1
	完成专业学科要求的一个特定项目学习所必需的学分比例	0. B. a. 2
2. 学习上的贯通	作为毕业或者项目完成条件的，反映高校学生写作能力的必要证明	1. B. a. 1
	在人文学科或者社会科学课程作业中写作（或者阅读）的平均页数	1. C. a. 1 *
	整体评分等级的分布	1. C. b. 1
	在本科学习生涯中，不用撰写一篇专业研究报告就能毕业的学生比例	1. C. c. 1
	没有进行图书馆文献检索阅览就完成本科一年级学习的学生百分比	1. D. b. 1 *
	没有明显感到课堂资料或者作业具有挑战性的学生比例	1. D. c. 1

续表

N/A	指　标	编　号
3. 综合经验	在满足既定课程要求的前提下，可供学生选择的课程数目	2. B. a. 1
	需要完成某一特定项目先决学习的课程百分比	2. B. a. 2
	明确布置了和其他学科课程相联系的作业的一年级写作或者数学课程的百分比	2. C. a. 1
	表明他们已经（或者被要求）将以前某一特定课程中所学内容和现就读的其他课程明确联系起来的学生百分比	2. D. c. 1
4. 教育和经验的统一	要求高等课程（capstone course）高级项目或者其他完成项目综合经验的课程或者项目的百分比	3. B. a. 1
	对于大四毕业生来说，被要求积极综合运用所学课程和/或学科知识的学生百分比	3. D. c. 1
5. 积极学习	为每个学生提供的实习实践或者相关实践课程的平均数目	4. B. b. 1 *
	在本科期间，至少参加了一项实习实践课自学或者相似的自我定向或者实践导向课程的毕业生百分比	4. D. b. 1 *
	参与到教员研究中的学生百分比	4. D. c. 1 *
	要求学生参与到独立研究论文科研项目论文发表或者类似实践的课程百分比	5. B. a. 1
	明确要求学生使用图书馆作为研究来源的课程百分比	5. C. a. 1
	为学生积极参与课堂讨论而给予学生学分评分的教员百分比	5. C. c. 1
	本科生外借图书馆书籍的生均数目	5. D. b. 1
	本科生使用图书馆电脑查询系统或者数据库登录的生均次数	5. D. b. 2
	在某一学期给定课程中，至少提问两次或者三次的学生百分比	5. D. c. 1
6. 习得经验的持续练习	在人文学科和社会科学课程中，布置的课外写作的平均页数	6. C. a. 1 *
	反映某一课程的教师在常规课堂时间外开设了复习课或者学习讨论会的学生百分比	6. C. c. 1 *
	大四学生平均每周用于自主阅读的小时数	6. D. c. 2 *

续表

N/A	指　标	编　号
7. 评估和及时反馈	每门课程中由教师评分的作业或练习的平均数量	7. C. a. 1 *
	在开学头两周内有一份评分作业的课程百分比	7. C. a. 2
	允许或要求学生多次修改、重写或者重新提交他们作业的课程百分比	7. C. a. 3 *
	基本能在一周内收到教师评分作业的学生百分比	7. D. c. 1
	有过在试卷返还后，教师在课堂上系统地回顾考试或者练习经验的学生百分比	7. D. c. 2
	表示教师常常对他们的表现提出特别点评的学生百分比	7. D. c. 3
	表示在本科生涯常常收到教师对他们的评论和评价，并且这些反馈意见帮助他们提高自身表现的毕业生百分比	7. D. c. 4
8. 合作性学习	提供团队项目或者类似的团队学习经验的课程（由系项目组提供）百分比	8. C. a. 1
	努力在课程中创造团队项目或者学习型社区的教师的百分比	8. C. c. 1
	使用非竞争性评分标准的教师百分比	8. C. c. 2
	参加过团队项目或者团队学习的学生百分比	8. D. c. 1
	有过和同伴就学术内容进行经常性的不正式交谈的毕业生百分比	8. D. c. 2
9. 投入学习任务的时间	有着明确出勤政策的课程百分比	9. B. a. 1
	学生注册的课程负担平均值	9. D. b. 1
	有过在一学期的一门既定课程中缺席二次或以下课程的学生百分比	9. D. c. 1
	在一门既定课程中，为课堂作业而学习或者工作的时间数	9. D. c. 2
	在下午 5：00—9：00 时间段，供学生使用的图书馆学习空间的占用率	9. D. d. 1

续表

N/A	指　标	编　号
10. 重视学生的智力差异和不同的学习方式	本科生在种族和性别上的百分比分布	10. A. b. 1
	要求学生体验不同的学习方式，例如听力、观看可视材料等的课程百分比	10. C. a. 1
	在本科一年级中，学生至少愿意注册一门有20%以上的学生来自于不同的宗教团体或者背景的课程的概率	10. C. b. 1 *
	教师表示他们会定期使用有个性的或者变换其他教学方式来讲授课程材料的百分比	10. C. c. 1
	表示教师会鼓励他们将不理解的内容带到课堂上来提问的学生百分比	10. D. c. 1 *
	认为教师采用的评分或评价过程能够真实反映他们所学的学生百分比	10. D. c. 2
	感到自身本科就读经验真正体现了对不同背景和视野关注和欣赏的毕业生百分比	10. D. c. 3
11. 频繁的师生间交往	教师建议量（通过项目或者系）	11. A. b. 1
	注册某个项目或者专业的本科生与被指派的全职等价教师比值（生师比）的平均值	11. B. b. 1
	项目或者等级中平均课程区段的规模（不包括自学环节）	11. C. b. 1 *
	小于某一学生注册数字（X）的课程区段的百分比（项目或者不同等级课程中）	11. C. b. 2
	在学期的最后 X 周时，至少能够讲出班上一半学生名字的教师的百分比	11. C. c. 1
	参与到学生俱乐部或者组织中的教师百分比	11. C. c. 2
	教师花费在学术问题上，给予学生建议或者谈话的平均小时/周数	11. C. c. 3
	反映在课余时间和教师在学术问题上有过对话的学生百分比	11. D. c. 1
	在教师提供的办公开放时间内有拜访过教师的学生百分比	11. D. c. 2
	课外与教师交流质量的平均评价值	11. D. c. 3
	在整个本科就读经验中，课外和教师交流的频率（和质量）	11. D. c. 4

续表

N/A	指　　标	编　　号
12. 早期的学习	高校在 100-level（或者更低级课程）和所有课程上，为平均全日制等价学时（FTE）学生投入的比值	12. A. b. 1
	由全职教师或者终身轨教师（tenure-track faculty）讲授的 100-level（或者更低级课程）的百分比	12. C. b. 1
	本科一年级新生至少注册一次小于 X 学生数的课程的概率	12. C. b. 2 *
	本科一年级新生有过加入综合实用型定位项目或者咨询项目经验的百分比	12. D. c. 1

【资料来源】Ewell P T, Jones D P. Indicators of "Good Practice" in Undergraduate Education：A Handbook for Development and Implementation ［M］. National Center for Higher Education Management Systems, 1996.

通过以上分析，可以发现，美国高等教育绩效评价形成以下特征。

第一，质量与效能成为各方关切的问题。日益激烈的办学资源竞争，使高校管理者们深深认识到，办大学不是开派对；大学一定要以开放的态度，敞开胸怀来接受"投资人"——政府、公众和利益相关者更为仔细和严格的检视。这期间，绩效审计（Performance Audit）成了各州立法机关评估高校的主要手段。

2004 年，时任美国教育部部长玛格丽特·斯佩林斯在福特基金会（Ford Foundation）的资助下，联合美国国家高等教育行政署（State Higher Education Executive Officers）成立了国家高等教育问责制委员会（National Commission on Accountability in Higher Education），目的在于提高美国高等教育的绩效表现与问责制效率。① 以美国得克萨斯州为例，2004 年得克萨斯州高等教育委员会（The Texas Higher Education Board）响应州长里克·佩里（Rick Perry）的指示，在全州范围内掀起了实施一个全方位的高等教育问责制的高潮。2008 年，美国教育部发布的年度高等教育绩效与问责制报告指出，"确保高等教育的入学、可支付性与问责制"（Accessibility,

---

① State Higher Education Executive Officers. National Commission on Accountability in Higher Education ［EB/OL］. ［2015-03-20］. http：//archive. sheeo. org/account/comm-home. htm.

Affordability and Accountability）是美国高等教育改革的重要目标之一。[①]2011 年 2 月，美国教育部发布了"2010 年度绩效报告"（2010 Annual Performance Report，APR）。现任教育部部长阿恩·邓肯（Ame Duncan）强调：要保证高等教育的入学率、可支付性与有效的问责制，使高校培养出更多优秀的学生。[②]

第二，越来越把绩效评估与资源配置联系起来。20 世纪 80 年代，美国尝试将高校的资源输入与预期绩效产出相结合，要求公立高校在扩大招生、提高毕业率、降低成本和增强地方经济服务能力等方面改善绩效表现，提高高等教育质量，绩效问责制由此诞生。20 世纪 90 年代中期，绩效问责制已经遍布美国。到 21 世纪初，几乎每一个州都出台了一种或两种形式的绩效问责政策。绩效问责制也正成为许多国家分配高校办学和科研经费的一个重要手段。

美国公立高等教育绩效问责制大致表现出三种形式。绩效拨款（performance funding）是将州政府的财政拨款直接与高校的绩效表现相联系，高校如果达到了既定的绩效标准，就会得到政府指定数量或比例的奖励性拨款。绩效预算（performance budgeting）是指州政府在为公立高校拨款时参考高校的绩效状况，绩效表现在政府拨款中的反映完全取决于拨款者的判断。绩效报告（performance reporting）是指公立高校借助书面报告向政府和公众发布高校的绩效信息，它与高校获得的拨款没有形式上的关联。

1997—2003 年，高等教育学者伯克（Joseph C. Burke）等人对美国 50 个州的绩效问责制连续进行了 7 次调研。调研结果显示，绩效拨款和绩效预算两种问责制在 20 世纪 90 年代非常盛行。1997 年有 10 个州实行绩效拨款问责制，到 2001 年达到 19 个州，2007 年有 27 个，实行绩效预算问

---

① U. S. Department of Education. Performance and Accountability Report 2008 ［EB/OL］. ［2015-06-30］. http：//www2. ed. gov/about/reports/annual/2008report/index. html.

② U. S. Department of Education. Reform, Accountability, and Leading from the Local Level：Secretary Arne Duncan's Remarks to the National League of Cities' Congressional City Conference ［EB/OL］. ［2015-06-30］. http：//www. ed. gov/news/speeches/reform-accountability-and-leading-local-level-secretary-arne-duncans-remarks-national-league-cities-congressional-city-conference.

责制的州从 1997 年的 16 个增加到 2000 年的 28 个。2000 年，有 30 个州实行绩效报告问责制，到 2003 年已达到 46 个。

具体表现在绩效拨款的数量、绩效评估的标准经常发生重大的变动，实行绩效拨款和绩效预算的州也时而增加时而减少，而绩效报告问责制自 2000 年后正逐渐遍布几乎每一个州。2002 年和 2003 年各有一个州取消了绩效拨款问责制。自 1997—2007 年，已经有 14 个州放弃了绩效拨款问责制，但也有些州又出台法案重新采纳了这一制度，例如弗吉尼亚州（2005 年）和华盛顿州（2007 年）。2000 年和 2001 年各有 1 个州、2003 年又有 5 个州取消了绩效预算问责制。但同时实行绩效报告的州在 2001—2003 三年中增加了 16 个。

总体而言，美国各州对高等教育绩效评价的重视自 90 年代之后并没有减弱，各州立法机构对州立高校之间的绩效比较非常感兴趣。此外，AGB、NACUBO、NCHEMS 等非官方机构也开发了各自绩效指标，以帮助院校之间的绩效评价和比较。相比欧洲，美国的绩效指标更重视的是本科生教育或对州经济发展的贡献。此外，绩效评价开始用于绩效拨款，这改变了传统的公式拨款方式，绩效拨款刺激高校朝向州所制定的目标努力。当然，美国高校绩效评价也存在相应的问题，批评者认为这种政策加大了州权力集中化，削弱了大学中教授的作用，造成了学术力量与外部治理机构的冲突和矛盾。当然，不管怎么样，与欧洲一样，绩效评价政策仍在继续并在发展之中，后续的变革有待进一步观察。

（三）英国：重视大学本科生学习效果

1. 背景

在过去几年，英国高等教育系统经历了快速发展时期。绩效指标进入高等教育管理系统改变了原来的权力结构。政府对高等教育的理念变为"物有所值"（value for money）、强调经济、效率和效能。

1991 年 5 月，英国教育和科学大臣和苏格兰威尔士及北爱尔兰事务大臣联合向议会提交了白皮书《高等教育：一个新的框架》（Higher Education：A New Framework），试图着力解决两个方面的问题。其一是废除 20 世纪 60 年代以来的高等教育双重制，建立一个统一的高等教育框架，使高校之间开展有效的竞争；其二是加强高等教育的质量保证，避免由于高等教育规模扩大而造成的质量问题。1992 年 3 月，英国颁布了《1992 年继续和高等教育法》（Further and Higher Education Act 1992）。其中，有关绩效评估的法律规定主要体现在两个方面：首先是在拨款机构上，新法采纳了 1991 年白皮书中的建议，以新的地区性高等教育基金会（HEFCs）取代原来的大学基金委员会及多科技术学院和其他学院基金委员会；其次是在高等教育基金委员会的功能上，高等教育法明确赋予其开展质量评估的新使命。

绩效评估结果用于拨款对院校的使命产生了深刻影响。1992 年新大学也开始强调科研，部分新大学在科研上进步迅速。老牌大学则希望利用英国高等教育基金会的科研评估政策，使大学在科学研究上重新分级，以保持科研上的传统优势。在该委员会 2008—2009 年度总额为 14.6 亿镑科研拨款中，"科研质量拨款" 和 "科研能力拨款" 这两类拨款途径都是以科研评价的结果作为主要依据的。科研质量拨款是科研拨款的重心，其经费总额达 14.36 亿英镑，占到整个科研拨款总额的 98% 之多。而该项拨款的 8 个使用方向上，科研质量主渠道拨款和 "最佳 5＊级系科" 拨款（Best 5＊ Allocation）金额分别为 9.198 亿英镑和 2450 万英镑，这两个项目的总额在科研质量拨款中所占的比重达 66%。[①]

高等教育机构与地方政府之间的关系变得愈加松散，而中央层面的权力则在加强，尤其是类似高等教育统计局这样的政府机构影响力与日俱增，甚至可以和拨款委员会地位不相上下。

2. 绩效指标的使用

英国高等教育质量保障采用外部指标和同行评判相结合的模式。质量审计、质量控制和质量评估之间的区别在于：院校负责质量，高等教育质量理事会负责审计，新拨款委员会负责评估。因此形成了一个双重的控制

---

① 王占军. 大学排行对院校的组织决策、行为与文化的影响 [J]. 中国高教研究，2012（2）.

制度：一方面是管理力量，另一方面是专业力量。在 80 年代之前，大学质量是通过学院资深的规范机制来保障的，而此后的外部绩效指标引入，则意味着学术力量的作用在下降，外部管理力量在加强。

在英国，影响高等教育资源配置的是一个可以称之为"竞争招标"的拨款机制。根据这种机制，政府不再提供服务，而是向大学购买学生学额服务。英格兰、苏格兰和威尔士每个地区都有一个拨款委员会，运用复杂的拨款公式来向大学购买服务。有批评者认为，这种拨款方式使大学就像公司一样，在供给和需求的作用下相互竞争。

英国副校长和校长委员会把绩效指标分为三类：外部、内部和运行指标。政治文化和环境经常对指标构成产生影响。指标并不是完全客观中立的。批评者认为指标只是帮助收集信息，而无法反映出高等教育绩效的概念框架。利益相关者的观念、价值和态度都可以影响到指标的设计。政府机构而非学者同行来评价质量和绩效。高等教育机构越来越被看成是推动经济发展的动力和机构。

英国的绩效指标反映了教育的过程，指标包括了教育的投入、过程和产出三个部分。1985 年，大学校长委员会和大学拨款委员会成立"绩效指标联合工作组"展开绩效报告指标体系的研究工作，并在 1987 年提出初步方案。1988 年，绩效指标联合指导组针对绩效指标体系设计上欠缺的一些问题对绩效指标进行了一些新的改进和完善。1988 年版的指标体系在前 39 项指标上与 1987 年完全相同，只不过是将这些指标按照类别整合在 8 个栏目之中。新版指标主要是增添了有关毕业与入学方面的 15 项指标，并从 4 个方面加以整合，指标的数量由此增加到 54 项，另外部分新增指标的应用也扩大至学科组的范围。经过此次调整之后，这些绩效指标基本上被确定下来，直到 1995 年版《大学管理统计与绩效指标》中的绩效指标体系都没有新的改变。1999 年 2 月，绩效指标指导工作组在组建一年后发表《高等教育绩效指标：绩效指标指导工作组的第一份报告》。在这份报告中，工作组按照既定的原则设计出一套全新的指标体系。与以往相比，指标虽然在数量上尤其是高校日常管理方面指标的数量被大幅度削减，但却比较全面地考虑到了教学、科研和社会服务以及投入、过程和产出等各个维度的因素。同年 5 月，这份新的指标体系以咨询报告的形式交由所有高校征求意见。根据高校的意见，指标体系被进一步简化，其中社会服务部分完全取消。修改后的指标体系主要围绕弱势群体入学、学生辍学与复学、学业成果与学习效率以及科研成果这几方面展开。1999 年年底，新的指标体系投入使用，在此后的年度中除陆续增添了 3 项新的指标外，该指标体系一直沿用至今。诸如生均成本指标、生师比等大量指标被删减。几个版本的指标放到一起比较，可以发现英国绩效指标一般包括：入学机会、入学分数、学位授予分类和学时、学费成本、教师工作负荷、就业率、毕业率、科研资金和合同、出版数量、学业负担、生师比、单位成本、不同类型教师规模、大学收入和开支、设备及维护开支。

大部分指标关注的是投入，现在开始强调科研产出指标。科研评价尚需要传统的同行评议方法、出版数、引用率和科研收入指标来衡量。有些科研产出指标也可以是过程指标，例如科研人员和总体人员比例。有些可以用在指标的传统回归方程中的解释变量。这种方法可以用于检验投入指标和产出指标之间的关系。

根据投入过程和结果指标的分类，大部分指标可以是定量化的，可以直接进行测量和统计操作。因为数据本身的稳定性有限，统计口径的变化，以及组织目标和实际结果数据之间并不能简单对应等问题，这些并不能完全解决对效率的测量问题。政府决策者和大学管理者对绩效指标和数据都非常关注。贾如特委员会的政策建议为政府通过绩效评估管理高等教育提供了导向，这样以往传统的同行评估就转向了评估机构运用绩效指标进行评估。有些观察者认为这种评估模式比较官僚化，而且并没有改善本科生教育。因此，对大学本科生学习效果进行评估的呼声随之产生。教育部委托高等教育拨款委员会进行专门调查。2013 年的调查结果显示，大学本科生对于课程的满意度与去年持平，仍为 82%。现在英国各大学还提出警告，预言学校经费削减后，学生满意度会呈现下降趋势。共有 252000 位学生参加了今年的全国学生普查。英格兰高等教育拨款委员会（Higher Education Funding Council for England，HEFCE）发布了调查结果。HEFCE 总监阿兰·朗格兰兹爵士（Sir Alan Langlands）表示，普查为新生在选择学校时提供了重要信息，另外这也是对于学校及学院满足学生需要的一种敦促。在普查中，被访学生需要就有关学校教育各个方面的问题进行回答，问题涉及教学、评估、校方支持，以及学习资源等。

（四）澳大利亚：在教学与学习引入绩效拨款

1. 背景

20 世纪 90 年代以来，与欧洲国家一样，澳大利亚也高度强调高等教育质量问题。1987 年联邦政府决定建立一个统一高等教育系统，以适应高等教育快速发展的需要。澳大利亚越来越强调高等教育在提升国家经济竞争力中的作用。尽管联邦政府在高等教育权力有限，但联邦政府可以通过财政政策来影响高等教育系统。政府希望建立单一体系，强调应用科学、计划性的研究，改变传统的高等教育治理结构，找到新的方法减少成本。因此，合并院校成了起初降低成本的手段。与此同时，联邦政府开始从高度管制和集权官僚化管理转向院校自治。绩效指标引入高等教育管理系统，院校自治和自主灵活性、市场化的学科竞争格局开始形成。不过与英国不同之处在于，澳大利亚决策者不那么公开承诺信奉自由市场哲学。

20 世纪 90 年代以来，澳大利亚高等教育迅速扩张，为适应国际竞争的需要及发挥高校的市场化效应，政府向社会各界承诺：本国的高等教育质量必须具有一定的水准，并将以此为基础不断提升。政府由此采取了一系列相关举措：1992 年，高等教育质量保证委员会（Committee for Quality Assurance in Higher Education）成立，该委员会主要制定相关政策并向高校提供建设性意见；1995 年，构建了澳大利亚大学学历资格评定框架（Australian Qualification Framework），该框架系统主要负责各类高等院校的资格授予事宜；1998 年，经广泛协商，政府决定把质量改善规划纳入年度高等院校财政资助项目中，即将质量保证与经费分配相挂钩，规定此后每所高校都要向政府提交质量保证和改善计划，并由教育部公布具体内容；2000 年，澳大利亚大学质量保证署（Australian Universities Quality Agency）成立，该署主要与各高校共同开展质量保证的相关工作。至此，形成了新世纪由联邦政府（主要是联邦教育、科学与培训部及其相关高等教育管理机构）、州或地方政府（主要是州或地区一级的教育行政部门）、高校、澳大利亚大学学历资格评定框架、大学质量保证署这五方有机组成的、权责较为明确的高等教育质量保证体系。其各自的功能分别是：联邦教育、科学与培训部及相关机构负责财政资助、绩效数据收集、质量保证和科研规划；州或地区一级的教育行政部门负责高校相关资格的认证；高校负责学术标准和质量保证程序的制订；大学学历资格评定框架负责全国性的注册及相关奖励说明事宜；大学质量保证署负责审计稽核工作。①

2. 指标使用

20 世纪 90 年代之后，澳大利亚高等教育绩效评估发展迅速，尽管这一实践颇有争议。

澳大利亚绩效指标可以分为三类：内部指标，主要关注的是项目后绩效（例如毕业率）；运行指标（班级规模）；外部指标，主要关注学生毕业后的情况（就业率）。与英国一样，澳大利亚绩效指标不仅包含教学方面，而且也包含大学之间科研指标的比较，例如出版、研究基金、专著和引用率等。20 世纪 90 年代以前，总体上 23 个指标可以分为三组：第一组是院校背景，例如学术人员特征、学生需求与背景、成本；第二是绩效指标，例如教学人员数量、研究与专业服务；第三是社会公平指标，例如师生性别比例。

随着近几年的发展，联邦政府组建了学习和教学绩效拨款机构，这是2003 年后高等教育改革的一部分内容。该拨款机构组建是为了评估高校教学绩效表现。2006 年，经过一系列的讨论和咨询，一套用于教学绩效评估的指标建立起来。一级指标共 7 个，包括与教师和学生相关的过程指标，以及学习结果指标，每个指标具有不同的权重。② 还有课程经历问卷和毕业生就业调查指标。这些也是澳大利亚大学毕业生调查的工作内容，数据来自院校统计报表。2009 年启动的高等教育十年改革强调通过绩效拨款，提高高等教育质量和系统绩效。

---

① 俞婷婕，肖甦. 澳大利亚高校本科教学绩效评估之管窥 ［J］. 比较教育研究，2008（9）.

② COATES H. Excellent measures precede measures of excellence ［J］. Journal of Higher Education Policy Management，2007，29（1）：87-94.

政府将在教学与学习引入绩效拨款，以此来提高高等教育质量。在这一制度下，大学需要与政府就自身办学定位和目标进行沟通，并拿出足够的绩效表现来赢得绩效拨款。[①]

在政府的改革议程中已经包括建立绩效指标，以促进澳大利亚人中拥有学士学位人口的比例，增加少数种族人口上大学机会，提高学生就读参与机会，改进学习结果，提高教学质量。[②]

第一，学生参与和全纳。增加低社会经济背景人群受本科教育机会，增加少数种族上大学机会，使大学体现出多元使命。

第二，学生就读经验。改进教学和学生学习支持服务体现，可以用第一年新生保持率和课程调查问卷作为数据。

第三，学生成就。增加学生获得学士学位人数，尤其是低收入群体学生获得学位数。可以用学生保持率和进步率数据测量。

第四，学习质量。改进学生认知学习结果，可以通过一般技能学习满意度测量数据和毕业生就业数据测量。改进大学的教学绩效，可以用教学人员拥有研究生证书或相似的证书予以测量。

2011年政府又正式颁布了《绩效拨款指南》（见表2-3），与2009年相比在指标上稍有变动，绩效拨款基于以下三个指标：（1）参与和社会融入；（2）学生学习体验；（3）学习成果的质量。绩效拨款由促进性绩效拨款和奖励性绩效拨款两部分组成。促进性绩效拨款于2011年开始执行，奖励性绩效拨款则在2012—2013年实行。

---

①　DEEWR. An Indicator Framework for Higher Education Performance Funding［Z］. Canberra：Australia Department of Education, Employment and Workplace Relation, 2009.

②　DEEWR. An Indicator Framework for Higher Education Performance Funding［Z］. Canberra：Australia Department of Education, Employment and Workplace Relation, 2009.

表 2-3　澳大利亚 2011 年度绩效指标

绩效类目和指标	数 据 来 源
绩效类目 1：参与和社会融入	
绩效指标 1A： 来自低社会经济地位群体的学生在本土本科生中的比例	低社会经济地位指标使用高等教育学生数据采集库和福利署收入数据
绩效指标 1B： 来自少数群体的学生在本土本科生中的比例	高等教育学生数据采集库（Higher Education Student Collection，HESC）
绩效类目 2：学生学习体验	
绩效指标 2A： 本土本科生的教学满意度	课程体验调查问卷（Course Experience Questionnaire，CEQ）
绩效指标 2B： 本土本科生的学习体验	大学学习经历调查（University Experience Survey，UES）
绩效类目 3：学习成果的质量	
绩效指标 3A： 本土本科生对通识技能学习的满意度	课程体验调查问卷（Course Experience Questionnaire，CEQ）
绩效指标 3B： 本土本科生通识技能的增值程度	大学学习测评（Collegiate Learning Assessment，CLA）

【资料来源】Department of Education Australia. Higher Education Group. Performance Funding：Administrative Guidelines［R］. Canberra：Department of Education, Employment and Workplace Relation, 2011.

　　绩效指标的品质也受到较多批评，有人认为指标的测量维度过于单一，现存的指标不足以反映高等教育的目标、过程和结果。也有人认为绩效评价会进一步强化公式拨款。因此，开发绩效指标的机构面临的最大挑战就是如何真正的定义绩效，以及开发出具有可操作性的指标用于测量。它们面临的另外一个挑战是如何使绩效指标能够有助于机构之间的比较。与欧洲其他国家的情况类似，澳大利亚绩效指标虽然涵盖投入、过程和产出，但真正可以反映高等教育过程的指标仍然十分薄弱，尤其是高等教育运行异常复杂，现有的过程指标显然有很大的不足。

（五）荷兰：绩效拨款注重关键指标

1. 背景

20 世纪 80 年代中期，荷兰政府和高校界逐渐认识到中央集权管理存在的弊端，高等教育管理的哲学理念随之发生重大改变，一套引导（steering）的管理模式逐渐代替了控制的管理模式。政府只检查高等教育自治体制的产出是否符合计划。1985 年，荷兰政府发表了具有重大历史意义的政策白皮书《高等教育：自治与质量》。该白皮书认为，对高等教育实行中央控制的传统做法因统得过细过死，使许多高校难以顺畅运行；高校也没有对它们自身的活动直接负责，致使大学管理效率低下。文件强调，质量和质量评价是高校自身的责任，正规的质量控制系统的形成是高校自我调节转轨的重要条件，建议给予高校更大的自主权，通过发展一种有追溯效力的质量控制系统，改善大学、高等职业教育学院、开放大学之间的合作，提高高等教育系统的有效性。1988 年，荷兰大学协会（VSUN）开始对教学实施校外评估的项目，并在 1993 年加入了对科研工作的校外评估。大学协会主要负责教学质量评估和科研质量评估。荷兰现在正在筹建国家鉴定机构（NAO），试图对高等教育中现有的和新设立的学位课程进行监控，使所有的课程都达到规定的质量。

2. 指标使用

相比美国、英国和澳大利亚，绩效指标在塑造荷兰高等教育评估政策上发挥的作用有限。绩效指标在拨款中发挥着重要作用，决定着大学获得拨款的总量。自 1993 年教学与科研拨款使用新的绩效指标，一些指标开始用于决定每所大学获得教学科研拨款的状况。

荷兰所使用的教学指标包括注册学生数、学习年限、获得学位人数；研究指标包括博士毕业数、设计工程证书者人数。尽管绩效指标在荷兰高等教育所发挥的作用有限，但它在拨款领域几个关键的指标起着重要作用。

（六）瑞典：凸显高校自我绩效评价

1. 背景

瑞典的高等教育在国家法律框架下运行，其质量主要由国家高等教育局负责监控。面对高等教育机构培养模式的多元化和日益增强的办学自主权，确立与之相应的质量保证体系成为必然的要求。国家高等教育局在经历了前两轮机构审查和学科评估阶段之后，实行新的质量保证机制，采用多元评估材料，制定规范的评估程序，注重对学生学习成果的评价。瑞典高等教育质量保证也经历了从注重过程到注重结果的发展过程，从最初的注重机构的质量审查发展为学科评估，而今又有新的变化，更加突出了对学生学习结果的评价，从变化的趋势来看，质量评估和关注点越来越具体化，评估的指标要求越来越明确，特别是最新的评估体系政府已经开始从注重过程转向注重学习专业的成果。①

2. 指标使用

瑞典的全国理事会每年发布高等教育报告，其中会收集和报告一些学生有关的数据，包括入学人数、学分数、总体支出、毕业生数等。瑞典自20世纪90年代立法机构呼吁瑞典应与其他国家进行高等教育数据比较，但是瑞典较少对大学进行绩效排名。20世纪90年代由于受新自由主义和新管理主义的影响，瑞典政府采取了一些分权化的举措，政府与高等教育机构的关系随之发生了些许变化。政府一方面给予高校更多的自主权，另一方面强化对高等教育的质量保障。这种思路在2011年最新的质量保证体系中体现得尤为明显，在新的质量保障体系中，国家高等教育局更具监督性也更重视评估结果，但同时相较于机构审查体系国家又给予了高等院校更多的自主权，凸显了对高等教育机构自我评价的重视。②

---

① 朱玢. 瑞典高等教育质量保证体系及其特征 [J]. 外国教育研究，2012（12）：106-112.
② 朱玢. 瑞典高等教育质量保证体系及其特征 [J]. 外国教育研究，2012（12）：106-112.

二、国内现状

我国高校绩效评价在 20 世纪 80 年代已经受到关注，学界开始研究绩效管理和绩效评价管理，但最初实施源于 20 世纪 90 年代，仅限于高校后勤、财政、师资、科研等方面。2009 年中国教育科学研究院对教育部直属高校绩效的研究和实践，以及 2010 年教育规划纲要提出高校 "引入竞争机制，实施绩效评估，进行动态管理"，直接推动了我国高校绩效评价的发展。在此背景下，我国在区域层面也开始探索高校绩效的研究和实践，推动高等教育内涵发展。本节主要结合上海市、江苏省、辽宁省三个省（直辖市）高校绩效评价的实践探索，并归纳出当前我国高校绩效评价的特点和发展趋势。

（一）上海市：分类评价并加大人才培养的权重

1. 背景

随着教育资源投入的增加，上海市率先探索高校绩效评价。在《上海市中长期教育改革和发展规划纲要（2010—2020 年）》中，明确指出 "将财政投入与高等学校绩效考核衔接起来"，在全国率先以制度形式确定了高等学校的绩效拨款模式，使得资源投入能有效地促进高等教育内涵发展，产生更多更好适应经济社会发展需求和政府政策导向的成果。同时，2011 年上海在全国率先开展了区域性高等学校整体办学绩效评价的实践探索，以进一步优化资源配置、提高资源使用效率，进一步提高高等教育的产出数量与质量、提高办学效益和提升发展潜力。

2. 思路

为了有效推进和落实高校绩效评价，面对预防高校绩效评价可能出现的问题和风险，上海市在高校绩效评价中，从顶层设计上厘清了思路。首先，实行分类评价，将高校划分为 "综合类" "理科类" 和 "文科类" 三大类；同时，充分考虑人才培养和学位授予的层次、办学体制等；此外，学校在分类过程中具有一定的自主选择空间，以提高评价标准的针对性与适用性。其次，实行周期性滚动评价，参照国外开展高等教育绩效评价的周期，结合我国政府换届周期和学校党政班子任职年限等实际情况，上海高等教育绩效管理体系以五年为一个周期，第一次绩效评价的时段为2004—2008年，以后以五年时间为窗口实行滚动评价。再次，采用"投入产出比"模型，分别设计反映学校投入情况和产出情况的两套指标体系，以综合评价方法分别计算出高校的整体投入情况和产出情况，然后将两者相除得到绩效结果，即以学校的产出与资源消耗的比率作为度量其办学绩效的结果；最后，采用相对评价法即对于每一项指标而言，首先将同类高校中的最优者作为基准，记为1然后将其余高校的数据与此基准相比，转换为0—1之间的相对量，以此实现不同量纲、特性、类型的指标数据采样值转换，最后将所有指标的相对量合成为投入总分和产出总分，再两者相除得到绩效结果。

3. 体系

（1）绩效管理体系。绩效管理通常是由计划（Plan）、执行（Do）、检查（Check）和行动（Action）等四个环节组成的PDCA循环过程。在此基础上，上海市高等教育绩效管理体系拓展为六个环节，分别为：学校制定发展定位规划；学校进行内涵建设；政府项目支持与引导；学校进行自主评估；政府组织办学水平和绩效评价；政府优化资源配置。

（2）绩效评价指标体系。在"投入产出比"理论模型下，高等学校的投入和产出要素极其广泛、多元。在投入方面，既包括学校的人、财、物等有形实体，也包括学校的知名度、办学声誉、地理环境、政府政策等无形资产；在产出方面，人才培养、科学研究、社会服务和文化传承是现代高校的四大主要职能，据此形成高校的四大产出。而且，不同层次、不同类型高校的职能内涵不尽相同，产出重点也随之存在差异。

基于此，上海市在制定高校绩效评价指标体系时，从如下三方面做了整体设计。

首先，确定指标设计原则。做到五个结合：一是定性与定量相结合，二是规模与质量相结合，三是学校外部表现与内涵提升相结合，四是总量与人均相结合，五是规定与自选相结合。

其次，合理界定投入与产出的内容。重点处理好三个关系：一是正确处理竞争性资源与非竞争性资源的关系，在设计指标体系时，财政拨款、学费收入、住宿费收入等非竞争性资源作为投入因素，而将科研经费、经营性收入等看作竞争性资源，把它们界定为学校的产出。二是正确处理指令性计划与自主性发展的关系，与指令性计划相关的内容在现阶段都不纳入指标体系，只有那些不受办学层次限制、不受指令性计划限制、反映学校自主发展的内容才纳入指标体系。三是正确处理学校历史积累与发展增量的关系，将评价时段起点时刻的学校存量作为投入因素，将学校在评价时段内取得的发展增量（增长率）作为产出因素。

最后，实施分类评价的指标体系设计。绩效评价的指标体系分为投入指标和产出指标两部分，其中投入指标由人力资源、办学经费和物质资源三方面组成，产出指标由人才培养、科学研究、社会服务、国际化、发展增量和学校特色六方面组成。所有学校指标体系结构是相似的，但不同类型学校的观测点和权重有所差异，类型相同学校的观测点和权重又是相对一致，兼顾类型、层次、学科特点等因素，力求凸显个性化、差异化和多元化等特点。

4. 实践

2011 年上海在全国率先开展了区域性的高校整体办学绩效评价工作，对上海市属本科院校 2004—2008 年的整体办学绩效进行了试评价。2014年上海在优化高校分类及评价指标体系的基础上，继续开展上海市属本科院校和高职院校的绩效评价工作。

5. 结果

上海市高校绩效评价结果表明，从学校的投入与产出的关系上看，投入大的学校通常有大的产出，大产出也需要大投入，因此，为了高校能够提供更大的产出，需要政府加大投入；同时，大投入、大产出并非意味着高绩效，而小投入、小产出却可能是高绩效，另外，通过对各校在评价时段内的各年数据作深入分析发现，有的学校在评价时段后期表现出明显的上升趋势，预计在后续的滚动评价中会序位前移。另外，如果调整总量与人均之间的权重比例，学校的排列序位也会发生相应的变化，甚至较大的变化。

6. 创新

2014 年的上海市高校绩效评价，在如下方面有一定的创新：第一，实施分类评价，实现了不同类型高校之间的可比性，做到了不同类型高校的混合排序；第二，通过赋予学校在高校分类和指标体系构建中一定的自主选择空间，使评价标准更具针对性和适用性；第三，通过赋予人才培养的总权重大于科学研究的总权重，突出了人才培养是大学的根本任务；第四，对学校实行了总量与人均的双重考量，在关注学校投入和产出绝对总量的同时，也注重人均投入、人均产出和人均效益的计量；第五，通过合理界定投入与产出的具体内容，使绩效结果更加科学；第六，创造了指标权重的转移分配方法，既保证了分类评价指标体系的严密性和自洽性，又实现了不同类型学校之间的可比性；第七，从指标体系的完备性出发，通过指标特性分析进行指标体系的优化与精简，提高了指标体系的有效性与可操作性。以上的创新为下一轮高校绩效评价，夯实了基础。同时，绩效评价结果也为政府教育经费投入，以及高校内部结构优化和资源配置提供了科学支撑。

（二）江苏省：凸显了评估中的"绿色"指标

1. 背景

作为与教育部共建的国家高等教育综合改革试验区和与教育部合作共建的教育现代化试验区，江苏省逐步明确了教育评估以学校为主体、以质量为核心、以服务为导向的改革目标，并提出开展以质量内涵建设为核心的绩效评估思路。2010 年，江苏省教育厅、财政厅下发《关于优化高校支出结构促进高等教育内涵发展的意见》，明确要求高校要增强内涵发展的紧迫感和责任感，提高高等教育财政支出中内涵建设支出比例，建立绩效评价机制，促进高校优化内涵建设支出结构。

2. 思路

聚焦高校内涵建设，江苏省以研究项目及试评估的形式切入，形成省属高校内涵建设绩效评估研究报告和院校分类分项分析报告，为最终建立科学的高等学校绩效评估与绩效拨款制度提供基本依据；重点围绕高校的内涵建设、教学及人才培养质量的提升；引导高校加强内涵建设，促进高校优化支出结构，内涵建设经费的使用更多地与人才培养质量挂钩，更好地服务经济社会发展；数据收集注重可操作性，尽量使用目前现存的数据，暂不进行现场考察和收集信息源为学校的数据；相关院校共同参与该项研究及试评估，但评估结果暂不对社会公布，对评估报告感兴趣的学校可以了解与自己学校直接相关的结论意见。

3. 体系

江苏省在对国内外与教育绩效表现评价相关的指标体系进行了收集和分析，并根据开展内涵建设的目的要求，在广泛征求意见和充分讨论、认真研究的基础上，提出了"江苏省省属高校内涵建设绩效评估关键指标"的初步设计方案（见表2-4）。

表2-4　江苏省省属高校内涵建设绩效评估指标及数据来源

一级指标			二级指标名称			数据来源
指标名称	分值		指标名称	分值		
	本科	高职		本科	高职	
1. 师资队伍	20	15	1.1 生师比	5	6	厅信息中心
			1.2 教师中具有博士/硕士学位的比例	5	3	
			1.3 教师中具有国（境）外学习经历的比例	4	3	相关学校
			1.4 具有高级职称教师承担教学平均课时数	6	3	
2. 教学资源	15	20	2.1 课程资源	5	7	厅信息中心
			2.2 生均教学仪器设备值	3	8	
			2.3 生均图书资源	7	5	
3. 经费保障	10	10	3.1 内涵经费投入占当年总经费比例	3	3	厅财务处
			3.2 内涵经费投入增长幅度	3	3	
			3.3 债务控制	4	4	

续表

一级指标			二级指标名称			数据来源
指标名称	分值		指标名称	分值		数据来源
	本科	高职		本科	高职	
4. 建设成果	25	25	4.1 教学成果奖	6	5	厅高教处
			4.2 重点建设（品牌、特色、示范）专业比率	6	5	
			4.3 精品课程与教材比率	6	5	
			4.4 实验教学示范中心/实训基地	4	7	
			4.5 师生满意度	3	3	相关学校
5. 培养质量	30	30	5.1 学生按时毕业率	4	4	厅学生处
			5.2 毕业生就业率	10	10	厅学生处
			5.3 升学出国率	4	4	
			5.4 优秀毕业论文/技能大赛获奖率	6	6	厅高教处
			5.5 高考录取平均分	6	6	省考试院
特色与创新	10	10		10	10	相关学校

江苏省指标体系的构建主要从影响人才培养质量的教师队伍这一主要条件出发，抓住与内涵建设直接相关的教学资源和经费投入情况，突出内涵建设成果，同时反映人才培养质量提升的实际效果，整个贯穿了人才培养质量和内涵建设这一主线。

4. 实践

为了顺利开展绩效评估工作，江苏省专门印发了《关于"江苏省省属高校内涵建设绩效评估指标（征求意见稿）征求意见的函"》，对江苏66所省属高校中的45所高校征求了意见，有30所高校书面反馈了意见。同时，召开了多次高校领导和相关评估专家参加研讨会，对研究及试评估的方案及指标体系进行讨论。在使用德尔菲法对评估指标进行筛选和调整后，又对指标进行了诠释，并对数据计算的方法做出了统一的规定和解读。随后，请相关单位按照要求配合开展了数据的收集工作。数据收集完成后，研究小组对数据进行了整理、排序和分析。最终形成了绩效评估研究报告。

5. 结果

根据江苏省省属高校内涵建设绩效评估指标体系和现有数据，对省属65所高校进行了试评估，并按得分多少进行排序。从本科院校的排序情况来看，12所博士点学校中，有9所高校排在前12位，而非博士点学校的南通大学、徐州师范大学和常州大学挤进前12位，同时有三所博士点学校则落在前12位之外。两所"211"高校分别位居第3位和第8位，而有三所硕士点学校排在多所一般本科院校的后面。从高职院校的排序情况来看，苏州工艺美术职业技术学院、常州信息职业技术学院、南通纺织职业技术学院和无锡职业技术学院排在36所高职院校的前列；排序前14位中，有5所非国家级示范（骨干）高职院校，但都是省级示范高职院校；常州工程职业技术学院、常州纺织服装职业技术学院和常州轻工职业技术学院排在部分国家级示范（骨干）高职院校之前；在8所省级示范高职院校中，有两所排位较低，落在多所一般高职院校之后。

6. 创新

江苏省的高校绩效评价，创新主要表现在如下几个方面：一是紧密结合高校内涵发展，提升人才培养质量，凸显了评估中的"绿色"指标。二是指标的制定，通过研讨会等形式，结合高校领导的意见和看法。三是参加分类分项评价，在部分评估指标的分值上，注意区分本科院校和高职院校的不同，在评估结果的呈现上，按照学校类型和层次的不同进行分类分项排序。四是虽然此次绩效评估是试评，但提供给学校做参照。五是从理论思考对绩效评价进行了反思，提出认识绩效评价的局限性和预防实施过程中存在的风险。

（三）辽宁省：探索高职、民办院校绩效评价

1. 背景

我国高等教育进入到"后大众化"阶段之后，高等教育发展模式由规模扩张向内涵式发展的方向转变，政府和高等学校更加注重学校资源的使

用效率。辽宁省对于高校的内涵发展、竞争力的提升予以了高度重视，并在高校师资、财政、科研等方面探索了绩效评价。在此基础上，探讨了省属本科、高职、民办本科和民办高职院校绩效评价的指标体系以及评价方法，为地方教育主管部门评价教育资源的使用效率，改进和完善财政拨款制度提供基本的参考，为高等学校完善管理机制、推进内涵式发展提供有效的依据。

2. 思路

对于两种不同办学体制的学校，辽宁省采取不同的评估方法。公办高等学校主要依靠政府的财政性投入，既有以往政府财政投入的积累，又有每年政府财政投入的增量。因此对于公办高校的绩效评价，不仅仅关注其教学、科研和服务社会的结果，而且更加关注其在人力、物力和财力上资源投入的使用效率，因此，对省属的公办高校采用"投入—产出法"进行评价。对于省属的民办高等学校，由于其办学历史较短，既没有像公办高等学校财政投入的多年的积累，也没有或者只有很少政府的财政性投入。民办高等学校的投入主要来自投资者、学杂费、社会捐赠和政府有限的财政支持等，因此，对民办高校的绩效评价是对其办学实力和办学结果的评价。同时，从评价结果上，基于省属高等院校存在办学层次和办学主体的客观情况，分四大类对辽宁省属高校进行评价。

3. 体系

辽宁省高等学校绩效评价指标的确定，主要坚持了以下几个方面的原则：一是科学性原则，二是全面性原则，三是均衡性原则，四是可靠性原则。根据分类评价的总体思路，进行了四大类高校绩效评价指标体系的构建。

一是普通本科院校绩效评价指标体系。在对普通本科绩效评价指标的选取上，遵循指标体系的构建原则，分别从人力、物力、财力三个方面选取了 13 项投入指标，从人才培养、教学科研、社会服务三个方面选取了 13 项产出指标，具体初设指标体系如下（见表 2-5）。

表 2-5　省属普通本科院校绩效评价指标体系

投 入 指 标	产 出 指 标
1. 校本部教职工总数 $x1$	1. 当量在校生数 $y1$
2. 校本部专任教师博士学历比例 $x2$	2. 留学生人数 $y2$
3. 校本部专任教师副高以上职称比例 $x3$	3. 博士点数 $y3$
4. 科研课题当年投入人数 $x4$	4. 硕士点数 $y4$
5. 生均教育经费 $x5$	5. 全国重点学科 $y5$
6. 科研经费投入 $x6$	6. 高校强项建设 $y6$
7. 本年完成基建投资总额 $x7$	7. 科研课题数 $y7$
8. 固定资产总值 $x8$	8. 著作数 $y8$
9. 教学、科研仪器设备总值 $x9$	9. 国家级课题数 $y9$
10. 一般图书册数 $x10$	10. 国外发表学术论文数 $y10$
11. 实验室面积 $x11$	11. 国内发表学术论文数 $y11$
12. 教室面积 $x12$	12. 省级以上科研成果奖数 $y12$
13. 宿舍面积 $x13$	13. 当年专利授权数 $y13$

　　二是公办高职院校绩效评价指标体系。公办高职在指标设置上与普通本科具有较大的改动，主要是针对高职院校的特色进行设置。弱化了科研方面的指标，取消了学位点相关的指标，增加了高职院校的特色指标，例如双师素质教师比例、实训基地数量、特色专业、职业技能鉴定站数量、订单培养学生比例等（见表 2-6）。

表 2-6　公办高职院校绩效评价指标体系

投 入 指 标	产 出 指 标
1. 专任教师数	1. 当年全日制高职在校生人数
2. 双师素质教师比例	2. 当年毕业生就业率
3. 副高以上占专任教师比例	3. 国家、省级重点建设专业数
4. 省级以上优秀教学团队数量	4. 国家、省级特色专业数
5. 省高校专业带头人数量	5. 国家、省级优秀教学成果奖
6. 教学名师数量	6. 国内外发表论文数
7. 研究生及以上学历教师占专任教师比例	7. 省财政、中央财政支持的重点实训基地数量
8. 教育收入	8. 国家、省级精品教材数

续表

投 入 指 标	产 出 指 标
9. 基建投资总额	9. 合作办学企业数量
10. 用于教学硬件投入占总收入的比例	10. 订单培养学生比例
11. 生均教学科研仪器设备总值	11. 职业技能鉴定站（所）数量
12. 生均馆藏图书册数	12. 职业技能鉴定工种数量
13. 生均图书馆面积	13. 学生通过职业技能鉴定数量
14 生均教室面积	14. 社会人通过职业技能鉴定数量
15. 生均实践场所面积	15. 年培训行业企业技术人员数量
16. 校内实习实训基地数量	16. 年科技服务收入额
17. 校外实习实训基地数量	

三是民办本科院校绩效评价指标体系。民办本科主要包括普通民办本科院校和独立学院，所以在指标的设置上与普通本科相比进行了改动，不再划分投入和产出指标，而是分为经费投入、办学设施、教学科研实力、人才培养和综合声誉四个部分。同时削减了其在科研方面的一些指标以及学位点设置上的指标，增加了有关学生保持率、专任教师保持率等方面的指标（见表2-7）。

表 2-7　民办本科院校绩效评价指标体系

一 级 指 标	二 级 指 标
经费投入	固定资产总值
	教育经费投入
	生均教育经费投入
办学设施	学校占地总面积
	教学行政用建筑面积
	教学行政用生均建筑面积
	图书馆藏书量
	图书馆生均藏书
	教学仪器设备价值
	生均教学仪器设备价值

续表

一 级 指 标	二 级 指 标
教学科研实力	专任教师总数
	专任教师占总教师比例
	专任教师师生比
	专任教师硕博士学位人数
	专任教师硕博士学位所占比例
	专任教师副高级职称人数
	专任教师副高级职称占专任教师比例
	近三年发表期刊文章数
	专任教师师均文章数
人才培养和综合声誉	全日制在校本科学生人数
	全日制在校专科学生人数
	办学层次
	建校历史
	专任教师保持率
	学生保持率

　　四是民办高职院校绩效评价指标体系。民办高职院校在指标设置上考虑到职业教育的特征,在民办本科院校绩效评价的指标体系上,增加了"双师素质教师比例""校内实习实训基地数量""校外实习实训基地数量""实训耗材数""合作办学企业数量""订单培养学生比例""职业技能鉴定工种数量""学生通过职业技能鉴定数量""社会人通过职业技能鉴定数量""年培训行业企业技术人员数量"等指标。因考虑到在民办高职院校绩效评价中采用的是绝对实力的评价,故不采取投入产出的指标体系,设立了师资力量、办学设施、教学培养和职业培训与社会服务四个指标体系进行评价(见表2-8)。

表 2-8　民办高职院校绩效评价指标体系

一 级 指 标	二 级 指 标
师资力量	师生比
	专任教师数
	双师素质教师比例
	研究生及以上学历教师占专任教师比例
	副高教师数占专任教师总数比例
	省高校专业带头人数量
	省级以上优秀教学团队数量
	教学名师数量
办学设施	教育收入
	基建投资总额
	用于教学硬件投入占总收入的比例
	用于日常教学、科研活动占总收入的比例
	校内实习实训基地数量
	校外实习实训基地数量
	实训耗材数
教学培养	当年全日制高职在校生人数
	当年毕业生就业率
	国家、省级重点建设专业数
	国家、省级特色专业数
	国家、省级优秀教学成果奖
	国内外发表论文数
	省财政、中央财政支持的重点实训基地数量
	国家、省级精品教材数

续表

一 级 指 标	二 级 指 标
职业培训与社会服务	合作办学企业数量
	订单培养学生比例
	职业技能鉴定工种数量
	学生通过职业技能鉴定数量
	社会人通过职业技能鉴定数量
	年培训行业企业技术人员数量
	年科技服务收入额

4. 实践

在体系构建之后，以辽宁省的两类本科院校作为样本进行评价，并运用投入产出的方法对辽宁省的省属27所普通本科院校进行绩效评价，为了使绩效评价能够更加科学，采集了2010—2012年的数据。经过数据简化和绩效模型，计算出三年各个高校的投入得分、产出得分和绩效得分。然后将2010—2012年的绩效得分加和求其平均数。同时，运用层次分析的方法对辽宁省的24所民办本科院校进行绩效评价。为了科学进行绩效评价，辽宁省的15位民办高等教育专家对民办本科院校的绩效评价指标进行打分排序，得到咨询结果之后，采用层次分析法（AHP法）确定各指标权重，得到二级指标的最终权重，用于各个民办高校的绩效评价的计算中，即让各二级指标权重乘以评价民办高校的变量值，得到的总分即该民办高校的绩效评价的得分。

5. 结果

通过投入产出方法和层次分析法的使用，分别得出了辽宁省27所公办本科院校的绩效排名和24所民办本科院校的绩效排名（见表2-9、表2-10）。

表 2-9　辽宁省属 27 所本科高校绩效综合排名

总　排　名			产出排名		投入排名	
绩效位次	学校	绩效平均得分	产出位次	产出平均得分	投入位次	投入平均得分
1	辽宁师范大学	1.53	3	84.62	8	55.19
2	东北财经大学	1.50	5	73.30	16	49.00
3	辽宁大学	1.46	1	85.67	4	58.62
4	辽宁工程技术大学	1.32	4	74.67	6	56.53
5	中国医科大学	1.25	2	85.07	1	68.18
6	渤海大学	1.10	10	52.70	20	47.76
7	辽宁中医药大学	1.10	15	42.97	24	39.14
8	沈阳师范大学	1.09	6	65.31	3	59.72
9	沈阳农业大学	1.09	7	63.32	5	57.94
10	沈阳建筑大学	1.00	11	48.78	18	48.71
11	沈阳工业大学	0.99	8	63.06	2	63.89
12	辽宁医学院	0.98	22	39.18	23	39.83
13	大连医科大学	0.97	9	53.26	9	55.13
14	沈阳理工大学	0.93	12	46.80	14	50.48
15	大连工业大学	0.89	13	45.38	12	50.73
16	沈阳音乐学院	0.88	26	29.03	26	33.11
17	辽宁石油化工大学	0.86	19	40.95	21	47.72
18	大连交通大学	0.85	16	42.72	15	49.97
19	大连海洋大学	0.84	20	40.44	19	48.12
20	沈阳药科大学	0.84	17	42.29	13	50.49
21	辽宁科技大学	0.84	14	42.98	10	51.37
22	辽宁工业大学	0.79	23	38.75	17	48.82
23	沈阳化工大学	0.79	21	40.32	11	51.13
24	沈阳体育学院	0.78	25	29.67	25	37.85
25	大连外国语学院	0.76	24	32.87	22	42.99
26	沈阳航空航天大学	0.76	18	41.72	7	55.24
27	鲁迅美术学院	0.74	27	23.91	27	32.33

表 2-10　辽宁省民办本科院校的绩效排名

排名	学 校 名 称	绩效得分	经费投入得分	办学设施得分	教学科研实力得分	人才培养和综合声誉得分
1	辽宁对外经贸学院	65.62985	50.6979	50.040	62.813	50.9182
2	大连东软信息学院	59.54784	51.3534	51.157	55.278	51.7812
3	大连科技学院	53.03013	50.1871	50.651	52.437	49.8031
4	沈阳大学科技工程学院	52.68885	54.1100	50.692	47.928	50.0069
5	大连理工大学城市学院	52.20993	51.0467	50.824	50.709	49.6538
6	大连艺术学院	52.02503	50.5873	50.407	49.773	51.3024
7	沈阳建筑大学城市建设学院	50.55720	49.0898	49.453	52.042	50.0134
8	大连医科大学中山学院	50.27984	49.5333	50.092	50.642	50.0683
9	沈阳化工大学科亚学院	50.19391	49.5717	49.625	51.122	49.9386
10	辽宁何氏医学院	49.96265	49.2259	50.830	49.947	50.0271
11	沈阳理工大学应用技术学院	49.56489	50.3520	50.386	49.247	49.6091
12	东北财经大学津桥商学院	49.27513	49.0916	49.488	50.947	49.7974
13	辽宁师范大学海华学院	49.04308	50.3573	49.448	49.399	49.9034
14	沈阳农业大学科学技术学院	48.60119	49.2638	48.773	50.636	49.9867
15	辽宁中医药大学杏林学院	48.23787	50.7667	49.838	47.924	49.7775
16	沈阳航空航天大学北方科技学院	48.14263	49.1726	50.156	48.758	50.1181
17	渤海大学文理学院	48.05927	49.2717	50.230	48.518	50.0622
18	中国医科大学临床医药学院	47.62507	49.5875	50.802	47.719	49.5867
19	大连工业大学艺术与信息工程学院	47.46987	49.3069	49.303	49.130	49.7914
20	辽宁医学院医疗学院	47.02087	49.3758	50.026	48.206	49.4732
21	沈阳工业大学工程学院	46.16300	49.2024	49.813	47.612	49.5914
22	辽宁石油化工大学顺华能源学院	45.47527	50.1776	49.322	46.195	49.8394
23	辽宁财贸学院	45.20730	49.1947	49.781	46.998	49.2695
24	辽宁科技大学信息技术学院	43.98943	49.4764	48.866	46.020	49.6811

6. 创新

辽宁省高校绩效评价在如下几个方面有创新：一是探索了高校分类评价体系的构建，在体系构建过程中，充分考虑到不同类型学校的特点，并对四类高校的指标进行了细化。二是探索高职院校和民办院校的绩效评价，进一步拓展了高校绩效评价的范围，有利于引导民办高校和高职院校的发展定位。三是评价数据全部来自省教育厅信息中心的官方数据，这样能够保证评价数据的准确性和可靠性，使得评价的结果具有很好的权威性。

三、国内外高校绩效评价的特征及趋势

随着高校绩效评价研究和实践的深入，无论是国内还是国外，都具有一些相应的特征，比如回应政府问责、优化学校资源配置、改善学校办学质量等，同时，在理论和实践问题的探讨中，也呈现出一些新的趋势，比如注重绩效评价的改进功能、探索实施绩效拨款等。

（一）国外高校绩效评价的特征与趋势

1. 质量保障体系的重要组成部分

随着知识经济时代的来临，高等教育发展对经济增长有举足轻重的影响，基于此，西方欧美各国及亚洲日本、韩国、新加坡等对高等教育莫不争相投入大量经费以提升其竞争优势。"卓越"与"绩效"作为高等教育努力的目标，成了21世纪以来绩效指标发展的重要牵动力量。

高等教育的发展由精英教育转向大众教育或普及教育后，量的扩充给政府在经费负担上造成很大的压力，如何让有限的经费公平、合理地分配，必须要建构一套客观的指标，才不致让大学间有所争议。其次，政府与大学间管理机制有所改变，过去，基于尊重大学自主的传统，采取"学院模式"（collegial model），由于教师群体控制了决策过程，在政府教育经费充裕的时代这种管理模式尚不致出现问题，但在管理上出现"效能"

"效率""绩效"的理念后，大学内部公共教育经费是否运用得当受到质疑。

对绩效指标在国际上的使用情况进行检视可以揭示出不同的理念和方法。尽管有差异性，但实际上绩效指标都是在逐渐增加的政府问责和财政紧缩框架下使用的，都是政府在高等教育上的角色概念从"公共物品"转向了"战略投资"。绩效指标已经成为各国所讨论的卓越和质量的构成部分。结果，在评估和评价中所使用的国际性方法具有共同的特征，都是服务于国家高等教育系统和单个院校的预算过程。

当今高等教育面临这样的背景，资源有限和不断提高的期望并存，加之人们对教育系统之间关联性有更深刻的认识，因此利益相关者对高等教育公共问责的需求日益强烈。学者们认为绩效评价无疑加大了大学管理的官僚化，学术权力不断被挤压和削弱，而政策制定者也在怀疑绩效评价体系是否真的改进了本应与成本相匹配的教育质量。

绩效评价越来越多地与拨款政策相关，在多国已经成为高等教育拨款的参照工具。例如美国国家高等教育管理中心已经开发了系列绩效指标，以增加高等教育资源使用效能。由此可见，绩效评价已经不再是只限于测量院校声望（排名）技术，而是作为外部利益相关者对高校质量问责的质量保障体系的构成部分。

2. 高校绩效评价的发展趋势

通过以上对欧美典型国家的考察，我们认为近期高等教育发展有四种主要的特征：第一，高等教育将继续被看作一种重要资源；第二，相比基础教育问责的明确化，高等教育仍继续面临政策制定者的信任危机；第三，问责的重点是本科生教育，特别是通识教育与毕业生技能方面；第四，高等教育继续受到市场化的驱动，并且服务地方需求。这些趋势对高等教育绩效评价意味着：

第一，绩效指标除了在满足政策制定者和消费者上发挥象征作用方面具有优势之外，现在越来越成为补充现行教育质量保障实践的有力工具。指标的扩展，比较测量的广泛使用，关键绩效指标的标准化，这些都表明在资源配置方面，绩效指标大有用武之地。

第二，绩效指标不仅对高等教育管理机构和政策制定者获取信息有价值，而且它也可以对高等教育的顾客有用。

第三，从当前高等教育绩效评价发展看，绩效评价更关注的是问责，其次才是院校改进。在指标中真正设计过程性的指标并不容易。各国对管理机构问责权力的强调仍会大于对专业力量的强调。诸如各种榜单的使用都说明外部标准正大行其道。由于许多绩效指标都服务于监管和控制运行，因而未来仍会强调官僚机构问责而非专业问责。

第四，与目标管理、零基预算、战略规划预算等一样，高等教育绩效指标已经成为高等教育管理时尚。当然如果绩效指标结合更多的信息需求，很可能成为更有效的管理工具。

第五，当组织和教育系统变得越来越网络化后，需要组织管理者跟上快速变化的形势，并且学会新的分析问题技术和操作化能力。绩效指标在合作工作环境下可以发挥重要作用。绩效指标可以帮助人们对组织背景和使命有更清晰的认识，帮助组织建立参照群体，使数据运行起来，并且可以发建立概念和理论基础。

第六，集权化和分权化之间的紧张会进一步加剧。以美国为例，绩效指标的使用增加了州政府在高等教育上的集权，1992 年《美国高等教育法》修订之后，联邦政府的权力也在扩大，例如建立学生满意度测量项目，另外还在学生知情权和校园安全法的名义下，报告学生毕业率和犯罪发生情况等数据。政策制定者意识到高等教育并没有足够的内部改革动力，因此支持认证机构等外部评估力量对高等教育绩效进行评价和监督。

（二）国内高校绩效评价的特征与趋势

1. 区域层面开始重视高校绩效评价

国家政策的引导，为高校绩效评价提出了要求，指明了方向。但是如何推进实施，关键在于省域层面的重视。这不仅需要认识上的高度觉悟，同时也需要一定的研究团队。从观念上看，2011 年上海市在全国率先开展了区域性高等学校整体办学绩效评价的实践探索，江苏省结合高等教育强省工程注重高校内涵发展和人才培养，辽宁省着力提升高等学校的竞争力，都为此出台了相关的规定、制度。从研究团队上看，各地在高校评价方面都积累了一定的研究基础，并以省教育厅、省教育评估院（中心）、各个高校高教所的力量，共同开展高校绩效评价，使得绩效观念和政策能够顺利开展实践探索。

2. 有适切的体系框架和理论模型

结合各省高等教育发展的战略规划部署，高校绩效评价都有相应适切的体系框架和理论模型，比如上海市在其高等教育绩效管理体系框架中，基于"投入—产出"理论模型，在投入产出的内容上进行了合理的界定，考虑了学校的知名度、办学声誉、地理环境、政府政策等无形资产。江苏省在体系构建时候，始终贯穿了人才培养质量和内涵建设的主题，采用绝对值的计算方法。辽宁省基于研究的需要，构建了四大类的高校绩效评价指标体系，同时在公办和民办高校上，分别采取了"投入—产出"方法和层次分析方法。由此可以看出，我国高校绩效评价已经有了相应的体系框架和理论模型，在框架和模型指导下，开展高校绩效评价，确保评价结果的科学性。

3. 注重绩效评价指标的构建和筛选

高校绩效评价中，指标的构建和筛选是关键。如何构建一套科学的指标，往往决定了绩效评价的科学性和公信力。在对国际高校绩效评价指标研究的借鉴上，我国高校绩效评价指标构建也大都遵循了代表性、可量化、可操作性等原则，在筛选的过程中，通过聚类分析、专家研讨等方式，筛选掉一些不具代表性的指标，使得指标体系进一步科学合理。而且最重要的是，在对于不同类型、层次的高校时，都结合了各个类型高校的特点，采用不同的指标体系。比如上海市在对投入、产出指标进行设计上，特别对投入产出具有模糊性的指标进行了科学界定，江苏省在对本科院校和高职院校评价中考虑了高校属性的差异，辽宁省在四类高校绩效评价中，指标都进行了重新构建和筛选，尽可能地科学和有效。

4. 高校绩效评价中大都采取分类评价

由于评价对象的多样、多元，很难有统一的适合所有评估对象的标准和指标。在高校绩效评价中，开展分类评价，有利于确保评价的科学性和针对性。这既有办学类型、办学层次不同和办学体制的不同，也还有主要学科方面的差异，比如上海在高校绩效评价中，就考虑了类型和层次的差异，江苏在高校绩效评价中，也对办学类型进行了区分，辽宁的高校绩效评价，充分考虑了办学类型和办学体制。从而在绩效评估过程，指标选取和运算方法也相应有差异，比如普通高校和职业高校，在人才培养、科学研究和社会服务上的产出考虑就不一样，由于投入体制的不一样，辽宁省对民办高校的绩效评价则采取的是层次分析法。可以说，坚持分类评价成了高校评价中的共识。

5. 高校绩效评价将与绩效拨款挂钩

总体上来看，我国高校绩效评价还是属于初步阶段，主要表现为理论认识、指标体系、工具方法都需要一个探索的过程，但是从未来的发展来看，我国高校绩效评价将会逐渐受到重视。从国家层面政策来看，2010 年的教育规划纲要提出"改进教学评估、推进专业评价、实行绩效评估"，从区域层面来看，《上海市中长期教育改革和发展规划纲要（2010—2020年）》明确指出"将财政投入与高等学校绩效考核衔接起来"，在全国率先以制度形式确定了高等学校的绩效拨款模式。随着我国高校绩效评价的理论研究和实践探索的深入，那么，高校绩效评价和绩效拨款挂钩将会进一步推广，从而促进我国高校资源配置的优化。

第三章

高校绩效评价的运行过程与评价结果

自 2009 年第一份《高等学校绩效评价报告》发布以来，中国教育科学研究院课题组对高校绩效评价的研究已持续五年之久。在坚持以往研究基础如基本思想、模型运算方法、评价指标等的同时，课题组对具体测算过程中可能对结果造成影响的因素如年限、权重、无量纲化方法等也在不断进行深入比较、探讨，力求呈现的绩效评价结果更科学、更客观、更公正。

一、高校绩效评价的实施路径

（一）基本思想

绩效评价是综合评价方法应用最多的领域。根据苏为华等人统计，2000 年以来"中国学术期刊网"采用综合评价方法用于绩效评价的文献约为 23914 篇，占综合评价文献的 25.2%。从评价应用的方法看，文献中应用数量最多的前十位方法依次是聚类分析、因子分析、主成分分析、AHP法（层次分析法）、模糊评价、判别分析、综合指数、功效系数、DEA

（数据包络分析法）、灰色系统评价等。① 《高等学校绩效评价报告 2013 年》仍延续以往研究的基本思想，基于投入——产出方法论的相对效率来评价教育部 72 所直属高校绩效现况。旨在将投入向量与产出向量组成二维结构形成"投入—产出关系"，并运用主成分分析模型比较不同投入状况下高校产出及绩效的差异。高校绩效评价研究的基本思想主要从方法论基础、基本假定、基本原则和基本特点四个方面阐述。具体如下：

1. 投入—产出分析是高校绩效评价的方法论基础

投入—产出法可以充分体现高校绩效评价突出办学效率的评价目的，其内涵的生产力观点及模型推导是进行投入、产出关系分析的基础依据，并被广泛运用。②

第一，投入—产出法蕴含着经济学中的生产力观点。

投入产出法通过投入与产出之间的关系，包括两者的比值，来反映一个机构的绩效大小，蕴含着经济学中的生产力观点，能较好地体现公共或非营利部门绩效评价的本意。生产力（productivity）属于系统性概念，是效率与效益的总和，其中，效益着重反映组织达成既定目标的程度，效率着重反映组织运用资源的能力。③ 高校作为公共部门或非营利性组织，其绩效也要反映在效益与效率的追求上。"生产力"概念最早由 17 世纪法国著名经济学家、重农学派创始人魁奈（F. Qusenay）提出，他认为生产力的意义是生产具有交换价值物品的能力。19 世纪英国经济学家杰文斯（Jevons）在《边际生产力学说》一文中将生产力具体定义为产出与投入的比例。加利特（Garrett）和斯尔弗（Silver）认为生产力是用来衡量应投入多少资源才能达到所需要的产出量，即生产力 =（产出/投入）=（产出量/投入量）。④ 20 世纪 70 年代之后生产力被广泛用于解释投入与产出之间的关系，也被用来衡量公共部门及非营利性组织的绩效，如国内外伊凡·

---

① 苏为华. 我国多指标综合评价技术与应用研究的回顾与认识 [J]. 统计研究，2012（8）：98-107.

② 张男星，孙继红. 投入产出法在高校绩效评价中的运用 [J]. 高教发展与评估，2012（2）：21-25.

③ 施能杰. 建构行政生产力衡量方式之刍议 [J]. 中国行政，2001，69：15-46.

④ 孙继伟. 科技研发组织生产力之研究 [D]. 台北：台湾"国防大学"，2010：12-13.

伯曼（Evan. B）、吴定等学者都秉持这样的观点。王善迈认为，教育效率又称为教育资源利用效率或教育投资内部收益等，是按经济学的观点将教育看作生产活动而出现的观点，指教育资源消耗与教育直接产出成果的比较，即教育投入与直接产出之比。[①]

第二，投入—产出法是数据包络分析推导的基础。

数据包络分析（Data Envelopment Analysis，DEA）是 1978 年由著名的运筹学家查恩斯（A. Charnes）、库珀（W. Cooper）和罗兹（E. Rhodes）提出用来评价部门间生产效率相对有效性的方法，应用领域遍及工业企业、金融、教育、医学、交通运输及军事等多个生产和非生产领域。该方法是被广泛用于高校绩效评价的方法，但它进行推导的基础就是投入—产出法。

DEA 的第一个模型被命名为 CCR 模型，从生产函数角度看，这一模型是用来研究具有多个投入、多个产出的生产部门，同时为规模有效和技术有效的十分有效的方法。CCR 模型假设在规模报酬固定下，利用线性规划的方式将一个决策单元（Decision Making Unit，DMU）的所有产出项加权总和，除以所有投入项的加权总和，求得最大比值作为效率分数（efficiency score），来解决相对效率问题。该模型的推导基础实质是投入产出比。

CCR 模型假设有 n（$j=1$，$\cdots$，n）个受评对象即 DMU，各 DMU 都使用 m 种不同的投入 X_{ij}（$i=1$，$\cdots$，m），生产 s 种不同的产出 Y_{rj}（$r=1$，$\cdots$，s）。DEA 模型假设每个 DMU 至少应有一项正的投入和一项正的产出，则任一 DMU_0 的效率值可由下列模型得出：

$$Maxh_0 = \frac{\sum_{r=1}^{s} U_r Y_{r0}}{\sum_{i=1}^{m} V_i X_{i0}}$$

① 王善迈. 教育投入与产出研究［M］. 石家庄：河北教育出版社，1996：188–192.

$$s.t. \quad h_0 = \frac{\sum\limits_{r=1}^{s} U_r Y_{rj}}{\sum\limits_{i=1}^{m} V_i X_{ij}} \leqslant 1$$

$r = 1, \cdots, s; \ i = 1, \cdots, m; \ j = 1, \cdots, n; \ U_r; \ V_i \geqslant 0$。

其中，h_0 是 DMU_0 的效率分数；U_r 是第 r 项产出的权重，V_i 是第 i 项投入的权重；Y_{rj} 是第 j 个 DMU 的第 r 个产出值（为已知），X_{ij} 是第 j 个 DMU 的第 i 个投入值（为已知）。

由上式可知，DEA 方法的核心部分就是在求产出与投入的比值，模式是由已知的 X_{ij} 和 Y_{rj} 在各 DEA 所形成的解集合中，找出对各 DMU 最有利的权重 U_r、V_i，使效率值 h_0 最大。由于 DEA 的求解过程是每次将一个 DMU 的投入与产出作为目标函数，以所有 DMU 的投入与产出为限制条件，共执行 n 次，每次找出各 DMU 最有利的权重，将得到 n 组（U_r，V_i）权重解，以求得在限制条件下（效率值不大于 1）n 个 DMU 个别的效率值 h_j。由于每个被评价的 DMU 均有机会成为投入与产出的目标函数，且所对应的限制条件完全相同，DEA 方法所求出的各 DMU 的效率值才具有了相同的可比较、可运算、可分析的基础。

正如教育经济学所认为的，教育成本投资也是一种生产性投资，同样存在成本和效益的问题，可以对其进行投入和产出的计算。对高校而言，办学的投入主要表现为人、财、物三个主要方面，行政部门对高校以及学校对各院系部门的人、财、物等资源的配置都属于教育成本投资，投入的多少就体现为教育成本。而成本配置的唯一依据就是看它能否产生效益以及产生多大效益。高校或院系要获得更多的资源供给，就必须创造出越来越多的产出，并努力促进资源的优化配置，提高有限资源的投资效益。从这个意义上讲，高校绩效评价完全可以以投入—产出分析为方法论基础来进行评价，实现推进高校提高成本意识、加强资源配置管理与提高办学效率的评价初衷。

2. 高校绩效评价的基本假定

任何研究都是在一定前提条件约束下开展研究，都有它自身研究假设的规限。高等学校绩效评价研究也不例外。开展基于投入—产出方法论的高等学校绩效评价，其主要基本假定如下。

假定一，不同高校毕业生的内在水平基本等质。虽然高校招生时录取分数不同，学校的师资水平不同，甚或不同学校的育人文化不同，同样是毕业生，不同高校或高校内部之间是有水平差异的。但目前很难量化并细化不同学校的不同投入与学生内在素质的关系，课题组姑且假定毕业生或培训合格的受教育者，他们之间的产出质量是基本等质的，据此对不同高校的绩效进行评价和比较。

假定二，不同学科科研产出所付出的劳动基本等质。虽然高校的科研产出即使同样的科研成果所含的劳动量也会有所不同，例如学校的基础研究与应用研究所需的产出时间和劳动消耗本身存在差异，应用研究往往针对现实需要，产出时间可以较短，以应所用之需；基础研究却指向长远的目标，其研究成果的形成需要的时间会更长些。但由于目前还没有公认的科学方法，能够将不同类型研究中的劳动量予以分化或者归一化，课题组姑且假定每一项研究都浸透着基本等值的劳动智慧与创新，同样等级刊物上发表的论文其劳动价值基本相等。如公开发表的论文或核心期刊发表的论文，在各自的等级上所含的劳动付出具有一致性。

假定三，不同高校的产出滞后期基本一致。高校不同于企业，其投入的人、财、物等要素确实无法在较短的时间内实现产出效益（其实，企业也有产品研发方面的先期投入），其产出滞后性十分明显，许多高校投入还要经过中间产品的转换之后才能形成最终产出，如教师及教师团队的培养、学科及专业的建设、课程及教材的开发、教学及研究基地的建立等中间产品的形成，更需要时间来积累。但高校的绩效评价是以高校现时的发展为基础，因此，在评价中课题组姑且假定高校投入资源的相应产出一定年限内应该有不同程度的体现。并且，通过每年向前推进一年的累积方式进行若干时限的年度评价，可以削弱投入与产出的滞后性影响。

3. 高校绩效评价的基本原则

科学的方法需要科学的使用才能完整体现方法的价值及其对实践的推动作用。基于投入——产出方法论的高校绩效评价如何最大限度、最大可能地体现高校绩效评价在评价目的、评价对象、评价范围、评价使用等方面的特指性，并且最大限度、最大可能地将这些具有特指性的概念性指标进行可量化与可采集化，这就需要遵循一定的原则。

第一，正确导向原则。《国家中长期教育改革和发展规划纲要（2010—2020年）》、《教育部关于全面提高高等教育质量的若干意见》都明确指出，未来时期我国高等教育发展的重点是全面提高质量，稳定规模，走内涵式发展道路。开展高校绩效评价是促进高校内涵发展的重要抓手，通过绩效指标的确定和运用引导高校注重效益，提升质量；引导高校最大限度发挥资源效益，减少办学资源消耗，以较少投入产出较大成效，形成低投入、高产出的发展局面；引导高校立足现有基础，准确定位，办出特色、办出水平。

第二，全面客观原则。进入高校投入和产出范畴的指标是对高校办学活动过程的整体特质提取，需要相对全面地反映高校办学过程中在输入与输出两方面的活动内容。作为高等教育教学与科研机构，高校的输入与输出都不能简单地用单一的资金或统一化为现金流来折算。就输入而言，需要把资金输入转化为师资队伍建设、转化为学科建设、转化为课程教材建设以及基础设施建设、校园文化建设等一系列中间输入，整合之后才能抵达输出终端；就输出而言，高校的输出包括培养的人才、产出的科学研究成果、提供的社会服务活动等多种形式，也都不是可以直接用货币的方式来计算的。因此，在选取高校投入与产出指标时，需要尽量充分地考虑到高校办学在输入与输出两方面的活动内容及其特殊性，尽可能全面地涵盖高校投入产出的全过程。例如，将投入指标划分为人、财、物三类，将产出指标划分为人才、科研、服务三类，都是一种试图较为全面地反映高校办学活动输入、输出要素的努力。

第三，可操作原则。高校投入、产出指标的量化是对高校办学整体特质的数量描述，需要充分考虑所选择指标的可采集等约束条件。采用投入产出法衡量办学绩效，必须遵循指标能够量化、指标数据可以采集等原则，将概念化指标转变为有效的操作性指标，并且指标数据是可采集的。尽管可采集并不是指标提取的最核心依据，但却是指标建构的"短板"，

是评价指标得以施行的最大约束条件。有些指标尽管在理论范畴内是有意义的，但由于自身无法衡量或指标数据目前难以采集，就会因无法进行数量描述未能纳入高校绩效指标体系。为此，需要充分考虑指标选择的约束条件，尽力寻找相应的替代指标以满足绩效评价的目标要求。例如，高校产出的最终效果体现为高校培养的学生为社会创造出的财富价值，进而把毕业生一定时间点上（3年或更长时间）的薪金作为产出指标。理论上讲，这是有道理的，也有意义。但是，受当前研究水平和数据库建设的限制，一方面，毕业生为社会做出的贡献是在国民经济各个领域和部门实现的，其薪金水平已不完全是大学教育的作用，大学教育与其他行业对人才成长作用的关联效应难以准确分离；同时，我国还缺乏与之相适应的权威的、全面的个人薪酬准确数据，类似这样的指标也未能纳入高校绩效评价指标体系内。

4. 高校绩效评价的基本特点

基于投入—产出方法论的高校绩效评价关注高校发展的成绩，更关注高校取得这些成绩的已有基础和条件以及由此形成的办学效率差异。它可以将拥有不同投入和发展条件的高校放在相对效率这个统一标准上进行评价与比较，充分反映高校主动寻求发展的努力程度和进步程度；还可以减弱高校获取资源过程中受建校历史、认定性重点、地区发展需要以及现有发展实力等自然性因素的影响，避免或消解评价中的"马太效应"。其特点如下。

第一，相对性，在投入绝对量和产出绝对量之间进行转化，既关注高校办学的绝对成绩，更关注这些成绩是在何种投入前提下产生的，从而集中反映高校办学的相对效率。第二，过程性，对高校一定时间段的投入产出进行评价，能够体现一个相对时期内高校投入、产出及绩效的变化情况，从而累积性地反映高校办学的发展过程。第三，公平性，以投入为条件，可以使每个高校都站在由相对效率/效益标准上进行比较，从而淡化既有存量对高校评价结果的影响，集中反映高校在资源利用上的主观努力和效果。

（二）运行方法

基于投入—产出方法论的高校绩效评价，其运行方法是建构反映高校投入、产出的指标，运用一定的模型分析手段计算高校投入、产出及绩效得分，通过不同的方式予以呈现，并依据这些数据对高校的投入、产出及绩效等关系进行分析。

1. 建构绩效指标体系：主观构建与模型筛选相结合

绩效指标总是要反映绩效评价对促进高校办学的教育学意义，同时也要能够在统计学范畴中获得客观验证。因此，高校绩效指标的确定需要将主观建构与模型筛选两种方式结合运用。

主观构建绩效指标主要是通过特尔斐法获得高校投入与产出的各项概念形态指标。首先，借助文献研究，根据投入的人力、物力、财力以及产出的人才培养、科学研究、社会服务各三个维度，初步构建投入、产出的高校绩效指标体系。这个指标体系需要反映高校运行的各个侧面，从产出角度而言，包含了教学、科研、服务；从投入角度而言，包含人力、物力、财力。建构概念形态绩效指标时，一方面，就高校自身的复杂性而言，最初确立指标可以尽可能全面些，以最大可能反映出高校投入、产出方面的环节和要素、过程和结果。同时又最大可能地使指标在教育学意义上而言包容性大且简明、合理。另一方面，进入高校投入和产出范畴的指标要反映高校的基本职能及办学活动的基本过程和结果。高校是一个复杂的教育组织，具有教学、科研和社会服务三大职能或更多职能。作为特殊的生产部门，高校的投入应该包括获得各种经费以及投放到办学活动中的教师资源和物质资源，它的产出应该包括毕业生的培养、知识的生产和运用等。所以，充分考虑到高校办学在输入与输出两方面的活动内容及其特殊性，分别从人力、物力、财力以及教学、科研、服务指标类别对高校的绩效状况进行综合考量，尽可能全面地涵盖高校投入产出的全过程。

然后，组织高等教育管理、高等教育评估、高等教育教学等领域研究的专家以及从事高校管理的行政管理者、一线教学工作的高校教师、高校毕业年级学生参与的同行专家组，实施两轮问卷调查的专家打分，根据专

家打分所确定的指标重要程度排序，初步确定主观建构的指标。召开指标研讨会讨论初建指标，最后确立概念形态的指标体系。

2. 模型筛选绩效指标

概念形态指标是一种主观构建，更多体现评价的教育学理论意义，但并不是所有初设的概念形态指标都可以放入模型去运行，否则，指标之间不合理的信息重叠会对基于协方差矩阵进行主成分分析时造成估计偏差。为此，需要通过模型工具对概念形态指标进行统计学意义上的删选，以保证所保留的指标具有相关性、信息性、敏感性，形成操作形态指标。

指标筛选分别经过两轮统计分析过程并最终确定：第一轮是典型相关分析，第二轮是聚类分析。

第一轮典型相关分析的目的有两个：①检验投入组与产出组两组变量间是否相关及相关的强度；②通过计算典型负荷量（canonical loading）比较各投入（产出）指标与典型方程间的相关，其值越大，表示该指标在解释该典型方程的重要性越高。典型负荷量所代表的意义与因子分析和判别分析中的结构负荷量的意义基本相同。通过典型相关分析，验证主观建构的投入指标向量组和产出指标向量组之间是否存在统计学意义上的相关关系。如果两组变量间的相关关系越强，高校绩效评价结果就越有效。

第二轮聚类分析的目的则是从相似程度较高的指标中挑选出最具有代表性的指标。具体采用的是系统聚类法。系统聚类法可以将指标聚为一定数目的类别，从中选择每一类里具有代表性的指标作为入选指标，再选择每类中的相关系数平方的均数较大而类间的相关系数较小的代表性指标。经过聚类分析后的指标以"相近或相似"的变量性质聚在一起，较好地反映每一类变量之间较大的特异性、代表性和简明性，既能保留指标的信息，又能避免指标信息的重复。筛选出来的指标对不同分析对象的差异敏感能力和区别能力较强，且在一定程度上也能反映其他落选投入或产出指标的信息。通过聚类分析，课题组可以筛选出的投入或产出指标能够较多反映高校投入或产出方面的信息，从而使指标更具代表性。

(三) 分类评价

分类评价是高等教育评价的发展趋势，也符合国家对高等教育实施分类管理的思想。由于高校分类是一个复杂的问题，不同的分类标准可以有不同的分类结果，目前，学界并未形成一个达成共识的高校分类系统。为避免争议，课题组仍延续 2012 年的学校类型划分标准。即根据《高等学校基层统计报表》中的"学校办学类型"划分，将 72 所教育部直属高校分为"综合类""大理类"和"大文类"三个类型。由于师范类的专业设置与综合类趋同化现象较为明显，因此将师范类高校归入综合类高校范畴，大理类包括 02 理工院校、03 农林院校、04 林业院校和 05 医药院校，大文类包括 07 语文院校、08 财经院校、09 政法院校和 11 艺术院校。各高校具体分类情况见表 3-1。针对三种类型的高校，实施分类绩效评价。

表 3-1　72 所教育部直属高校的类别划分

综合类高校 （27 所）	大理类高校 （32 所）	大文类高校 （13 所）
北京大学	清华大学	中南财经政法大学
吉林大学	华中科技大学	中国传媒大学
浙江大学	同济大学	西南财经大学
上海交通大学	西南交通大学	中国政法大学
四川大学	华南理工大学	上海财经大学
武汉大学	武汉理工大学	对外经济贸易大学
山东大学	中国石油大学	中央财经大学
中山大学	中国矿业大学	北京外国语大学
复旦大学	大连理工大学	上海外国语大学
中南大学	华东理工大学	北京语言大学
南京大学	天津大学	中央美术学院
西安交通大学	东北大学	中央音乐学院
厦门大学	中国地质大学	中央戏剧学院
东南大学	电子科技大学	

续表

综合类高校（27 所）	大理类高校（32 所）	大文类高校（13 所）
重庆大学	东北林业大学	
西南大学	西安电子科技大学	
华东师范大学	西北农林科技大学	
南开大学	合肥工业大学	
中国人民大学	长安大学	
北京师范大学	中国农业大学	
湖南大学	河海大学	
兰州大学	北京交通大学	
中国海洋大学	北京科技大学	
华中师范大学	南京农业大学	
东北师范大学	东华大学	
江南大学	华北电力大学	
陕西师范大学	中国药科大学	
	华中农业大学	
	北京邮电大学	
	北京林业大学	
	北京化工大学	
	北京中医药大学	

（四）评价指标

　　评价指标体系是高校绩效评价信息的载体或仓库，而评价模型只不过是从这一仓库中科学提取有效评价信息的手段或技术。因此，评价指标体系是高校绩效评价的基础与根本。科学合理的评价指标体系是获得科学、客观、公正的评价结论的前提。课题组仍延续 2012 年《高等学校绩效评价报告》所确立的评价指标体系。

　　课题组根据不同类型高校的办学特点及对不同指标的敏感性，形成区别化的三种类型高校绩效评价指标体系。对高校实施区别化的绩效评价，既要着力体现不同类型高校绩效的差异性，也要着力寻找不同类型高校绩效的共性。总体而言，高校绩效评价及分析的主要目的是透过不同类型高校的绩效评价结果，找到高校在投入、产出及其二者关系方面的一般性特征以及差异性特征，分析的重点不是某一所直属高校，而是直属高校整体或某一类直属高校。因此，依据前面对高校反馈意见及理解，三类高校的指标确定不做刻意不同的努力，而是尽量"大同小异"。

三种类型高校使用相同的投入指标，而产出指标的区别集中体现在科研产出和社会服务产出两个方面，这两类产出相对而言更带有不同学科的特色，能较好地体现高校类型的差异。结合大文、大理与综合三类高校的学科区别、产出偏好以及数据的分布情况，我们在大理类高校中不使用"研究报告采纳数"和"技术转让当年实际收入金额"；大文类高校中不使用"SCI 期刊发表论文数""EI 期刊发表论文数""当量国家科技奖获奖数""技术转让当年实际收入金额"和"专利出售当年实际收入金额"。

调整之后，结合直属高校绩效评价指标体系调研反馈结果又进行了适当修改，最终形成如表 3-2 所示指标体系。投入指标共有 12 项，三类高校均采用；产出指标共 21 项，综合类高校全部采用，有 19 项对大理类高校采用，有 14 项对大文类高校采用。经过对三类高校绩效评价指标体系的概念形态建构以及运用不同模型对指标的客观筛选及判断之后，最终确定了 2012 年操作形态高校分类绩效评价指标体系，并进入 2012 年第三次高校绩效评价测试运行。该绩效指标体系尽可能体现了指标在统计学意义和教育学意义上的统一。

表 3-2　2012 年确立的操作形态高校分类绩效评价指标体系

投 入 指 标			综合类 （12 项）	大理类 （12 项）	大文类 （12 项）
人力投入	1	专任教师数	√	√	√
	2	行政人员数	√	√	√
	3	教辅及工勤人员数	√	√	√
	4	具有博士学位专任教师数	√	√	√
	5	研究与发展全时人员数	√	√	√

续表

投入指标			综合类 （12 项）	大理类 （12 项）	大文类 （12 项）
财力投入	6	教育经费投入（拨款与收入）	√	√	√
	7	科研经费拨款	√	√	√
	8	其他经费拨款	√	√	√
物力投入	9	实验室（实习场所）面积	√	√	√
	10	图书馆面积	√	√	√
	11	教室面积	√	√	√
	12	图书册数	√	√	√
产出指标（21 项）			综合类 （21 项）	大理类 （19 项）	大文类 （14 项）
教学产出	1	当量在校生数（不含留学生与培训生）	√	√	√
	2	当量学历在校留学生数	√	√	√
	3	规划教材数	√	√	√
	4	精品课程数	√	√	√
	5	特色专业数	√	√	√
	6	ESI 前 1% 学科数	√	√	△
	7	百篇优秀博士学位论文数	√	√	√
	8	当量国家级教学成果奖获奖数	√	√	√
科研产出	9	出版专著数	√	√	√
	10	发表论文总数	√	√	√
	11	SCI 期刊发表论文数	√	√	△
	12	EI 期刊发表论文数	√	√	△
	13	CSSCI 期刊发表论文数	√	√	√
	14	SSCI 期刊发表论文数	√	√	√
	15	当量国家科技奖获奖数	√	√	△
	16	省部级科学研究与发展成果奖数	√	√	√
	17	研究与发展课题数	√	√	△

续表

产出指标（21 项）		综合类 （21 项）	大理类 （19 项）	大文类 （14 项）
社会服务 产出	18 研究报告采纳数	√	△	√
	19 社会培训数	√	√	√
	20 专利出售当年实际收入金额	√	√	△
	21 技术转让当年实际收入金额	√	△	△

注：√代表"使用"，△代表"不使用"。

二、高校绩效评价的技术调整

无论是作为一种综合的价值判断，还是作为一种综合性的统计测度，综合评价过程绝对离不开人的主观判断。"评什么"——指标体系的选择是主观的，但这是根据评价目标要求选择的，而不是随意选择的；"怎么评"——评价方法选择是同样存在主观判断的，但这必须是符合评价原则的，且方法一旦选择之后，过程是客观的；选什么权重方法是主观的，但指标体系中指标重要性差异的存在是客观的，因此通过主观方式判断或拟合这种客观存在的重要性权值的事实依据是客观的，那种机械化的所谓客观过程是得不到科学的认识结论的。尊重综合评价过程的主观判断事实，全面强化这个主观判断过程中判断依据的合理性与科学性，这才是设计并判断综合评价体系优劣的科学标准。[①] 在 2012 年直属高校关于绩效评价反馈意见中，部分专家就指标权重的确定应该是客观赋权还是主观赋权等一些问题持有异议。为此，课题组结合实际课题的研究与有关综合评价理论问题的探讨，归纳了在高校绩效评价过程中可能遇到的涉及评价合理性的一些问题，并有针对性地给出相应的解决措施。

———————————

① 苏为华．我国多指标综合评价技术与应用研究的回顾与认识 ［J］．统计研究，2012（8）：98-107.

（一）评价年限调整与应用

高校绩效评价的周期应该以多少年为宜一直是困扰课题研究的一个难题。这里涉及高等教育产品的属性是什么、高校生产周期多长时间等一系列在高等教育理论研究中存在诸多争议的问题。伯顿·克拉克从组织的观点出发，将高等教育系统看作由生产知识的群体构成的学术组织，其产品包括新知识、毕业生，或法学，或医学，或自然科学，或哲学领域中的各种服务。[①] 高等教育理论界关于高等教育产品是什么，主要有两种观点：观点一认为高等教育产品以学生形式体现，观点二认为高等教育产品以服务形式体现。[②] 从目前研究看，观点二被学术界和国际组织更认可。国际标准组织和世界贸易组织均将教育列入服务行业，认为对于受教育者而言，接受教育就是接受一种特殊的服务。作为服务形式体现的高等教育产品与其他实体产品服务业有所不同，兰文巧将其特点归纳为：无形性、同步性、异质性、易逝性等特点。[③]

高等教育的生产周期应该是多长时间，根据对相关文献的检索看，国内外学术界仍没有一个明确的、具有科学依据的研究论断。课题组在 2009 年的《高等学校绩效评价报告》中以三年即 2006 年、2007 年、2008 年作为评价周期。课题组在调研时部分直属高校反映 3 年的评价周期过短，高校的产出与其投入相比具有较长的滞后性。因此，课题组在 2012 年的《高等学校绩效评价报告》中将评价的周期延长至 5 年，与国家的五年发展规划时间相同。此次 2013 年报告中，考虑到部分科研成果特别是基础性研究成果由提出到被广泛认可，往往是一个漫长的过程，需要很长时间的检验。为避免采用固定某个期限来考察高校绩效现况导致学校"凑数字""赶周期""重数量轻质量"等不良倾向。课题组采取累积年限的形式，对

---

① 伯顿·克拉克. 高等教育系统——学术组织的跨国研究 ［M］. 王承绪，等，译. 杭州：浙江大学出版社，1989：46.

② 兰文巧. 试论高等教育产品及其属性 ［J］. 内蒙古师范大学学报：教育科学版，2010（1）：29-31.

③ 兰文巧. 试论高等教育产品及其属性 ［J］. 内蒙古师范大学学报：教育科学版，2010（1）：29-31.

高校绩效进行评价，即评价直属高校自 2006 年至今的投入产出绩效。采用这种处理方法的优点是避免了高校生产周期到底是 3 年还是 5 年的争议，使投入维数据与产出维数据真正对应起来；同时随着投入产出各年限数据的逐渐累积，可以形成较长时间序列的数据库信息，便于对评价结果进行面板数据分析，增强绩效评价作为发展性评价的功能发挥。特别是便于未来对直属高校的绩效进行动态综合评价。动态综合评价是综合评价基于时间维度的扩展，其实质是在静态评价问题的基础上引入时间因素，构成具有时间、指标及方案的三维结构评价排序问题。[1] 进行动态综合评价可以从以下两个思路入手：一种是采用相同的评价在不同的时间点对评价对象进行连续评价，将评价结果形成一组"时间序列"；另一种是对综合评价的各个环节实行动态化，即根据评价对象的发展阶段采取权重可调、评价基准可变，甚至评价指标体系可替换等形式。动态综合评价条件下，指标体系可替换必须保证评价结果的延续性和继承性，同时在不同时间节点具有可比性。苏为华等认为，动态综合评价条件下的指标体系构建可以参照价格指数编制中的处理方法，即价格指数编制过程中，同度量因素时期代表规格品的变更是必需的、正常的，但价格指数值却是动态可比的。[2]

截至目前，课题组采集到的直属高校绩效评价数据年限为 8 年，即 2006 年至 2013 年投入产出数据。为考察年限因素对评价结果的影响，课题组仍按照 2012 年方法，采集了 5 年投入产出数据，即 2009 年至 2013 年数据。分别对三类直属高校的投入、产出进行主成分综合评价，比较 8 年与 5 年条件下三类高校投入产出综合评价排序结果的差异。对排序结果采用斯皮尔曼等级相关进行统计检验，以检验排序结果是否存在统计学意义上的显著性差异。具体结果见表 3-3、表 3-4 和表 3-5。

---

① 易平涛，等. 动态综合评价中的无量纲化方法 [J]. 东北大学学报：自然科学版，2009 (6)：889-892.

② 苏为华，陈骥. 综合评价技术的扩展思路 [J]. 统计研究，2006 (2)：32-37.

表 3-3　综合类直属高校 5 年与 8 年投入产出综合得分排序结果比较

学校名称	5 年产出排序	5 年投入排序	8 年产出排序	8 年投入排序	5 年与 8 年产出位序差	5 年与 8 年投入位序差
A1	2	2	1	2	1	0
A2	16	19	7	19	9	0
A3	12	20	9	20	3	0
A4	15	17	13	17	2	0
A5	9	1	12	1	−3	0
A6	25	25	24	25	1	0
A7	5	9	4	9	1	0
A8	4	6	6	7	−2	−1
A9	19	18	16	18	3	0
A10	6	11	5	11	1	0
A11	14	14	18	15	−4	−1
A12	24	26	25	26	−1	0
A13	1	3	2	3	−1	0
A14	17	12	17	13	0	−1
A15	8	7	10	6	−2	1
A16	26	23	26	23	0	0
A17	3	5	3	5	0	0
A18	22	24	20	24	2	0
A19	20	21	21	22	−1	−1
A20	11	10	14	10	−3	0
A21	10	8	11	8	−1	0
A22	7	4	8	4	−1	0
A23	18	16	19	14	−1	2
A24	23	15	23	16	0	−1
A25	13	13	15	12	−2	1
A26	27	27	27	27	0	0
A27	21	22	22	21	−1	1

由表 3-3 可知，27 所综合类高校中 5 年期的投入综合得分排序与 8 年期的投入综合得分排序相差不大，大多数高校的投入位序差为 1，仅 A23 高校 5 年期投入综合得分排序低于 8 年期投入综合得分排序 2 位。而在产出综合得分排序中，5 年期与 8 年期排序差距在 3 位及以上的高校共有 6 所，其中 A2 高校位序差距较大，5 年期产出排序比 8 年期产出排序低 9 位。造成这种现象的原因是：2007 年、2008 年 A2 高校产出综合得分排序明显高于前后年份即 2006 年和 2009 年，而 5 年期排序仅依据 2009—2013 年 5 年产出结果并未将 2007 年、2008 年两年产出纳入，造成 A2 高校 5 年产出平均得分低于 8 年产出平均得分，从而影响排序结果。其他高校排序存在大的变动原因与 A2 高校类似。采用斯皮尔曼等级相关进行检验，综合类直属高校 5 年期产出排序与 8 年期产出排序的相关系数为 0.950，5 年期投入排序与 8 年期投入排序的相关系数为 0.996，二者在 0.01 水平上具有显著差异，说明综合类直属高校 5 年期与 8 年期投入与产出排序结果高度相关，排序没有特别大的出入。

表 3-4　大理类直属高校 5 年与 8 年投入产出综合得分排序结果比较

学校名称	5 年产出排序	5 年投入排序	8 年产出排序	8 年投入排序	5 年与 8 年产出位序差	5 年与 8 年投入位序差
B1	1	1	1	1	0	0
B2	9	21	9	21	0	0
B3	18	23	19	23	−1	0
B4	28	30	26	29	2	1
B5	23	28	23	28	0	0
B6	7	22	8	20	−1	2
B7	29	29	29	30	0	−1
B8	32	32	32	32	0	0
B9	26	20	27	22	−1	−2
B10	4	13	4	12	0	1

续表

学校名称	5年产出排序	5年投入排序	8年产出排序	8年投入排序	5年与8年产出位序差	5年与8年投入位序差
B11	6	9	6	9	0	0
B12	15	10	12	10	3	0
B13	30	24	31	24	−1	0
B14	3	3	3	3	0	0
B15	17	17	16	18	1	−1
B16	24	25	24	25	0	0
B17	14	6	15	7	−1	−1
B18	19	19	21	19	−2	0
B19	20	26	17	26	3	0
B20	31	31	30	31	1	0
B21	12	14	18	14	−6	0
B22	13	7	13	8	0	−1
B23	2	2	2	2	0	0
B24	16	11	14	11	2	0
B25	10	5	10	5	0	0
B26	22	27	20	27	2	0
B27	5	4	5	4	0	0
B28	8	8	7	6	1	2
B29	11	12	11	13	0	−1
B30	21	15	22	15	−1	0
B31	27	16	28	16	−1	0
B32	25	18	25	17	0	1

　　由表3-4可知，32所大理类直属高校中，5年期与8年期产出综合评价位序差在3位以上的高校仅有3所：B21高校、B12高校和B19高校。B12高校和B19高校均是8年产出排序高于5年产出排序，而B21高校却

是 8 年产出排序低于 5 年产出排序。造成这种情况的原因是，B12 高校和 B19 高校均为 2007 年和 2008 年产出得分排序高于 2009 年，8 年平均后的产出得分高于 5 年产出平均；而 B21 高校 8 年产出得分增长趋势较为平缓，与其 5 年产出平均变化不大，在其他高校 8 年平均得分提高的条件下，B21 高校 8 年产出平均排序相对有所下降。其他大理类高校 5 年期与 8 年期投入综合评价位序差均在 3 位以内，属于正常变化范围内。采用斯皮尔曼等级相关进行检验，大理类直属高校 5 年期产出排序与 8 年期产出排序的相关系数为 0.985，5 年期投入排序与 8 年期投入排序的相关系数为 0.996，二者在 0.01 水平上具有显著差异，说明大理类直属高校 5 年期与 8 年期投入与产出排序结果高度相关，排序结果没有显著差异。

表 3-5　大文类直属高校 5 年与 8 年投入产出综合得分排序结果比较

学校名称	5 年产出排序	5 年投入排序	8 年产出排序	8 年投入排序	5 年与 8 年产出位序差	5 年与 8 年投入位序差
C1	8	8	9	8	−1	0
C2	10	10	11	9	−1	1
C3	4	3	3	2	1	1
C4	5	7	7	7	−2	0
C5	7	5	5	5	2	0
C6	13	12	12	12	1	0
C7	11	11	10	11	1	0
C8	12	13	13	13	−1	0
C9	1	6	2	4	−1	2
C10	9	9	8	10	1	−1
C11	3	4	1	6	2	−2
C12	2	1	4	1	−2	0
C13	6	2	6	3	0	−1

由表 3-5 可知，13 所大文类直属高校中，5 年期与 8 年期投入产出综合评价排序位序差均在 2 位以内。采用斯皮尔曼等级相关进行检验，大文

类直属高校 5 年期产出排序与 8 年期产出排序的相关系数为 0.934，5 年期投入排序与 8 年期投入排序的相关系数为 0.967，二者在 0.01 水平上具有显著差异，说明大文类直属高校 5 年期与 8 年期投入与产出排序结果高度相关，排序结果没有差异。

综上所述，从三类直属高校目前 8 年期与 5 年期投入产出综合评价排序结果看，除个别高校外，8 年期与 5 年期投入产出综合排序结果位序差异不大，相关系数均在 0.9 以上高度相关，排序结果没有统计学差异。这说明，目前增加年限对评价结果的影响作用较弱，基本可以忽略不计。

（二）　无量纲化处理方法对结果的影响

数据无量纲化是实现评价信息综合集成的先决条件。在综合评价中，由于原始指标量纲①不同和量级②不同而使得原始指标间存在不可比以及不能直接加总等问题。因此，为了尽量反映评价对象的实际差异，排除由于指标量纲不同以及其数值数量级间的悬殊差别所带来的影响，避免不合理评价结果的出现，需要对指标进行无量纲化处理。指标的无量纲化是指通过数学变换来消除原始指标量纲影响的方法。

1. 指标无量纲化方法的性质分析

指标无量纲化方法有很多种，在实际综合评价过程中应选择哪一种无量纲化方法？有没有理想的无量纲化方法？这些问题涉及无量纲化方法优劣的判断标准问题。查阅相关文献，目前指标无量纲化方法可以分为线性无量纲化方法和非线性无量纲化方法两大类。非线性无量纲化方法要求评价者对于指标取值变动的规律能够深入了解的情况下方可使用。非线性无量纲化方法主要有指数型、幂函数型和对数型等几种形式。常用的指标线性无量纲化处理方法主要有 6 种：标准化处理法、极值处理法、线性比例法、归一化处理法、向量规范法、功效系数法。其基本计算公式如下。

---

①　量纲在多指标综合评价中是指评价指标单位的不同，如身高的单位是厘米，体重的单位是千克。

②　量级在多指标综合评价中是指评价指标值的数量级，如某人身高用厘米表示为 175 厘米，而用米表示则为 1.75 米，仅从数值看同一人的身高，数量级差距 100 倍。

（1）标准化处理法

$$x_{ij}^* = \frac{x_{ij} - \overline{x_j}}{s_j}$$

公式中，$\overline{x_j}$，s_j（$j=1$，2，…，m）分别为第 j 项指标观测值的样本平均数和样本标准差，x_{ij}^* 为标准观测值。

标准化处理法具有如下特点：①无量纲化后的指标值样本平均数是 0，标准差为 1；②对于指标原始值为一常数即样本标准差为 0 的情况不适用；③处理后的观测值区间不明确，不同指标处理后其最大值、最小值不相同；④对于要求指标值非负的评价方法不适用。

（2）极值处理法

$$x_{ij}^* = \frac{x_{ij} - m_j}{M_j - m_j}$$

公式中，$M_j = \max\{x_{ij}\}$，$m_j = \min\{x_{ij}\}$，上式是针对指标方向为正向时的处理方法。假如指标方向为负向时，其处理公式相应变为：

$$x_{ij}^* = \frac{M_j - x_{ij}}{M_j - m_j}$$

极值处理法的特点是：①无量纲化后的指标值区间在 0—1，最大值为 1，最小值为 0；②该方法同样对于指标原始值为一常数即样本标准差为 0 的情况不适用。

（3）线性比例法

$$x_{ij}^* = \frac{x_{ij}}{x_j'}$$

公式中，x_j' 为一特殊值，一般可以取原始指标值的最大值、最小值和样本平均数。该无量纲化方法要求 $x_j' > 0$。该方法无量纲化后的指标取值会有如下几种情况：当 x_j' 取原始指标的最小值且最小值大于 0 时，无量纲化后的指标值区间在 $[1, \infty)$，有最小值 1，无固定的最大值；当 x_j' 取原始指标的最大值且最大值大于 0 时，无量纲化后的指标值区间在 $(0, 1]$，有最大值 1，无固定最小值；当 x_j' 取原始指标的样本平均数且样本平均数大于 0 时，无量纲化后的指标值区间在 $(-\infty, +\infty)$，取值范围不固定，

$\sum x'_j$ 的值为一常数。

（4）归一化处理法

$$x^*_{ij} = \frac{x_{ij}}{\displaystyle\sum_{i=1}^{m} x_{ij}}$$

在综合评价中，归一化常指权重的归一化，即通过计算比例将绝对权重转化为比例权重，这个转化过程通常称为"归一化"。绝对权重与比例权重没有实质区别，但比例权重更容易直观揭示统计权重的本质。[①] 这里，借用归一化术语，因为其计算过程与归一化过程非常相似。该方法可以看作是线性比例法的一种特例，要求 $\displaystyle\sum_{i=1}^{m} x_{ij}$ 大于 0。当原始指标值大于等于 0 时，无量纲化后的指标值区间在（0，1），没有最大值和最小值，$\sum x'_j$ 的值为 1。

（5）向量规范法

$$x^*_{ij} = \frac{x_{ij}}{\sqrt{\displaystyle\sum_{i=1}^{n} x_{ij}^2}}$$

该方法的特点是，当原始指标值大于等于 0 时，无量纲化后的指标值区间在（0，1），没有最大值和最小值，$\sum (x^*_{ij})^2 = 1$。

（6）功效系数法

$$x^*_{ij} = c + \frac{x_{ij} - m'_j}{M'_j - m'_j} \times d$$

公式中，M'_j 和 m'_j 分别是指标的满意值和不容许值；c 和 d 均为已知正常数，c 的作用是对变换后的值进行平移，d 的作用是对变换后的值进行放大和缩小。

功效系数可以看作是更普遍意义下的一种极值处理方法，取值范围固定，最大值为 $c+d$，最小值为 c。

---

① 苏为华. 综合评价学 [M]. 北京：中国市场出版社，2005：14-15.

郭亚军和易平涛在对多种线性无量纲化方法特点分析的基础上，给出了"理想无量纲化方法"应该满足的 6 个性质。[①] 具体如下。

① 性质 1——单调性。要求无量纲化后的数据保留原有数据之间的排序关系。

② 性质 2——差异比不变性。要求无量纲化后的数据保留原有数据之间对于某个标准量的比较关系。

③ 性质 3——平移无关性。对原始数据进行平移变换不会影响无量纲化后的结果。

④ 性质 4——缩放无关性。对原始数据进行缩小或放大变换不会影响无量纲化后的结果。

⑤ 性质 5——区间稳定性。对任意一指标原始数据的无量纲化处理结果都处在一个确定的取值范围内。

⑥ 性质 6——总量恒定性。对任意一指标的无量纲化处理后的标准值之和为一恒定的常数。

郭亚军等人通过数学推理证明，上述 6 条性质中，区间稳定性和总量恒定性不能在同一种无量纲化方法中同时存在。以上 6 种线性无量纲化方法与上述 6 条性质的对应关系见表 3-6。

表 3-6　常用线性无量纲化方法及性质对应表

无量纲化方法	单调性	差异比不变性	平移无关性	缩放无关性	区间稳定性	总量恒定性
标准化	√	√	√	√	×	√
极值	√	√	√	√	√	×
线性比例	√	√	×	√	×	×
归一化	√	√	×	√	×	√
向量规范	√	√	×	√	×	×
功效系数	√	√	√	√	√	×

注："√"表示成立，"×"表示不成立。

---

① 郭亚军，易平涛.线性无量纲化方法的性质分析 [J].统计研究，2008，25（2）：93-100.

通过以上对指标无量纲化方法特点的分析并对照这几种方法的性质，课题组认为功效系数无量纲化方法较为适合高校绩效评价需要。但课题组同时看到，高校绩效评价的投入产出指标原始值的等量变化在不同年份上的发展阶段表示的意义有所区别，当某一指标如图书馆面积、实验室面积等增长到一定程度后，再进一步大幅度增加就变得越来越困难。这种情况类似于经济学中的边际收益递减现象。因此，直接采用线性功效系数公式进行指标无量纲化对于高校绩效评价指标来说并不能完全反映评价指标随时间变化的趋势，采用非线性功效系数进行无量纲化更为符合课题需要。非线性功效系数包括对数型、幂函数型和指数型三种类型。彭非等对这几种非线性功效系数和线性功效系数进行了比较，得出如下结论。[1]

线性功效系数具有如下优点：①计算公式简单；②对于互补型指标如失业率、第三产业产值比例等，其正向形式和负向形式均具有统一的功效系数形式；③指标值可以超出满意值和不允许值之外，便于进行历史对比。

线性功效系数的缺点是：在线性功效系数无量纲化过程中，对指标值的变化一视同仁，原始值与无量纲化后的值成等比例上升或下降。但在实际社会经济指标的发展趋势看，指标实际值的等量变化在不同发展阶段所表示的意义不同。大多数指标增加到一定程度以后，再增加会非常困难。因此，线性功效系数法的无量纲化结果并不符合实际指标变动客观趋势。

对数型功效系数公式如下：

$$x_{ij}^* = \frac{\log x - \log x^m}{\log x^M - \log x^m}$$

对数型功效系数的优点是：①对于互为倒数的指标如人均 GDP 等，其正向形式和负向形式均具有统一的功效系数形式；②可以较好地解决当负向指标接近满意值时，指标评价值增长较快的问题；③指标值可以超出满意值与不允许值，也可以进行历史对比，但不能为 0。

对数型功效系数的缺点是：①不能较好解决负向指标接近满意值时，

---

① 彭非，袁卫，惠争勤．对综合评价方法中指数功效函数的一种改进探讨［J］．统计研究，2007（12）：29-34．

指标无量纲化后结果增长较快的问题；②互补型指标的正向与负向形式没有统一的函数形式。当指标体系中的正向和负向指标较多时，使用对数型功效系数进行无量纲化不太适宜。

幂函数型功效系数法的公式如下：

$$x_{ij}^* = \left(\frac{x_{ij} - x'_m}{x'_M - x'_m} \right)^k$$

幂函数型功效系数法的优点如下：①正向指标与负向指标具有统一的功效系数形式；②对于互补型的指标，其正向形式或逆向形式具有统一的功效系数形式；③功效系数具有下凸性，很好地解决了正向指标和逆向指标越接近满意值，功效分值上升越快的问题。

幂函数型功效系数法的缺点主要是幂函数的底数不能为负值，指标值不能超过满意值与不允许值之外，不便于进行历史对比。这使得幂函数型功效函数法在综合评价社会经济发展水平时会受到很大限制。

指数型功效系数目前主要有两种形式，一种是陈湛匀提出的指数型功效系数，一种是王学全提出的指数计分模型。

陈湛匀提出的指数型功效系数针对正向和负向指标有不同的公式，正向指标是 $x_{ij}^* = e^{-\frac{x-x'_m}{x'_M-x'_m}}$，负向指标公式为 $x_{ij}^* = 1 - e^{-\frac{x-x'_m}{x'_M-x'_m}}$。

王学全的指数计分模型对于正向指标其公式是 $x_{ij}^* = Ae^{(x_{ij}-x'_m)/(x'_M-x'_m)B}$，负向指标公式为 $x_{ij}^* = Ae^{(x_{ij}-x'_M)/(x'_m-x'_M)B}$。这里，$A$ 和 B 均为常数。若以百分制转换，容易计算出 A 和 B 的值分别为 40 和 $\ln\frac{5}{2}$。

指数型功效系数的最大优点是体现了经济学的边际收益递减规律，很好地解决了正向指标和负向指标越接近满意值，无量纲化指标值上升过快的问题。其不足是正向和负向指标不具有统一的功效系数形式。相对来说，当有些指标呈现边际收益递减特征时，使用指数型功效系数方法明显比其他方法更加优越，更真实准确反映客观实际情况。基于上述研究，课题组拟对评价指标无量纲化方法进行调整，采用指数型功效系数无量纲化方法。为考察指标无量纲化方法不同对评价结果的影响，课题组对如下四种指标无量纲化结果进行了比较。

2. 投入产出综合评价 4 种无量纲化结果比较

课题组发布的《2009 年高等学校绩效评价报告》中采用的无量纲化方法为标准化处理法，而在 2012 年的报告则调整为极值处理法。这两种方法均为线性无量纲化处理方法，与原始指标时间序列条件下长期增长趋势不太吻合，特别不利于考察加入时间因素的动态综合评价结果。因此，课题组对无量纲化处理方法调整前首先要考察清楚指标无量纲化因素对评价结果的影响，然后基于研究目的和指标数据分布形态，选择最适宜的指标无量纲化方法。课题组基于 8 年数据分别对三类直属高校的投入、产出进行主成分综合评价，比较四种无量纲化条件下三类高校投入产出综合评价排序结果的差异。这四种无量纲化方法分别是标准化方法、极值法、线性功效系数法和指数型功效系数法。前三种方法均为线性无量纲化方法，指数型则为非线性无量纲化方法。对排序结果采用肯德尔和谐系数等级相关进行统计检验，以检验排序结果是否存在统计学意义上的显著性差异。具体结果见表 3-7、表 3-8 和表 3-9。

表 3-7　大理类高校投入产出综合评价 4 种无量纲化排序结果

学校名称	产出A	产出B	产出C	产出D	最低排序	最高排序	位序差	投入A	投入B	投入C	投入D	最低排序	最高排序	位序差
B1	1	1	1	1	1	1	0	1	1	1	1	1	1	0
B2	8	8	9	9	9	8	1	21	21	21	21	21	21	0
B3	18	18	18	19	19	18	1	23	23	23	23	23	23	0
B4	26	26	26	26	26	26	0	29	29	29	29	29	29	0
B5	23	23	23	23	23	23	0	28	28	28	28	28	28	0
B6	7	7	7	8	8	7	1	20	20	20	20	20	20	0
B7	29	29	29	29	29	29	0	30	30	30	30	30	30	0
B8	32	32	32	32	32	32	0	32	32	32	32	32	32	0
B9	28	27	27	27	28	27	1	22	22	22	22	22	22	0
B10	4	4	4	4	4	4	0	12	12	12	12	12	12	0
B11	6	6	6	6	6	6	0	9	9	9	9	9	9	0

续表

学校名称	产出A	产出B	产出C	产出D	最低排序	最高排序	位序差	投入A	投入B	投入C	投入D	最低排序	最高排序	位序差
B12	11	12	12	12	12	11	1	11	10	10	10	11	10	1
B13	30	31	31	31	31	30	1	26	26	25	24	26	24	2
B14	3	3	3	3	3	3	0	3	3	3	3	3	3	0
B15	16	16	16	16	16	16	0	18	18	18	18	18	18	0
B16	25	24	24	24	25	24	1	25	25	26	25	26	25	1
B17	15	15	15	15	15	15	0	8	8	8	7	8	7	1
B18	21	21	21	21	21	21	0	19	19	19	19	19	19	0
B19	17	17	17	17	17	17	0	24	24	24	26	26	24	2
B20	31	30	30	30	31	30	1	31	31	31	31	31	31	0
B21	19	20	20	18	20	18	2	14	14	14	14	14	14	0
B22	13	13	13	13	13	13	0	7	7	7	8	8	7	1
B23	2	2	2	2	2	2	0	2	2	2	2	2	2	0
B24	14	14	14	14	14	14	0	10	11	11	11	11	10	1
B25	10	10	10	10	10	10	0	5	5	5	5	5	5	0
B26	20	19	19	20	20	19	1	27	27	27	27	27	27	0
B27	5	5	5	5	5	5	0	4	4	4	4	4	4	0
B28	9	9	8	7	9	7	2	6	6	6	6	6	6	0
B29	12	11	11	11	12	11	1	13	13	13	13	13	13	0
B30	22	22	22	22	22	22	0	17	15	15	15	17	15	2
B31	27	28	28	28	28	27	1	15	16	16	16	16	15	1
B32	24	25	25	25	25	24	1	16	17	17	17	17	16	1

注：A——标准化处理法；B——极值处理法；C——线性功效系数处理法；D——指数型功效系数处理法。

由表 3-7 可知，32 所大理类直属高校投入产出综合评价结果中 4 类指标无量纲化处理条件下的排序结果差异基本很小，最大差异 2 位。产出排序中，4 类处理法排序结果没有差异的，即最高排序与最低排序的位序差为 0 的学校共有 18 所，占总数的 56.25%；排序位序差为 1 的学校共有 12 所，占总数的 37.5%；排序位序差为 2 的学校仅有 2 所，占总数的 6.25%，分别是 B21 高校和 B28 高校。投入排序中，4 类处理法排序位序差为 0 的学校共有 22 所，占总数的 68.75%；位序差为 1 的学校共有 7 所，占总数的 21.88%；位序差为 2 的学校共有 3 所，约占总数的 9.38%，分别是 B13 高校、B19 高校和 B30 高校。产出 4 类处理法排序的肯德尔和谐系数分别为 0.998、0.998 和 0.997，在 0.01 水平上具有显著差异。这说明 4 类处理法下产出排序结果高度相关，排序结果没有差异。同理，计算出投入 4 类处理法的肯德尔和谐系数分别为 0.999、0.998 和 0.997，在 0.01 水平上具有显著差异。这说明 4 类处理法下投入排序结果高度相关，排序结果没有差异。总之，4 类无量纲化处理方法对大理类直属高校投入产出综合评价排序结果没有显著影响。

表 3-8　大文类高校投入产出综合评价 4 种无量纲化排序结果

学校名称	产出A	产出B	产出C	产出D	最低排序	最高排序	位序差	投入A	投入B	投入C	投入D	最低排序	最高排序	位序差
C1	9	9	9	9	9	9	0	8	8	8	8	8	8	0
C2	11	11	11	11	11	11	0	9	9	9	9	9	9	0
C3	3	2	2	3	3	2	1	2	2	2	2	2	2	0
C4	7	7	7	7	7	7	0	7	7	7	7	7	7	0
C5	2	5	5	5	5	2	3	5	5	5	5	5	5	0
C6	12	12	12	12	12	12	0	12	12	12	12	12	12	0
C7	10	10	10	10	10	10	0	11	11	11	11	11	11	0
C8	13	13	13	13	13	13	0	13	13	13	13	13	13	0
C9	4	3	3	2	4	2	2	4	4	4	4	4	4	0
C10	8	8	8	8	8	8	0	10	10	10	10	10	10	0
C11	1	1	1	1	1	1	0	6	6	6	6	6	6	0
C12	5	4	4	4	5	4	1	1	1	1	1	1	1	0
C13	6	6	6	6	6	6	0	3	3	3	3	3	3	0

注：A——标准化处理法；B——极值处理法；C——线性功效系数处理法；D——指数型功效系数处理法。

由表 3-8 可知，13 所大文类直属高校投入产出综合评价结果中 4 类指标无量纲化处理条件下的排序结果差异基本很小，最大差异 3 位。产出排序中，4 类处理法排序结果没有差异的，即最高排序与最低排序的位序差为 0 的学校共有 9 所，占总数的 69.23%；排序位序差为 1 的学校共有 2 所，占总数的 15.39%；排序位序差为 2 的学校仅有 1 所，占总数的 7.69%，具体是 C9 高校；排序位序差为 3 的学校仅有 1 所，占总数的 7.69%，具体是 C5 高校。投入排序中，4 类处理法排序位序差为 0 的学校共有 13 所，占总数的 100%，即 4 类处理法获得的投入排序结果均一致。产出 4 类处理法排序的肯德尔和谐系数分别为 0.967、0.967 和 0.962，在 0.01 水平上具有显著差异。这说明 4 类处理法下产出排序结果高度相关，排序结果没有差异。同理，计算出投入 4 类处理法的肯德尔和谐系数分别为 1、1 和 1，在 0.01 水平上具有显著差异。这说明 4 类处理法下投入排序结果高度相关，排序结果没有差异。总之，4 类无量纲化处理方法对大文类直属高校投入产出综合评价排序结果没有显著影响。

表 3-9　综合类高校投入产出综合评价 4 种无量纲化排序结果

学校名称	产出A	产出B	产出C	产出D	最低排序	最高排序	位序差	投入A	投入B	投入C	投入D	最低排序	最高排序	位序差
A1	1	1	1	1	1	1	0	2	2	2	2	2	2	0
A2	8	8	8	7	8	7	1	19	19	19	19	19	19	0
A3	11	10	10	9	11	9	2	20	20	20	20	20	20	0
A4	13	13	13	13	13	13	0	17	17	17	17	17	17	0
A5	12	12	12	12	12	12	0	1	1	1	1	1	1	0
A6	24	24	24	24	24	24	0	25	25	25	25	25	25	0
A7	4	4	4	4	4	4	0	9	9	9	9	9	9	0
A8	6	6	6	6	6	6	0	5	6	7	7	7	5	2
A9	16	16	16	16	16	16	0	18	18	18	18	18	18	0
A10	5	5	5	5	5	5	0	11	11	11	11	11	11	0
A11	18	18	18	18	18	18	0	16	15	15	15	16	15	1

续表

学校名称	产出A	产出B	产出C	产出D	最低排序	最高排序	位序差	投入A	投入B	投入C	投入D	最低排序	最高排序	位序差
A12	25	25	25	25	25	25	0	26	26	26	26	26	26	0
A13	2	2	2	2	2	2	0	3	3	3	3	3	3	0
A14	17	17	17	17	17	17	0	12	12	13	13	13	12	1
A15	9	9	9	10	10	9	1	7	7	6	6	7	6	1
A16	26	26	26	26	26	26	0	23	23	23	23	23	23	0
A17	3	3	3	3	3	3	0	6	5	5	5	6	5	1
A18	20	21	21	20	21	20	1	24	24	24	24	24	24	0
A19	21	20	20	21	21	20	1	21	21	21	22	22	21	1
A20	14	15	15	14	15	14	1	10	10	10	10	10	10	0
A21	10	11	11	11	11	10	1	8	8	8	8	8	8	0
A22	7	7	7	8	8	7	1	4	4	4	4	4	4	0
A23	19	19	19	19	19	19	0	14	14	14	14	14	14	0
A24	23	23	23	23	23	23	0	15	16	16	16	16	15	1
A25	15	14	14	15	15	14	1	13	13	12	12	13	12	1
A26	27	27	27	27	27	27	0	27	27	27	27	27	27	0
A27	22	22	22	22	22	22	0	22	22	22	21	22	21	1

注：A——标准化处理法；B——极值处理法；C——线性功效系数处理法；D——指数型功效系数处理法。

由表3-9可知，27所综合类直属高校投入产出综合评价结果中4类指标无量纲化处理条件下的排序结果差异基本很小，最大差异2位。产出排序中，4类处理法排序结果没有差异的，即最高排序与最低排序的位序差为0的学校共有18所，占总数的66.67%；排序位序差为1的学校共有8所，占总数的29.63%；排序位序差为2的学校仅有1所，占总数的3.70%，具体是A3高校。投入排序中，4类处理法排序位序差为0的学校共有18所，占总数的66.67%；位序差为1的学校共有8所，占总数的29.63%；位序差为1的学校仅有1所，占总数的3.70%，具体是A8高校。

产出 4 类处理法排序的肯德尔和谐系数分别为 0.998、0.998 和 0.998，在 0.01 水平上具有显著差异。这说明 4 类处理法下产出排序结果高度相关，排序结果没有差异。同理，计算出投入 4 类处理法的肯德尔和谐系数分别为 0.999、0.997 和 0.996，在 0.01 水平上具有显著差异。这说明 4 类处理法下投入排序结果高度相关，排序结果没有差异。总之，4 类无量纲化处理方法对综合类直属高校投入产出综合评价排序结果没有显著影响。

综合上述分析，从三类直属高校 4 类无量纲化处理方法后的投入产出综合评价排序结果看，4 类无量纲化处理方法后的投入产出综合排序结果位序差异不大，相关系数在 0.9 以上高度相关，排序结果没有统计学差异。这说明，在目前时间维度条件下，改变指标无量纲化处理方法对评价结果的影响作用较弱，基本可以忽略不计。将无量纲化处理方法调整为指数型功效系数法不会与以往处理法获得的结果相比具有较大程度差异，但采用指数型功效系数无量纲化方法却为未来评价结果进行面板数据分析提供了便利条件。因此，课题组通过对指标无量纲化结果的比较，拟采用指数型功效系数无量纲化方法。

（三）指标权重对结果的影响

如何确定权重是综合评价中的核心问题。权重赋权方法按其主客观性的不同，可以分为主观赋权和客观赋权两大类。客观赋权是指根据指标本身的相关系数及变异信息计算的权重，如本课题所采用的主成分分析法。而层次分析法（AHP）、德尔菲法等具有主观评分含义的方法都被归入主观赋权范畴。检索相关文献可以发现，在综合评价研究中，普遍认为客观赋权优于主观赋权。邱东认为，只要方法科学，就权重的实质而言应该是客观的。[1] 因此，课题组仍延续客观赋权方法，以主成分分析获得客观权重。由于课题组并未采用标准化处理法进行指标无量纲化，因此相应的主成分综合评价方法需要进行修正，即采用方差矩阵进行主成分分析，又称为修正主成分法。在比较指标权重对评价结果的影响之前，需要对主成分

---

① 邱东. 多指标综合评价方法的系统分析［M］. 北京：中国统计出版社，1991：179-182.

综合评价基本思想及其局限性、主成分综合评价改进路径等进行简要介绍，以便从方法论原理上对此做清晰阐述。

1. 主成分综合评价基本思想及其局限性

主成分分析法在统计学中是作为多元数据的降维处理技术而提出的。其基本思想是，从众多具有相关关系的指标中，一般通过线性变换，产生少数具有较好代表性的综合成分，称为第一主成分、第二主成分等，这些少数综合成分与原来的指标间存在线性函数关系，且彼此相互独立，同时又能够继承原指标中的绝大部分信息，从而利用这些主成分作为新的综合变量进行统计分析如回归、聚类等，以供其他统计方法做进一步分析处理。

主成分分析法是目前多元统计技术在综合评价领域中应用最广泛的方法之一。主成分综合评价应用的领域包括经济效益评价、地区经济发展评价、城市综合实力评价、城市现代化评价、可持续发展评价、环境质量评价、科研工作评价、医院工作质量管理以及教育评价等。苏为华统计的我国三十多年来综合评价方法中涉及主成分分析的文献共有 22388 篇，在所有综合评价方法文献中排第 3 位，仅次于聚类分析法和因子分析法。[①] 综合评价文献当中当研究者每提出一些新的综合评价方法时，常常将其评价结果与主成分综合评价方法获得的结论进行对比，以证明该新方法的合理性。若新方法获得评价结论与主成分评价结果的相关程度高，则认为该方法也是一种理想的综合评价方法。这充分凸显了主成分分析中综合评价方法中的地位。

国内对主成分综合评价方法的理论进行系统研究的，首推邱东教授。邱东在《多指标综合评价方法的系统研究》一书中，详细分析了传统主成分综合评价的基本思想、基本步骤、机理探索等。[②] 他认为主成分分析[③]用

---

① 苏为华. 我国多指标综合评价技术与应用研究的回顾与认识 [J]. 统计研究，2012（8）：98-107.

② 邱东. 多指标综合评价方法的系统分析 [M]. 北京：中国统计出版社，1991：200-203.

③ 邱东教授在《多指标综合评价方法的系统分析》一书中，将主成分分析称为"主分量分析"。根据其提出的评价计算过程可知，主成分综合评价指的是线性、基于相关矩阵计算的主成分综合评价即 R 型主成分综合评价。

于多指标综合评价的特点是：①消除了评价指标间相关关系的影响。②综合评价值对同一样本的不唯一性。这里的不唯一性是指同一样本在不同样本集合中的综合评价值可能有所不同。这就要求使用该方法进行横向和纵向比较时，需要把被比较的样本放在一个样本集合中计算，不同样本集合中计算的综合评价值不具有可比性。③主成分分析权重处理与其他方法相比有很大区别。主成分权重是根据信息量和系统效应来界定的，可能会出现负权重，另外计算评价值的权重之和不等于1。出现负权重的原因有两种：一是某单个指标与总评价值存在逆向关系，即其值上升意味着总评价值下降；另一原因是数据标准化处理的传递效应所导致的，即负是相当于平均水平的0点而言的，负权重意味着综合评价值相对平均水平要低。

邱东总结的主成分综合评价的优点有如下4点：①消除评价指标间的相关影响，有利于正确认识评价对象的相对位次；②减少了指标选择的工作量，避免了选择相关度高的指标，减少了评价信息的重复；③主成分分析将原始变量转换成主成分过程中，同时形成了反映主成分和指标包含信息量的权重，这种客观赋权方法减少人为干预，有利于保证客观反映样本间的现实关系；④采用基于信息量的权重，可以最大限度区分样本，提高了综合评价的效度。

主成分综合评价也并不是一个完美的分析方法，在多指标综合评价中，邱东总结了它的不足之处主要有以下4个方面：①在计算综合评价值时，没有考虑指标本身间的相对重要程度，同一个评价指标在不同的评价样本中，其权重是变化的。②转换后的结果受样本指标间关系的影响，如果指标数据间的相关程度不高，不一定得到理想的主成分，可能会造成主成分数量较多、降维作用不明显的情况。③主成分分析对原始指标与主成分间的关系都是按线性关系处理的，然而现实中二者之间可能是非线性关系，这就会导致结果与现实关系反映上的偏差。④综合评价值对不同样本集合中的同一样本可能不是唯一，这相对于其他多指标综合评价方法而言，不利于横向和纵向比较，不便于统计资料的系列累积。⑤主成分分析综合评价的无量纲化处理采用标准化处理，即Z分数法，该方法要求数据量符合大样本要求。因此采用 Z 分数法隐含的条件是在数据个数较多时应用效果才比较合理。

　　苏为华在其博士论文中，对主成分综合评价方法的全面认识进行了系统梳理和总结。① 具体如下：① 主成分分析法输出的确切含义与主成分个数的提取。主成分分析法应用于综合评价，首先需要明确主成分分析输出结果是什么、是否与综合评价的目的一致。苏为华认为，主成分分析作为数据降维方法，每个主成分均具有特定经济含义，第一主成分说明原始数据变动的总规模，而其余各主成分分别说明样本内部的各方面特征；且只有第一主成分才能适用于综合评价。但傅荣林在其研究中并不支持仅用第一主成分进行综合评价，他认为采用多主成分评价效果比只有指标共性的第一主成分模型要好，而且信息的利用率更高。② ② 主成分综合评价法是一种相对评价。综合评价方法按其评价标准参考系的不同可以分为相对评价和绝对评价两种。若综合评价标准独立于样本之外，则称为绝对评价；若评价标准基于样本数据产生并进行调整才确定的则称为相对评价。按此标准主成分综合评价属于相对评价。其评价标准或评价函数与样本的选取有关。评价对象多少、增加或剔除评价对象都会影响最后的评价结果。③ 传统主成分综合评价即 R 型主成分分析中的主成分变量系数并不是由该变量的方差信息决定的，而是由该变量与其他变量的相关程度决定的，即根据相关矩阵计算得到的，并非真正的"方差信息量权"，而是"相关信息量权"。④ 主成分综合评价并不能消除指标重叠信息，相反，却容易受指标重叠关系的左右。综合评价结果与指标相关性结构关系十分密切。⑤ 传统主成分综合评价方法属于线性综合评价，其本质属于"标准化结果的加权算术平均值"。评价结果受指标的非线性形式正向和负向表现形式的影响。⑥ 主成分中的负权现象。主成分综合评价中的第二主成分及其后主成分，负系数的出现是正常的。因为主成分的目的是为了揭示指标内部特征，而事物的特征必须通过比较才能表现出来，线性比较的基本数学形式

---

① 苏为华. 多指标综合评价理论与方法问题研究 [D]. 厦门：厦门大学，2000.
② 傅荣林. 主成分综合评价模型的探讨 [J]. 系统工程理论与实践，2001（11）：68-74.

就是减法运算。有研究表明，即使将第一主成分的各变量权系数的符号改变方向，既不影响评价结论也能够继续保证第一主成分的方差最大、系数平方和为1及与其他主成分正交等基本要求。

逐条分析邱东所提出的主成分综合评价的5条不足，可以看到，第2条降维作用不明显对于综合评价而言不是太重要，可以忽略；第4条中的不足对于目前信息技术和统计软件飞速发展的今天已经影响不大，我们只要将所有样本数据放到同一样本集合中即可进行对比排序，随着大数据技术的更新，这一不足更容易解决。总结上述分析，主成分分析综合评价的不足主要在于权重和线性变换这两个缺陷上。苏为华总结的对主成分综合评价方法的全面认识有助于我们客观认识主成分综合评价这一方法的优缺点。

采用主成分进行综合评价的基本步骤有如下6步：①对原始指标进行标准化处理；②计算样本相关系数矩阵；③计算矩阵的特征根；④计算特征向量；⑤构造评价函数；⑥进行综合评价。

2. 修正主成分对传统主成分综合评价方法的改进

传统主成分综合评价方法一般采用R型分析，即根据相关系数矩阵（常用皮尔逊积差相关系数计算公式）来计算样本主成分，并构造评价模型进行综合评价。该方法存在的不足之处在于，由于R型分析过程中包含了对原始指标数据进行标准化处理（Z分数）的过程，因此相关系数矩阵其实并没有真正体现原始变量的变异信息。近年来，有不少学者针对传统主成分综合评价在方法上的不足，提出了一些改进设想，主要有如下几种改进路径。

（1）改变客观赋权依据，变R型矩阵为S型矩阵

传统主成分分析基于R型相关矩阵分析并没有真正反映方差信息。统计理论界考虑从协方差S型矩阵出发进行综合评价。但直接采用原始数据进行协方差分析，又会遇到指标量纲不同对评价结果造成影响。因此不少学者提出先采用多种无量纲化方法对数据进行预处理，然后再根据协方差矩阵计算其特征根与特征向量。例如，孟生旺提出采用均值化对指标进行

无量纲化;① 陈述云等建议采用对数—中心化处理方法;② 白雪梅等在分析比较"均值化"、"标准化"和"极差正规化"三种方法的基础上，提出无量纲化方法选择的条件是保证方差损失最小。③

（2）增强指标权重合理性，变一次加权为二次加权

主成分综合评价方法从效用函数角度看，其实质是一个以信息量为权重的算术平均评价模型。信息量权重强调了指标在综合评价中的区分度，却忽略了指标的实际重要性。如何在主成分综合评价中加入带有"重要性"的权重是非常必要的。在传统主成分综合评价中，对于评价目的最重要的指标不一定能获得最大的权重。因此有研究者提出了在主成分综合评价中要体现重要性加权问题，即加权主成分。周忠明提出了两种加权主成分思想：一种是"两次加权"，一种是"一次加权"。他认为一次加权法评价结果较为理想。④ 王惠文提出先对标准化数据进行线性加权，再进行 S 型分析。⑤ 苏为华将两种加权主成分思路进行了归纳，认为加权主成分综合评价方法可以大致分为两类：一类是从原始数据开始基于指标重要性进行加权，称为"B 型加权主成分"；另一类是在最终的主成分中直接加权，称为"F 型加权主成分"。

（3）解决指标正负向共存对评价结果的消极影响

该项研究主要是为了应对主成分综合评价中指标由于正向负向同时并存对结果造成影响的情况。如何避免这一缺陷，提供主成分综合评价的稳定性与客观性？苏为华认为可以从两个方面采取措施避免：一是先对指标进行"对数化预处理"；二是将 R 矩阵分析的皮尔逊积差相关系数改为等

① 孟生旺. 再议主成分分析法的局限性 [J]. 中国统计，1993 (6)：63-64.

② 陈述云，张崇甫. 对多指标综合评价的主成分分析方法的改进 [J]. 统计研究，1995 (1)：35-39.

③ 白雪梅，赵松山. 对主成分分析综合评价方法若干问题的探讨 [J]. 统计研究，1995 (6)：47-51.

④ 周忠明. 加权主成分分析在多指标综合评价中的运用 [J]. 数理统计与管理，1985 (5)：16-21.

⑤ 王惠文. 用主成分分析法建立系统评估指数的限制条件浅析 [J]. 系统工程理论与实践，1996 (9)：25-30.

级相关系数如斯皮尔曼等级相关或肯德尔和谐系数等。[①]

（4）综合评价值的合成改进方法

传统主成分综合评价值都是表示为无量纲化后指标变量的加权算术平均值，均属于线性主成分。若原始指标间呈现非线性关系，再采用线性主成分分析将不合适。因为皮尔逊积差相关系数无法体现非线性相关关系，将导致第一主成分的方差功效率比较低。苏为华认为针对这种情况可以采用两种措施避免：一种是先对原始数据进行非线性变换，再做 S 型或 R 型主成分分析；另一种则是将计算第一主成分特征向量完全作为一个独立完整的构权过程，将表达主成分的线性模型看作效用函数法中的"加权平均合成模型"，就可以采用其他非线性加权平均合成法如几何平均或平方平均等来处理。[②]

基于前面修正主成分对传统主成分综合评价的改进路径，结合本课题研究实际，课题组拟对传统主成分分析综合评价进行了两个方面修正：一是变相关系数矩阵为协方差矩阵，由 R 型分析改为 S 型分析；二是采用非线性方式，先对指标进行指数型功效系数无量纲化处理，再进行 S 型分析。至于指标重要性加权问题，待课题组对投入产出指标重要程度进行深入分析后再做调整。调整不是对以往研究的否定，而是在前面研究基础上针对可能影响评价结果的不足或缺陷进行科学合理的修正。从目前应用于综合评价的技术方法竟多达几十种的研究现况来看，尚未有一种方法能尽善尽美地适用于所有评价问题中。课题组对方法调整的目的都是使评价结果更科学、客观、公正。

3. 两种主成分赋权结果比较

课题组为比较两种主成分客观赋权方法对评价结果的影响，分别对三类直属高校 8 年的投入产出数据做了两种主成分分析综合评价：一种采用传统主成分法，指标无量纲化方法采用标准化处理；另一种采用修正的 S 型主成分综合评价方法，指标无量纲化方法采用指数型功效系数

---

① 苏为华. 综合评价学［M］. 北京：中国市场出版社，2005：165.

② 苏为华. 综合评价学［M］. 北京：中国市场出版社，2005：165.

方法。为检验主成分客观赋权是否对评价结果排序有影响，课题组又选择了等权方法结果做比较参照，即将原始指标采用指数型功效系数无量纲化后，直接将各投入产出指标无量纲化值进行简单加总，以总和作为综合评价值。两种主成分综合评价结果均采用 SPSS 软件操作。其基本计算步骤如下。

第一步：对原始指标数据进行无量纲化处理，得到无量纲化数据矩阵，课题组采用了指数型功效系数进行指标无量纲化处理；

第二步：计算无量纲化后数据的协方差矩阵；

第三步：计算协方差矩阵的特征根；

第四步：计算每一特征根所对应的特征向量；

第五步：构造主成分综合评价函数，计算评价值并进行排序分析。

指数型功效系数公式采用陈湛匀给出的"指数 I 型"公式。协方差矩阵、特征根及特征向量均根据 SPSS 软件进行计算。在采用 SPSS 软件进行操作时，需要注意的是在 Factor 过程 Extraction 选择项中，对 Analyze 必须选择 Covariance Matrix，即从协方差矩阵出发计算主成分，而不是默认的 Correlation Matrix，即从相关系数矩阵出发计算主成分。输出结果中的特征根和方差贡献率应看 Total Variance Explained 表格中的 Initial Eigenvalues 栏。根据 Component Matrix 表格中的 Raw Component 相应列元素计算出特征向量，即每一列元素值除以对应的特征值平方根。其他主成分值及综合得分的计算方式同传统主成分综合评价。三类直属高校 8 年投入产出主成分综合评价结果分别见表 3-10、表 3-11 和表 3-12。

表 3-10　大文类高校投入产出综合评价 3 种赋权排序结果

学校名称	产出A	产出B	产出C	最低排序	最高排序	位序差	投入A	投入B	投入C	最低排序	最高排序	位序差
C1	9	12	8	12	8	4	8	8	8	8	8	0
C2	11	8	9	11	8	3	9	9	9	9	9	0
C3	3	4	4	4	3	1	2	3	3	3	2	1
C4	7	7	7	7	7	0	7	7	7	7	7	0

续表

学校名称	产出A	产出B	产出C	最低排序	最高排序	位序差	投入A	投入B	投入C	最低排序	最高排序	位序差
C5	2	2	3	3	2	1	5	5	5	5	5	0
C6	12	10	12	12	10	2	12	12	12	12	12	0
C7	10	11	11	11	10	1	11	11	11	11	11	0
C8	13	13	13	13	13	0	13	13	13	13	13	0
C9	4	6	1	6	1	5	4	4	6	6	4	2
C10	8	9	10	10	8	2	10	10	10	10	10	0
C11	1	3	2	3	1	2	6	6	4	6	4	2
C12	5	1	5	5	1	4	1	1	1	1	1	0
C13	6	5	6	6	5	1	3	2	2	3	2	1

注：A——传统主成分法计算结果；B——修正主成分法计算结果；C——等权简单加总计算结果。

由表3-10可知，13所大文类直属高校经3种赋权方法计算所得产出综合得分排序中，位序差在3位以上的学校共有4所，分别是C1高校、C2高校、C9高校和C12高校，其中C9高校位序差最大，等权简单加总计算结果排序为1位，而修正主成分法测算产出排序则为6位，两者相差6位。从统计上测算这三种排序方法是否有一致，需要采用肯德尔和谐系数来进行检验。传统主成分法计算结果与修正主成分法计算结果、等权简单加总计算结果排序的肯德尔和谐系数检验所得相关系数依次为0.692（$p<0.05$）、0.846（$p<0.01$）和0.641（$p<0.01$）。相关系数显著，说明三者排序结果高度相关，没有统计学意义的差异。但根据相关系数绝对值可以看到，传统主成分法计算结果与等权简单加总计算结果排序相关度更高，而与修正主成分法计算结果相关系数为0.692；而修正主成分法计算结果与等权简单加总结果排序的相关系数最低，为0.641。

投入综合评价结果排序中，没有位序差在3位以上的高校，C9高校和C11高校的位序差是2位。传统主成分法计算结果与修正主成分法计算结果、等权简单加总计算结果排序的肯德尔和谐系数检验所得相关系数依次为0.974（$p<0.01$）、0.897（$p<0.01$）和0.923（$p<0.01$）。相关系数显

著，说明三者排序结果高度相关，没有统计学意义的差异。总之，3 种赋权方法对大文类直属高校投入产出综合评价排序结果没有显著影响。

表 3-11　大理类高校投入产出综合评价 3 种赋权排序结果

学校名称	产出A	产出B	产出C	最低排序	最高排序	位序差	投入A	投入B	投入C	最低排序	最高排序	位序差
B1	1	1	1	1	1	0	1	1	1	1	1	0
B2	8	8	8	8	8	0	21	17	21	21	17	4
B3	18	15	18	18	15	3	23	22	23	23	22	1
B4	26	26	26	26	26	0	29	30	29	30	29	1
B5	23	22	23	23	22	1	28	28	28	28	28	0
B6	7	9	9	9	7	2	20	19	20	20	19	1
B7	29	30	29	30	29	1	30	29	30	30	29	1
B8	32	31	32	32	31	1	32	32	32	32	32	0
B9	28	27	27	28	27	1	22	24	22	24	22	2
B10	4	4	4	4	4	0	12	11	12	12	11	1
B11	6	6	6	6	6	0	9	8	9	9	8	1
B12	11	12	13	13	11	2	11	12	11	12	11	1
B13	30	32	31	32	30	2	26	26	26	26	26	0
B14	3	3	3	3	3	0	3	3	3	3	3	0
B15	16	14	17	17	14	3	18	16	18	18	16	2
B16	25	24	24	25	24	1	25	25	24	25	24	1
B17	15	16	14	16	14	2	8	9	8	9	8	1
B18	21	21	21	21	21	0	19	21	19	21	19	2
B19	17	17	19	19	17	2	24	23	25	25	23	2
B20	31	29	30	31	29	2	31	31	31	31	31	0
B21	19	20	16	20	16	4	14	15	14	15	14	1
B22	13	13	12	13	12	1	7	7	7	7	7	0
B23	2	2	2	2	2	0	2	2	2	2	2	0
B24	14	19	15	19	14	5	10	10	10	10	10	0
B25	10	10	10	10	10	0	5	5	5	5	5	0

学校名称	产出A	产出B	产出C	最低排序	最高排序	位序差	投入A	投入B	投入C	最低排序	最高排序	位序差
B26	20	18	20	20	18	2	27	27	27	27	27	0
B27	5	5	5	5	5	0	4	4	4	4	4	0
B28	9	7	7	9	7	2	6	6	6	6	6	0
B29	12	11	11	12	11	1	13	13	13	13	13	0
B30	22	23	22	23	22	1	17	18	15	18	15	3
B31	27	28	28	28	27	1	15	20	16	20	15	5
B32	24	25	25	25	24	1	16	14	17	17	14	3

注：A——传统主成分法计算结果；B——修正主成分法计算结果；C——等权简单加总计算结果。

由表3-11可知，32所大理类直属高校经3种赋权方法计算所得产出综合得分排序中，位序差在3位以上的学校共有4所，分别是B3高校、B15高校、B21高校和B24高校，其中B24高校位序差最大，传统主成分法测算产出排序为14位，而修正主成分法测算产出排序则为19位，两者相差5位。传统主成分法计算结果与修正主成分法计算结果、等权简单加总计算结果排序的肯德尔和谐系数检验所得相关系数依次为0.923（$p<0.01$）、0.948（$p<0.01$）和0.944（$p<0.01$）。相关系数显著，说明三者排序结果高度相关，没有统计学意义的差异。但根据相关系数绝对值可以看到，传统主成分法计算结果与等权简单加总计算结果排序相关度高于与修正主成分法计算结果排序相关度。

投入综合评价结果排序中，位序差在3位以上的高校共有4所，占总数的12.50%，其中B31高校位序差最大，修正主成分法排序为20位，而传统主成分法排序结果为15位，两者相差5位。传统主成分法计算结果与修正主成分法计算结果、等权简单加总计算结果排序的肯德尔和谐系数检验所得相关系数依次为0.935（$p<0.01$）、0.988（$p<0.01$）和0.931（$p<0.01$）。相关系数显著，说明三者排序结果相关度非常高，相关系数均在0.9以上。总之，3种赋权方法对大理类直属高校投入产出综合评价排序结果没有显著影响。

表 3-12　综合类高校投入产出综合评价 3 种赋权排序结果

学校名称	产出A	产出B	产出C	最低排序	最高排序	位序差	投入A	投入B	投入C	最低排序	最高排序	位序差
A1	1	2	2	2	1	1	2	2	2	2	2	0
A2	8	15	10	15	8	7	19	19	19	19	19	0
A3	11	11	12	12	11	1	20	20	21	21	20	1
A4	13	14	13	14	13	1	17	17	18	18	17	1
A5	12	10	11	12	10	2	1	1	1	1	1	0
A6	24	26	24	26	24	2	25	25	25	25	25	0
A7	4	5	4	5	4	1	9	9	9	9	9	0
A8	6	4	5	6	4	2	5	8	7	7	5	2
A9	16	18	18	18	16	2	18	18	17	18	17	1
A10	5	6	6	6	5	1	11	11	11	11	11	0
A11	18	16	16	18	16	2	16	15	16	16	15	1
A12	25	24	25	25	24	1	26	26	24	26	24	2
A13	2	1	1	2	1	1	3	3	3	3	3	0
A14	17	17	17	17	17	0	12	13	12	12	12	0
A15	9	7	7	9	7	2	7	6	6	7	6	1
A16	26	25	26	26	25	1	23	23	23	23	23	0
A17	3	3	3	3	3	0	6	4	5	6	4	2
A18	20	22	22	22	20	2	24	24	26	26	24	2
A19	21	20	20	21	20	1	21	21	22	22	21	1
A20	14	12	14	14	12	2	10	10	10	10	10	0
A21	10	9	9	10	9	1	8	7	8	8	7	1
A22	7	8	8	8	7	1	4	5	4	4	4	0
A23	19	19	19	19	19	0	14	14	14	14	14	0
A24	23	23	23	23	23	0	15	16	15	15	15	0
A25	15	13	15	15	13	2	13	12	13	13	12	1
A26	27	27	27	27	27	0	27	27	27	27	27	0
A27	22	21	21	22	21	1	22	22	20	22	20	2

注：A——传统主成分法计算结果；B——修正主成分法计算结果；C——等权简单加总计算结果。

由表 3-12 可知，27 所综合类直属高校经 3 种赋权方法计算所得产出综合得分排序中，位序差不变的学校共有 5 所，占总数的 18.52%，除 A2 高校外，其他综合类高校三种结果的排序差距均在 1—2 位。A2 高校采用传统主成分综合评价排序为第 8 位，而采用修正主成分综合就、评价排序为 15 位，两者相差 7 位。传统主成分法计算结果与修正主成分法计算结果、等权简单加总计算结果排序的肯德尔和谐系数检验所得相关系数依次为 0.880（$p<0.01$）、0.973（$p<0.01$）和 0.943（$p<0.01$）。相关系数显著，说明三者排序结果高度相关，没有统计学意义的差异。但根据相关系数绝对值可以看到，传统主成分法计算结果与等权简单加总计算结果排序相关度非常高，达到 0.973，而与修正主成分法计算结果相关系数最低。

投入综合评价结果排序中，没有位序差在 3 位以上的高校。传统主成分法计算结果与修正主成分法计算结果、等权简单加总计算结果排序的肯德尔和谐系数检验检验所得相关系数依次为 0.966（$p<0.01$）、0.954（$p<0.01$）和 0.943（$p<0.01$）。相关系数显著，说明三者排序结果高度相关，没有统计学意义的差异。总之，3 种赋权方法对综合类直属高校投入产出综合评价排序结果没有显著影响。

综合上述对三类直属高校传统主成分法计算结果与修正主成分法计算结果、等权简单加总计算结果排序比较看，传统主成分法计算排序结果与修正主成分法计算排序结果存在一定出入，尽管两者在统计上高度相关，修正主成分指标赋权较传统主成分指标赋权更凸显指标差异性；传统主成分法计算排序结果与仅进行指数型功效系数无量纲化处理后直接将各指标等权简单加总的排序结果高度相关，相关系数大多在 0.9 以上，说明传统主成分法赋权对排序的影响作用较小，没有真正体现指标信息量差异做权重对评价结果的影响力。修正主成分法与等权简单加总法的区别仅在于修正主成分法根据模型客观赋权，而等权简单加总法则将所有指标等同看待，二者都采用指数型功效系数进行无量纲化处理，这说明修正主成分法赋权对于排序结果具有一定影响，反映出指标信息量差异做权重对评价结果的影响作用。传统主成分分析要求在相关矩阵基础上进行模型运算，因此要求相应的指标无量纲化方法应为标准化方法即 Z 分数形式。鉴于课题组指标无量纲化方法采用了指数型功效系数方法，相应的主成分分析需要在方差矩阵的基础上进行模型运算，因此，采用修正主成分方法进行综合评价，更能反映指标信息量差异的影响，体现权重的重要性。

（四）三种调整方法效果分析

本章"高校绩效评价的技术调整"部分针对可能影响绩效评价结果的三个因素年限、无量纲化方法和权重进行了比较研究。通过实证排序结果看，年限 8 年与 5 年两个时间段的投入产出数据排序比较结果尚未对评价结果造成影响；4 种指标无量纲化方法在相同测算模型下获得的排序结果差异较少，位序差在 3 位以上的高校基本很少，表明目前指标无量纲化方法对评价结果影响较小；考察指标权重对评价结果的影响主要通过传统主成分法计算结果与修正主成分法计算结果、等权简单加总计算结果排序进行比较分析，评价结果表明传统主成分法赋权对排序的影响作用较小，基本与等权简单加总法的排序结果一致；而修正主成分法赋权会对个别高校的排序结果具有一定影响，更能反映指标信息量差异的影响，体现权重的重要性。但其总排序结果与传统主成分赋权排序结果高度相关，没有统计学意义上的显著差异，说明修正主成分赋权并非对传统主成分赋权方法的完全颠覆，而是对其的改进。

三、2013 年高校绩效评价结果

基于前文分析，对原始评价指标进行指数型无量纲化更符合指标数据实际发展趋势，根据修正主成分分析法获得的客观权重测算投入产出综合得分更为适宜。因此，课题组从本年度开始拟以修正 S 型主成分综合评价法对直属高校投入产出进行综合评价，以此评价方法获得的投入产出排序位序差作为绩效评价结果。首先呈现以修正 S 型主成分综合评价法所获得的直属高校投入、产出综合评价结果，最后以位序差方法呈现绩效评价结果。

（一）投入综合评价结果

根据修正主成分综合评价计算步骤，将所有 12 项投入指标无量纲化之后分别进行主成分分析，基于协方差矩阵分别计算出三类直属高校投入各主成分的特征值和方差贡献率（见表 3-13）。

表 3-13　**2006—2013 年三类直属高校投入主成分特征值及其方差贡献率**

主成分	综合类高校			大理类高校			大文类高校		
	特征值	方差贡献率%	累计方差贡献率%	特征值	方差贡献率%	累计方差贡献率%	特征值	方差贡献率%	累计方差贡献率%
1	0.025	63.246	63.246	0.015	60.708	60.708	0.035	54.107	54.107
2	0.004	8.986	72.231	0.005	18.938	79.646	0.009	13.698	67.805
3	0.003	8.046	80.278	0.002	6.113	85.758	0.006	9.044	76.849
4	0.003	7.014	87.291	0.001	4.921	90.680	0.004	6.810	83.659
5	0.001	3.453	90.745	0.001	2.483	93.163	0.002	3.745	87.403
6	0.001	3.038	93.783	0.001	2.298	95.461	0.002	3.544	90.948
7	0.001	1.713	95.496	0.000	1.154	96.615	0.002	3.084	94.032
8	0.001	1.470	96.966	0.000	0.928	97.543	0.001	2.121	96.152
9	0.000	1.001	97.967	0.000	0.861	98.404	0.001	1.615	97.768
10	0.000	0.762	98.730	0.000	0.742	99.146	0.001	1.123	98.890
11	0.000	0.729	99.459	0.000	0.487	99.633	0.001	0.852	99.742
12	0.000	0.541	100.000	$9.201E-05$	0.367	100.000	0.000	0.258	100.000

从表 3-14 中可以看出，大文类需要三个主成分、综合类和大理类只需要用两个主成分就可以替代原先 12 个指标所包含的 77%、72% 和 80% 以上的信息，从指标信息量贡献率看，修正主成分结果优于去年传统主成分结果。各主成分的因子载荷矩阵见表 3-14。

表 3-14 2006—2013 年三类直属高校投入主成分的因子载荷矩阵

投 入 指 标	综合类高校		大理类高校		大文类高校		
	一	二	一	二	一	二	三
1. 专任教师数	0.064	-0.018	0.049	-0.008	0.075	-0.002	-0.001
2. 行政人员数	0.066	0.004	0.034	0.015	0.061	0.023	0.011
3. 教辅及工勤人员数	0.043	0.004	0.028	0.019	0.031	0.015	0.026
4. 具有博士学位专任教师数	0.062	0.021	0.046	0.012	0.068	0.029	-0.023
5. 研究与发展全时人员数	0.040	-0.005	0.040	0.019	0.057	0.030	0.011
6. 教育经费投入	0.006	0.007	0.036	0.012	0.054	0.012	-0.014
7. 科研经费拨款	0.034	0.032	0.023	0.022	0.020	0.020	0.027
8. 其他经费拨款	0.014	0.009	0.017	0.007	0.003	0.015	-0.011
9. 实验室（实习场所）面积	0.037	-0.010	0.031	0.000	0.040	-0.017	0.040
10. 图书馆面积	0.051	-0.021	0.040	-0.044	0.073	-0.038	-0.036
11. 教室面积	0.031	-0.028	0.032	-0.031	0.045	-0.061	0.020
12. 图书册数	0.050	0.013	0.037	-0.007	0.066	-0.004	-0.002

在因子载荷矩阵中将因子负荷除以对应特征值的平方根，可以得到三类直属高校投入指标每一个主成分对应的特征向量，（见表 3-15）。

表 3-15 2006—2013 年三类直属高校投入主成分对应的特征向量

投 入 指 标	综合类高校		大理类高校		大文类高校		
	一	二	一	二	一	二	三
1. 专任教师数	0.409	-0.309	0.399	-0.111	0.399	-0.023	-0.011
2. 行政人员数	0.421	0.076	0.277	0.218	0.323	0.247	0.144
3. 教辅及工勤人员数	0.271	0.071	0.231	0.280	0.167	0.158	0.331
4. 具有博士学位专任教师数	0.397	0.362	0.372	0.173	0.363	0.308	-0.298
5. 研究与发展全时人员数	0.257	-0.093	0.321	0.269	0.304	0.320	0.144

续表

投 入 指 标	综合类高校		大理类高校		大文类高校		
	一	二	一	二	一	二	三
6. 教育经费投入	0.040	0.119	0.291	0.177	0.289	0.124	−0.179
7. 科研经费拨款	0.219	0.533	0.186	0.315	0.107	0.213	0.350
8. 其他经费拨款	0.088	0.150	0.137	0.104	0.019	0.158	−0.137
9. 实验室（实习场所）面积	0.234	−0.163	0.254	−0.007	0.215	−0.183	0.518
10. 图书馆面积	0.327	−0.362	0.324	−0.634	0.388	−0.404	−0.463
11. 教室面积	0.199	−0.473	0.263	−0.455	0.243	−0.638	0.262
12. 图书册数	0.316	0.227	0.303	−0.096	0.352	−0.045	−0.032

基于特征向量值，可以分别得到三类直属高校投入主成分对应的函数。如综合类高校主成分评价函数公式为：

$$f_1 = 0.409x_1 + 0.421x_2 + 0.271x_3 + 0.397x_4 + 0.257x_5 + 0.040x_6 + 0.219x_7 + 0.088x_8 + 0.234x_9 + 0.327x_{10} + 0.199x_{11} + 0.316x_{12}$$

$$f_2 = -0.309x_1 + 0.076x_2 + 0.071x_3 + 0.362x_4 - 0.093x_5 + 0.119x_6 + 0.533x_7 + 0.150x_8 - 0.163x_9 - 0.632x_{10} - 0.473x_{11} + 0.227x_{12}$$

大理类和大文类高校主成分评价函数公式与综合类类似（函数式略）。将 2006—2013 年三类直属学校各项投入指标数据代入各自的主成分函数中，计算出各年度各直属高校每个主成分上的得分；然后以每个主成分的方差贡献率比重为权重，对主成分得分进行加权平均，得到投入指标综合得分。三类直属高校投入综合得分计算公式分别为：

$$F_{综合类} = (0.632 \times f_1 + 0.090 \times f_2) \div (0.632 + 0.090)$$

$$F_{大理类} = (0.607 \times f_1 + 0.189 \times f_2) \div (0.607 + 0.189)$$

$$F_{大文类} = (0.541 \times f_1 + 0.137 \times f_2 + 0.090 \times f_3) \div (0.541 + 0.137 + 0.090)$$

以综合类高校投入主成分综合得分计算公式为例解释公式含义。$F_{综合类}$ 表示综合类投入指标的综合得分，f_1 表示第一主成分得分（0.632 为其对应的方差贡献率），f_2 表示第二主成分得分（0.090 为其对应的方差贡献率），（0.632+0.090）是前两个主成分的累计贡献率。大理类和大文类公式内涵同理。将各投入指标的无量纲化值代入公式即可得到直属高校各年度的投入指标综合得分，基于各指标的 8 年算术平均值可得到 8 年整体投入综合得分。（见表 3-16、表 3-17 和表 3-18）

表3-16　2006—2013 年大理类直属高校 8 年投入综合得分及排序

学 校 名 称	模型计算得分	调 整 得 分	排　序
清华大学	0.660	1.000	1
华中科技大学	0.494	0.749	2
同济大学	0.452	0.686	3
华南理工大学	0.401	0.608	4
武汉理工大学	0.381	0.577	5
西南交通大学	0.362	0.548	6
中国石油大学	0.354	0.536	7
大连理工大学	0.340	0.516	8
中国矿业大学	0.340	0.516	9
中国地质大学	0.335	0.509	10
天津大学	0.335	0.508	11
东北大学	0.330	0.501	12
电子科技大学	0.313	0.474	13
西北农林科技大学	0.296	0.449	14
合肥工业大学	0.289	0.438	15
华东理工大学	0.288	0.437	16
北京交通大学	0.287	0.434	17
西安电子科技大学	0.286	0.434	18
中国农业大学	0.286	0.433	19
长安大学	0.282	0.428	20
河海大学	0.274	0.415	21
北京科技大学	0.271	0.411	22

续表

学 校 名 称	模型计算得分	调 整 得 分	排 序
南京农业大学	0.262	0.398	23
华北电力大学	0.258	0.391	24
东华大学	0.252	0.382	25
东北林业大学	0.250	0.379	26
华中农业大学	0.244	0.370	27
北京邮电大学	0.238	0.360	28
北京林业大学	0.220	0.334	29
北京化工大学	0.220	0.333	30
中国药科大学	0.204	0.310	31
北京中医药大学	0.195	0.296	32

由表 3-16 可知，模型计算得分即为根据修正主成分综合评价计算所得大理类直属高校投入综合得分。调整得分是以清华大学作为大理类直属高校中投入综合得分最高的高校，将其综合得分设定为 1，相应其他高校投入综合得分分别与这个高校得分进行比较，其值可以理解为相当于标杆高校得分的百分率。这样就可以将所有高校投入综合得分折算到 0—1 区间范围内。如华中科技大学投入综合得分模型值为 0.494，折算调整值为 0.749，可以理解为华中科技大学投入综合得分相当于清华大学的 74.9%，华中科技大学与清华大学在投入综合得分的差距就是 1−0.749＝0.251。

从 32 所大理类直属高校投入综合得分情况看，有 11 所高校投入调整综合得分在 0.5 以上，占大理类直属高校总数的 34.38%；21 所大理类直属高校投入综合得分不及清华大学的 50%，占总数的 65.62%，即近三分之二大理类直属高校其投入不及清华大学的一半；北京中医药大学投入最低，仅相当于清华大学的 29.58%。这种得分情况反映出大理类高校投入得分差异较大，资源投入聚集现象明显，同为教育部大理类直属高校，其资源投入差距较大、分化严重现象较为突出。

表 3-17　**2006—2013 年综合类直属高校 8 年投入综合得分及排序**

学 校 名 称	模型计算得分	调 整 得 分	排 序
吉林大学	0.728	1.000	1
北京大学	0.656	0.901	2
浙江大学	0.599	0.823	3
武汉大学	0.569	0.781	4
四川大学	0.561	0.771	5
山东大学	0.538	0.740	6
中山大学	0.530	0.729	7
上海交通大学	0.506	0.696	8
复旦大学	0.439	0.603	9
中南大学	0.413	0.568	10
南京大学	0.381	0.524	11
西安交通大学	0.370	0.509	12
厦门大学	0.368	0.506	13
重庆大学	0.355	0.488	14
东南大学	0.350	0.481	15
西南大学	0.342	0.470	16
南开大学	0.334	0.459	17
华东师范大学	0.325	0.447	18
中国人民大学	0.314	0.431	19
北京师范大学	0.302	0.415	20
湖南大学	0.291	0.400	21
兰州大学	0.290	0.399	22
中国海洋大学	0.267	0.367	23
华中师范大学	0.261	0.358	24
东北师范大学	0.260	0.357	25
江南大学	0.254	0.349	26
陕西师范大学	0.248	0.340	27

由表 3-17 可知，吉林大学在综合类直属高校中投入综合得分最高，以该校作为 27 所综合类直属高校投入标杆学校进行比较看，有 12 所高校投入综合得分在吉林大学的 50% 以上，占综合类直属高校总数的 44.44%；14 所综合类高校投入综合得分不及吉林大学的 50%，占总数的 51.85%；陕西师范大学投入综合得分最低，仅相当于吉林大学的 34.04%。从得分分布看，综合类直属高校投入得分差异小于大理类直属高校，其资源投入明显集中在吉林大学、北京大学、浙江大学等几个在校生规模较大的高校中。

表 3-18　2006—2013 年大文类直属高校 8 年投入综合得分及排序

学 校 名 称	模型计算得分	调 整 得 分	排　序
中南财经政法大学	0.606	1.000	1
西南财经大学	0.511	0.843	2
中国传媒大学	0.497	0.820	3
中国政法大学	0.444	0.732	4
对外经济贸易大学	0.439	0.724	5
上海财经大学	0.431	0.711	6
中央财经大学	0.384	0.633	7
北京外国语大学	0.329	0.542	8
北京语言大学	0.316	0.521	9
上海外国语大学	0.311	0.513	10
中央美术学院	0.231	0.382	11
中央音乐学院	0.201	0.331	12
中央戏剧学院	0.176	0.290	13

由表 3-18 可知，中南财经政法大学为 13 所大文类直属高校中投入综合得分最高的学校。除三所艺术院校投入综合得分较低外，其他大文类高校投入调整综合得分均在 0.5 以上；西南财经大学和中国传媒大学投入调整综合得分在 0.8 以上，得分较为接近标杆高校，说明在大文类高校内部，大文类高校间的资源投入差异不大，较为均衡。但若按三类高校投入综合得分绝对值进行总排序看，13 所大文类高校投入综合得分排序明显处于 72

所直属高校的靠后位次。这说明，大文类直属高校的资源投入绝对量与大理类和综合类直属高校相比仍有较大差距，投入明显相对较少。

（二）产出综合评价结果

对三类直属高校产出综合评价仍按照投入综合评价的基本步骤进行。与投入指标不同的是，三类高校产出指标数量有所区别。综合类产出指标21项，大理类19项，大文类14项。具体指标差异见前文评价指标内容。

根据协方差矩阵计算出三类直属高校各主成分的特征值及其方差贡献率（见表3-19）。

表 3-19　2006—2013 年三类直属高校产出主成分的特征值及其方差贡献率

主成分	综合类高校			大理类高校			大文类高校		
	特征值	方差贡献率%	累计方差贡献率%	特征值	方差贡献率%	累计方差贡献率%	特征值	方差贡献率%	累计方差贡献率%
1	0.026	42.488	42.488	0.024	61.375	61.375	0.015	25.473	25.473
2	0.008	12.567	55.054	0.003	7.175	68.550	0.009	15.630	41.103
3	0.005	7.683	62.737	0.003	6.406	74.956	0.007	11.363	52.465
4	0.004	5.987	68.724	0.002	5.264	80.220	0.006	10.395	62.861
5	0.003	5.472	74.196	0.002	3.810	84.030	0.005	8.468	71.329
6	0.002	3.679	77.876	0.001	3.042	87.072	0.004	6.706	78.035
7	0.002	3.213	81.088	0.001	2.305	89.377	0.004	6.655	84.690
8	0.002	2.964	84.052	0.001	2.026	91.403	0.002	3.703	88.393
9	0.002	2.600	86.652	0.001	1.711	93.114	0.002	3.345	91.738
10	0.001	2.000	88.652	0.001	1.549	94.663	0.002	3.044	94.782
11	0.001	1.855	90.507	0.001	1.268	95.930	0.001	1.808	96.590
12	0.001	1.552	92.059	0.000	1.131	97.061	0.001	1.664	98.255
13	0.001	1.403	93.462	0.000	0.838	97.899	0.001	1.083	99.338
14	0.001	1.351	94.813	0.000	0.704	98.603	0.000	0.662	100.000
15	0.001	1.269	96.081	0.000	0.508	99.111	—	—	—

续表

主成分	综合类高校			大理类高校			大文类高校		
	特征值	方差贡献率%	累计方差贡献率%	特征值	方差贡献率%	累计方差贡献率%	特征值	方差贡献率%	累计方差贡献率%
16	0.001	1.094	97.175	0.000	0.398	99.509	—	—	—
17	0.001	0.912	98.088	0.000	0.263	99.772	—	—	—
18	0.000	0.725	98.812	5.729 E-05	0.144	99.916	—	—	—
19	0.000	0.551	99.364	3.363 E-05	0.084	100.000	—	—	—
20	0.000	0.347	99.710	—	—	—	—	—	—
21	0.000	0.290	100.000	—	—	—	—	—	—

由上表可知，综合类和大文类需要抽取 5 个主成分，大理类需要抽取 4 个主成分。这三类高校提取的前几个主成分累计方差解释率分别为 74%、80% 和 71%，表明这些几个主成分可以包含所有指标 74%、80% 和 71% 的信息量，均比传统主成分综合评价方差解释率高。三类高校产出主成分因子载荷矩阵分别见表 3-20、表 3-21 和表 3-22。

表 3-20　2006—2013 年综合类直属高校的产出主成分因子载荷矩阵

产 出 指 标	综合类高校				
	一	二	三	四	五
1. 当量在校生数（不含留学生与培训生）	0.020	0.015	0.015	0.007	0.001
2. 当量学历在校留学生数	0.056	-0.020	-0.015	0.001	0.008
3. 规划教材数	0.044	-0.033	-0.005	0.012	-0.006
4. 精品课程数	0.047	0.011	0.026	0.011	-0.025
5. 特色专业数	0.005	-0.007	0.007	0.005	-0.025
6. ESI 前 1% 学科数	0.061	0.007	-0.022	-0.005	0.006
7. 百篇优秀博士学位论文数	0.024	-0.006	-0.010	0.001	-0.003
8. 当量国家级教学成果奖获奖数	0.032	-0.013	0.000	-0.050	-0.011

续表

产出指标	综合类高校				
	一	二	三	四	五
9. 出版专著数	0.027	−0.028	0.016	0.011	0.005
10. 发表论文总数	0.047	0.020	−0.004	0.004	−0.006
11. SCI 期刊发表论文数	0.050	0.018	−0.016	0.000	0.002
12. EI 期刊发表论文数	0.044	0.027	0.024	−0.018	−0.002
13. CSSCI 期刊发表论文数	0.035	−0.046	0.020	0.000	0.000
14. SSCI 期刊发表论文数	0.037	−0.010	−0.020	0.007	0.010
15. 当量国家科技奖获奖数	0.026	0.015	0.001	0.005	−0.001
16. 当量省部级科学研究与发展成果奖数	0.020	0.017	0.012	−0.001	0.028
17. 研究与发展课题数	0.032	0.015	0.006	0.013	0.005
18. 研究报告采纳数	0.013	−0.005	0.025	−0.005	0.029
19. 社会培训数	0.015	0.007	0.000	0.004	0.001
20. 专利出售当年实际收入金额	0.012	0.011	0.003	0.008	−0.005
21. 技术转让当年实际收入	0.012	0.015	−0.014	0.001	−0.005

表3-21　2006—2013年大理类直属高校的产出主成分因子载荷矩阵

产出指标	大理类高校			
	一	二	三	四
1. 当量在校生数（不含留学生与培训生）	0.023	−0.012	−0.018	0.010
2. 当量学历在校留学生数	0.040	−0.010	0.013	0.001
3. 规划教材数	0.050	0.009	0.002	0.000
4. 精品课程数	0.028	0.015	−0.016	0.005
5. 特色专业数	0.009	0.022	−0.012	0.005
6. ESI 前1%学科数	0.046	−0.009	0.001	−0.002
7. 百篇优秀博士学位论文数	0.029	0.014	0.006	0.001
8. 当量国家级教学成果奖获奖数	0.050	0.026	0.005	−0.014
9. 出版专著数	0.036	0.009	0.005	0.003
10. 发表论文总数	0.038	−0.004	−0.018	0.013

续表

产 出 指 标	大理类高校			
	一	二	三	四
11. SCI 期刊发表论文数	0.036	−0.006	0.004	−0.003
12. EI 期刊发表论文数	0.047	−0.018	−0.018	−0.032
13. CSSCI 期刊发表论文数	0.053	0.003	−0.011	0.011
14. SSCI 期刊发表论文数	0.030	−0.007	0.012	−0.003
15. 当量国家科技奖获奖数	0.031	0.002	0.015	0.007
16. 当量省部级科学研究与发展成果奖数	0.030	−0.015	0.010	0.016
17. 研究与发展课题数	0.024	−0.013	−0.003	0.009
19. 社会培训数	0.019	−0.001	0.011	−0.003
20. 专利出售当年实际收入金额	0.028	0.000	0.015	−0.002

表 3-22　**2006—2013 年大文类直属高校的产出主成分因子载荷矩阵**

产 出 指 标	大文类高校				
	一	二	三	四	五
1. 当量在校生数（不含留学生与培训生）	0.051	0.012	0.005	−0.004	0.042
2. 当量学历在校留学生数	0.001	0.001	0.021	−0.014	0.028
3. 规划教材数	0.065	0.024	−0.005	−0.009	−0.032
4. 精品课程数	0.013	0.023	0.022	0.047	0.012
5. 特色专业数	−0.002	0.004	0.001	0.046	−0.006
7. 百篇优秀博士学位论文数	0.042	−0.083	0.019	0.015	−0.007
8. 当量国家级教学成果奖获奖数	0.027	0.003	−0.055	0.027	0.009
9. 出版专著数	0.037	0.008	−0.009	−0.006	−0.023
10. 发表论文总数	0.011	0.002	0.001	−0.002	0.000
13. CSSCI 期刊发表论文数	0.051	0.017	0.010	−0.006	0.008
14. SSCI 期刊发表论文数	0.026	0.002	0.012	−0.015	−0.006
16. 当量省部级科学研究与发展成果奖数	0.020	−0.001	0.014	−0.004	0.009
18. 研究报告采纳数	0.013	0.001	0.009	0.012	−0.004
19. 社会培训数	0.011	−0.027	−0.043	−0.012	0.021

　　各个变量的载荷系数越大表示其对该主成分的解释性越强。在因子载荷矩阵中将因子负荷除以对应特征值的平方根，就可以得到三类直属高校产出指标每一个主成分对应的特征向量（见表3-23、表3-24和表3-25）。

表3-23　2006—2013年综合类直属高校产出主成分对应的特征向量

产出指标	综合类高校				
	一	二	三	四	五
1. 当量在校生数（不含留学生与培训生）	0.126	0.171	0.221	0.121	0.024
2. 当量学历在校留学生数	0.351	-0.228	-0.217	0.013	0.132
3. 规划教材数	0.273	-0.376	-0.078	0.203	-0.106
4. 精品课程数	0.294	0.128	0.379	0.180	-0.433
5. 特色专业数	0.032	-0.075	0.096	0.085	-0.427
6. ESI 前 1% 学科数	0.381	0.081	-0.323	-0.088	0.100
7. 百篇优秀博士学位论文数	0.151	-0.065	-0.146	0.020	-0.046
8. 当量国家级教学成果奖获奖数	0.196	-0.148	-0.004	-0.819	-0.184
9. 出版专著数	0.169	-0.315	0.232	0.177	0.090
10. 发表论文总数	0.290	0.229	-0.056	0.061	-0.110
11. SCI 期刊发表论文数	0.313	0.207	-0.233	0.004	0.036
12. EI 期刊发表论文数	0.272	0.308	0.345	-0.300	-0.042
13. CSSCI 期刊发表论文数	0.215	-0.520	0.296	0.001	0.005
14. SSCI 期刊发表论文数	0.231	-0.116	-0.291	0.117	0.174
15. 当量国家科技奖获奖数	0.163	0.172	0.013	0.087	-0.011
16. 当量省部级科学研究与发展成果奖数	0.124	0.196	0.182	-0.024	0.482
17. 研究与发展课题数	0.200	0.166	0.088	0.221	0.080
18. 研究报告采纳数	0.081	-0.052	0.367	-0.087	0.495
19. 社会培训数	0.094	0.078	-0.003	0.066	0.014
20. 专利出售当年实际收入金额	0.073	0.127	0.051	0.131	-0.094
21. 技术转让当年实际收入金额	0.074	0.169	-0.198	0.021	-0.094

表 3-24　2006—2013 年大理类直属高校产出主成分对应的特征向量

产 出 指 标	大理类高校			
	一	二	三	四
1. 当量在校生数（不含留学生与培训生）	0.148	-0.225	-0.348	0.225
2. 当量学历在校留学生数	0.256	-0.178	0.259	0.018
3. 规划教材数	0.321	0.164	0.036	0.008
4. 精品课程数	0.176	0.277	-0.322	0.108
5. 特色专业数	0.057	0.405	-0.240	0.104
6. ESI 前 1%学科数	0.291	-0.177	0.026	-0.042
7. 百篇优秀博士学位论文数	0.184	0.254	0.127	0.028
8. 当量国家级教学成果奖获奖数	0.317	0.485	0.094	-0.305
9. 出版专著数	0.228	0.173	0.091	0.061
10. 发表论文总数	0.242	-0.076	-0.350	0.288
11. SCI 期刊发表论文数	0.232	-0.119	0.072	-0.057
12. EI 期刊发表论文数	0.302	-0.327	-0.355	-0.703
13. CSSCI 期刊发表论文数	0.341	0.064	-0.210	0.241
14. SSCI 期刊发表论文数	0.193	-0.124	0.232	-0.059
15. 当量国家科技奖获奖数	0.199	0.045	0.288	0.158
16. 当量省部级科学研究与发展成果奖数	0.193	-0.280	0.206	0.343
17. 研究与发展课题数	0.156	-0.249	-0.069	0.186
19. 社会培训数	0.122	-0.016	0.219	-0.070
20. 专利出售当年实际收入金额	0.176	-0.005	0.293	-0.050

表 3-25　2006—2013 年大文类直属高校产出主成分对应的特征向量

产 出 指 标	大文类高校				
	一	二	三	四	五
1. 当量在校生数（不含留学生与培训生）	0.417	0.125	0.066	-0.057	0.596
2. 当量学历在校留学生数	0.009	0.013	0.252	-0.175	0.389
3. 规划教材数	0.531	0.244	-0.057	-0.120	-0.449

产 出 指 标	大文类高校				
	一	二	三	四	五
4. 精品课程数	0.106	0.241	0.270	0.605	0.164
5. 特色专业数	−0.019	0.041	0.007	0.581	−0.081
7. 百篇优秀博士学位论文数	0.341	−0.863	0.236	0.187	−0.095
8. 当量国家级教学成果奖获奖数	0.221	0.034	−0.664	0.343	0.124
9. 出版专著数	0.304	0.080	−0.106	−0.073	−0.325
10. 发表论文总数	0.086	0.022	0.008	−0.021	−0.001
13. CSSCI 期刊发表论文数	0.419	0.179	0.116	−0.082	0.115
14. SSCI 期刊发表论文数	0.214	0.026	0.149	−0.186	−0.088
16. 当量省部级科学研究与发展成果奖数	0.163	−0.010	0.169	−0.048	0.132
18. 研究报告采纳数	0.103	0.015	0.108	0.157	−0.059
19. 社会培训数	0.093	−0.282	−0.521	−0.149	0.293

　　基于特征向量值，可以分别得到产出主成分对应的函数（函数式略），将 2006—2013 年三类直属高校各项产出指标数据代入各自的主成分函数中，计算出各年度各直属高校在每一主成分上的得分；然后以每一主成分的方差贡献率比重作为权重，对主成分得分进行加权平均，得到产出指标综合得分。产出指标综合得分的计算公式分别为：

$$F_{综合类} = (0.425 \times f_1 + 0.126 \times f_2 + 0.077 \times f_3 + 0.060 \times f_4 + 0.055 \times f_5) \div$$
$$(0.425 + 0.126 + 0.077 + 0.060 + 0.055)$$

$$F_{大理类} = (0.614 \times f_1 + 0.072 \times f_2 + 0.064 \times f_3 + 0.053 \times f_4) \div (0.614 +$$
$$0.072 + 0.064 + 0.053)$$

$$F_{大文类} = (0.255 \times f_1 + 0.156 \times f_2 + 0.114 \times f_3 + 0.104 \times f_4 + 0.085 \times f_5) \div$$
$$(0.255 + 0.156 + 0.114 + 0.104 + 0.085)$$

　　公式内涵同投入综合评价。将各产出指标的无量纲化值代入公式即可得到直属高校各年度的产出指标综合得分，基于各指标的 8 年算术平均值可得到 8 年整体产出综合得分（见表 3-26、表 3-27 和表 3-28）。

表 3-26　2006—2013 年大理类直属高校 8 年产出综合得分及排序

学 校 名 称	模型计算得分	调 整 得 分	排　序
清华大学	0.894	1.000	1
华中科技大学	0.499	0.559	2
同济大学	0.435	0.486	3
天津大学	0.410	0.459	4
华南理工大学	0.365	0.409	5
大连理工大学	0.353	0.394	6
西南交通大学	0.342	0.382	7
北京交通大学	0.341	0.381	8
中国农业大学	0.340	0.380	9
武汉理工大学	0.308	0.345	10
电子科技大学	0.306	0.342	11
东北大学	0.302	0.338	12
中国石油大学	0.298	0.333	13
华东理工大学	0.296	0.331	14
北京科技大学	0.296	0.331	15
中国矿业大学	0.295	0.330	16
南京农业大学	0.294	0.329	17
华中农业大学	0.293	0.328	18
中国地质大学	0.292	0.327	19
合肥工业大学	0.291	0.325	20
河海大学	0.284	0.318	21
北京邮电大学	0.270	0.302	22
西安电子科技大学	0.269	0.301	23
东华大学	0.267	0.298	24
西北农林科技大学	0.263	0.295	25
北京化工大学	0.261	0.2917	26

续表

学 校 名 称	模型计算得分	调 整 得 分	排　序
华北电力大学	0.250	0.280	27
长安大学	0.250	0.2795	28
中国药科大学	0.248	0.278	29
北京林业大学	0.247	0.277	30
北京中医药大学	0.245	0.275	31
东北林业大学	0.242	0.271	32

由表 3-26 可知，模型计算得分即为根据修正主成分综合评价计算所得大理类直属高校产出综合得分。调整得分是以清华大学作为大理类产出综合得分最高的高校，将其综合得分设定为 1，相应其他高校产出综合得分分别与这个高校得分进行比较，其值可以理解为相当于标杆高校得分的百分率。

从 32 所大理类直属高校产出综合得分情况看，除华中科技大学外其余大理类直属高校产出调整综合得分均在 0.5 以下，即 30 所大理类直属高校产出综合得分不及清华大学的 50%，占总数的 93.75%；东北林业大学产出综合得分最低，仅相当于清华大学的 27.05%。结合前面大理类直属高校投入综合得分看，包括华中科技大学在内共有 11 所大理类高校投入调整综合得分在 0.5 以上，而目前仅有华中科技大学 1 所大理类高校产出调整综合得分在 0.5 以上，表明有 10 所大理类高校的产出未能达到投入预期位序。

表 3-27　2006—2013 年综合类直属高校 8 年产出综合得分及排序

学 校 名 称	模型计算得分	调 整 得 分	排　序
浙江大学	0.552	1.000	1
北京大学	0.491	0.890	2
武汉大学	0.434	0.786	3
上海交通大学	0.395	0.715	4

续表

学 校 名 称	模型计算得分	调 整 得 分	排 序
复旦大学	0.382	0.692	5
南京大学	0.362	0.656	6
山东大学	0.357	0.647	7
四川大学	0.351	0.637	8
中山大学	0.341	0.619	9
吉林大学	0.326	0.591	10
北京师范大学	0.315	0.571	11
中南大学	0.314	0.569	12
西安交通大学	0.289	0.524	13
南开大学	0.287	0.520	14
中国人民大学	0.283	0.513	15
东南大学	0.279	0.505	16
厦门大学	0.271	0.492	17
华东师范大学	0.264	0.478	18
重庆大学	0.255	0.462	19
湖南大学	0.249	0.452	20
兰州大学	0.234	0.425	21
华中师范大学	0.227	0.412	22
西南大学	0.224	0.407	23
江南大学	0.211	0.382	24
中国海洋大学	0.209	0.379	25
东北师范大学	0.208	0.377	26
陕西师范大学	0.195	0.354	27

　　由表 3-27 可知，浙江大学产出综合得分最高，以该校为 27 所综合类直属高校产出标杆学校进行比较看，有 15 所高校产出综合得分在浙江大学的 50% 以上；11 所综合类高校产出综合得分不及浙江大学的 50%，占总数

的 40.74%；陕西师范大学产出最低，仅相当于浙江大学的 35.33%。结合投入综合得分看，吉林大学的产出综合得分位次不能与其投入综合得分位次相对应，投入第 1 的吉林大学其产出排序仅占第 10 位。其他大多数综合类高校产出综合得分位次基本与其投入综合得分位序一致，有若干所产出位序甚至优于其投入位序。从其内部得分差异看，综合类直属高校产出得分差异小于大理类直属高校，浙江大学、北京大学、武汉大学等几个规模较大综合类高校产出表现明显优于其他综合类高校。

表 3-28　2006—2013 年大文类直属高校 8 年产出综合得分及排序

学 校 名 称	模型计算得分	调 整 得 分	排　序
中南财经政法大学	0.243	1.000	1
对外经济贸易大学	0.235	0.969	2
上海财经大学	0.224	0.923	3
中国传媒大学	0.212	0.872	4
西南财经大学	0.196	0.808	5
中国政法大学	0.194	0.801	6
中央财经大学	0.188	0.776	7
北京语言大学	0.143	0.590	8
上海外国语大学	0.136	0.559	9
中央音乐学院	0.126	0.520	10
中央美术学院	0.124	0.510	11
北京外国语大学	0.113	0.467	12
中央戏剧学院	0.088	0.361	13

由表 3-28 可知，中南财经政法大学为 13 所大文类直属高校中产出综合得分最高的学校，与其投入综合得分位序最高相一致。对外经济贸易大学和上海财经大学产出调整综合得分在 0.9 以上，与中南财经政法大学较为接近。中国传媒大学、西南财经大学和中国政法大学 3 校的产出得分也

相当于中南财经政法大学的 80% 以上。除北京外国语大学和中央戏剧学院外，其他大文类高校的产出均在中南财经政法大学的 50% 以上。大文类高校间产出表现差异较小。

（三）绩效评价结果

本年度绩效评价结果仍延续去年采用位序差方法反映直属高校总体绩效情况。采用位差方式呈现直属高校的绩效状况是指通过比较不同类别高校投入排序与产出排序的位序差来呈现不同高校的相对绩效状况，并根据位序差值的大小将高校进行绩效归类。产出序与投入序之间的位序差分为三类：产出序高于投入序、产出序等于投入序及产出序低于投入序。将产出排序与投入排序差值为 0 的归入"绩效相当"类，表明高校的投入获得了相应的产出，相对效率平稳，绩效相当；产出排序高于投入排序 1 位以上的归入"绩效偏高"类，表明高校的投入获得了更多的产出，相对效率较好，绩效偏高；产出排序低于投入排序 1 位以上的归入"绩效偏低"类，表明高校的投入未能获得相应的产出，相对效率较弱，绩效偏低。需要指出的是，基于位序差的绩效评价结果属于排序评价。该评价方法最大的不足是虽然可以反映评价对象之间的优劣顺序，但难以反映评价对象之间的相对差距。

根据前面各直属高校修正主成分综合评价的投入与产出得分排序比较，可以得到直属高校绩效的归类状况（见表 3-29）。在 72 所直属高校中，"绩效偏高"类别的高校共有 31 所，与去年相比增加 3 所，占直属高校总数的 43.05%，包括 12 所综合类高校，14 所大理类高校，5 所大文类高校。"绩效相当"类别的高校共有 12 所，与去年相比减少 4 所，占总数的 16.67%，包括综合类高校 3 所，大理类高校 5 所，大文类高校 4 所；"绩效偏低"类别的高校共有 29 所，与去年相比增加 1 所，占总数的 40.28%，包括综合类高校 12 所，大理类高校 13 所，大文类高校 4 所。

表 3-29　2006—2013 年 72 所直属高校的修正主成分评价绩效归类情况

绩效类别	位差	学 校 名 称
绩效偏高 （31 所）	10	中国农业大学
	9	北京交通大学、北京师范大学、华中农业大学
	7	天津大学、北京科技大学
	6	南京农业大学、北京邮电大学
	5	南京大学
	4	上海交通大学、复旦大学、中国人民大学、北京化工大学
	3	南开大学、对外经济贸易大学、上海财经大学
	2	浙江大学、华中师范大学、江南大学、大连理工大学、电子科技大学、华东理工大学、中国药科大学、中央音乐学院
	1	武汉大学、湖南大学、兰州大学、东华大学、北京中医药大学、北京语言大学、上海外国语大学
绩效相当 （12 所）	0	北京大学、华东师范大学、陕西师范大学、清华大学、华中科技大学、同济大学、东北大学、河海大学、中南财经政法大学、中央财经大学、中央美术学院、中央戏剧学院
绩效偏低 （29 所）	−1	山东大学、西安交通大学、东南大学、东北师范大学、华南理工大学、西南交通大学、北京林业大学、中国传媒大学
	−2	中山大学、中南大学、中国海洋大学、中国政法大学
	−3	四川大学、华北电力大学、西南财经大学
	−4	厦门大学、北京外国语大学
	−5	重庆大学、武汉理工大学、合肥工业大学、西安电子科技大学
	−6	中国石油大学、东北林业大学
	−7	西南大学、中国矿业大学
	−8	长安大学
	−9	吉林大学、中国地质大学
	−11	西北农林科技大学

　　换言之，综合类高校中，44%的高校进入"绩效偏高"类别，11%的高校进入"绩效相当"类别，44%的高校进入"绩效偏低"类别。大理类高校中，44%的高校进入"绩效偏高"类别，16%的高校进入"绩效相当"类别，40%的高校进入"绩效偏低"类别。大文类高校中，38%的高校进入"绩效偏高"类别，31%的高校进入"绩效相当"类

别，31%的高校进入"绩效偏低"类别（见表 3-30）。

表 3-30　2006—2013 年 72 所直属高校绩效的类别数量分布

类　别	绩效偏高	绩效相当	绩效偏低	合　计
大文类	5	4	4	13
大理类	14	5	13	32
综合类	12	3	12	27
合计	31	12	29	72

　　从三类直属高校在不同绩效类别分布高校数量看，大文类高校分布较为均衡，而大理类和综合类高校则呈现两极分化现象。大文类高校在"绩效偏高""绩效相当"和"绩效偏低"三类绩效划分中的分布数量分别为 5 所、4 所和 4 所，所占比例依次为 38%、31% 和 31%，分布频率较为均衡。而大理类和综合类多数集中于"绩效偏高"或"绩效偏低"类，在"绩效相当"类中分布较少。具体是，大理类直属高校"绩效偏高"和"绩效偏低"类所占比例分别为 44% 和 40%，而"绩效相当"类仅占 16%；综合类直属高校"绩效偏高"和"绩效偏低"类所占比例均为 44%，"绩效相当"类仅占 11%。

第四章

高校绩效评价的影响因素及指标分析

对高校办学资源进行科学、优化配置是一个复杂的系统工程。其绩效表现会受到多种外部和内部因素的综合影响。为进一步探讨影响直属高校绩效表现的因素，进而为改善高校绩效水平，优化办学资源配置提供有针对性的对策建议，本章首先采用多项 Logistic 回归分析对直属高校自身特征因素对绩效表现的影响做原因分析，再使用判别分析的方法考察影响直属高校绩效表现的关键指标，最后对近年来直属高校在这些关键指标上的变化情况进行分析。

一、高校自身特征因素对绩效表现的影响

每所学校的绩效表现是其投入、产出以及院校自身特征，甚至包括所在区域特征等多种因素共同作用的结果。考察高校自身特征因素对绩效表现的影响需要使用回归分析。在第三章已经通过对直属高校产出与投入得分的位序差排序，将这些高校绩效表现分为三类。这是一个典型的多类别选择问题，因变量（绩效类型）为非有序多类别变量。因此，需要采用多项 Logistic 模型进行回归分析，探寻影响绩效水平的关键因素。本节拟采用该模型系统考察院校自身特征等因素对高校绩效表现的影响效应。

（一）方法、变量和数据

1. 方法和变量

根据多项 Logistic 回归模型的基本原理，课题组选择直属高校的绩效表现水平——绩效偏高、绩效相当和绩效偏低三个类别作为因变量。以"绩效偏低"作为参考类别，其他类别同它相比得到 2 个非冗余的 *logit* 变换模型，公式如下：

$$ln\left[\frac{p(y=i)}{p(y=1)}\right] = \beta_{i0} + \beta_{i1}x_1 + \beta_{i2}x_2 + \cdots + \beta_{in}x_n$$

公式中，p 为高校是某种绩效类型的概率，$\sum_2^3 p_i + p_1 = 1$，i 为除"绩效偏低"之外的其他两种高校绩效类型，x_n 为第 n 个自变量，β_{i0} 为常数项，β_{in} 为第 i 个模型中第 n 个因变量的回归系数。

模型所使用的自变量中，以各个高校绩效投入和产出的得分为协变量，主要考察院校一些自身特征变量的对绩效表现的影响。综合已有相关研究成果，课题组主要考虑了四方面的因素：学校属于哪种学科特征类型（综合类、大理类、大文类）、是否在 1992 年高校管理体制改革之后发生过合并、是否为"985 工程"院校、学校位于哪个区域（东部、中部、西部）。此外，将采集数据的年份作为控制变量。

所采用的高校自身特征变量均为非有序的分类变量，因此在模型中作哑变量处理。学校类型划分变量选择中，以综合类作为参照组；高校是否合并过变量选择中，以"未合并过"作为参照组；是否为"985 工程"院校的变量选择中，以非"985 工程"院校作为参照组；学校所处区域划分变量选择中，以东部地区作为参照组；控制变量数据年份以 2006 年为参照组。

2. 数据及样本

所用数据为 72 所教育部直属高校 2006—2013 年的投入产出指标综合得分数据和 2013 年绩效评价结果，同时收集整理了反映相应院校自身特征的相关数据。以某所高校某一年的情况作为一个个案，72 所院校 8 年的数据构成共包含 576 个个案的样本（见表 4-1）。其中，曾经合并过的高校个案占总数的 47.22%；"985 工程"高校个案占总数的 45.83%；大理类、大文类和综合类高校个案分别占总数的 44.44%、18.06% 和 37.50%；东部地区、中部地区和西部地区高校的个案分别占总数的 65.28%、18.06% 和 16.67%。

表 4-1　样本的描述性统计

样　　本		N	百 分 比
绩效分类	绩效偏高	248	43.06%
	绩效相当	96	16.67%
	绩效偏低	232	40.28%
曾合并过的高校	是	272	47.22%
	否	304	52.78%
"985 工程"高校	是	264	45.83%
	否	312	54.17%
院校类型	大理类	256	44.44%
	大文类	104	18.06%
	综合类	216	37.50%
所在区域	东部地区	376	65.28%
	中部地区	104	18.06%
	西部地区	96	16.67%
缺失		0	0
有效		576	100.0%

3. 数据多重共线性及模型拟合优度检验

为了保证模型的稳健性和数据分析的准确性，需要检验自变量之间是否存在多重共线性（Multicollinearity）。多重共线性是指回归模型中的解释变量即自变量之间由于存在高度相关关系而导致模型估计结果失真的现象。判断自变量之间是否存在多重共线性，一般常采用的参数是方差膨胀因子（Variance Inflation Factor, VIF）。课题组采用 SPSS 20.0 统计分析软件的共线性诊断模块，检验自变量之间是否存在多重共线性。一般认为，若 VIF>10 则各自变量之间存在严重的共线性问题。首先将第一个自变量"投入"作为因变量，对其余自变量进行回归，计算出 VIF 值，然后依次轮换因变量得到该因变量对其他自变量的 VIF 值。从最终结果来看，VIF 最大为 6.635，表明各个自变量之间不存在多重共线性，可以进行回归估计。

为了考察采用多项分类 Logistic 模型的适当性，需考察整个模型拟合优度。此处选择包含截距的主效应模型进行检验。模型拟合优度结果显示（见表 4-2），模型的卡方值为 340.870，$p<0.001$，$-2LL$ 值为 843.065。伪 R^2 检验中，数值越大表明模型的拟合优度越高，越接近于 1 表明模型拟合优度越高，而越接近于 0 则表明模型拟合优度越低。此处，Cox-Snell、Negelkerke 和 Cox-Snell R^2、Nagelkerke R^2 和 McFadden R^2 的值分别为 0.447、0.512 和 0.228。上述检验结果表明，对样本数据建立多项分类 Logistic 回归模型在整体上是适当的。

表 4-2　模型拟合情况

模　型	模型拟合标准	似然比检验		
	$-2LL$	卡方	df	显著水平
仅截距	1183.934			
最终	843.065	340.870	30	0.000

（二）实证分析

似然比检验结果显示（见表 4-3），只有投入综合得分、产出综合得分、学校是否曾经合并、学校是否为大理院校、学校是否为大文类院校以及学校是否位于西部地区这几类变量对高校的绩效分类结果具有显著影响，即这几类变量是影响直属高校绩效水平高低的关键因素。

表 4-3　似然比检验

效　应	模型拟合标准	似然比检验		
	简化后的模型的 -2 倍对数似然值	卡方	自由度	显著水平[b]
截距	843.065[a]	0.000	0	
产出	1004.712	161.647	2	0.000***
投入	1029.803	186.739	2	0.000***

续表

效　应		模型拟合标准	似然比检验		
		简化后的模型的 -2 倍对数似然值	卡方	自由度	显著水平[b]
曾合并		849.040	5.975	2	0.050[*]
"985 工程" 院校		843.498	0.434	2	0.805
院校 类型	大理类	920.578	77.514	2	0.000[***]
	大文类	967.853	124.789	2	0.000[***]
所在 区域	西部地区	860.719	17.654	2	0.000[***]
	中部地区	847.805	4.740	2	0.093
数据 年份	2007 年	843.451	0.386	2	0.824
	2008 年	843.463	0.398	2	0.820
	2009 年	843.432	0.367	2	0.832
	2010 年	843.997	0.933	2	0.627
	2011 年	843.568	0.503	2	0.778
	2012 年	843.344	0.280	2	0.869
	2013 年	843.706	0.642	2	0.726

说明：1. 卡方统计量是最终模型与简化后模型之间在 -2 倍对数似然值中的差值。通过从最终模型中省略效应而形成简化后的模型。零假设就是该效应的所有参数均为 0。

2. 高校是否曾合并以 "否" 作为参照组、是否为 "985 工程" 院校以 "否" 作为参照组、院校类型以综合类为参考组、学校所处区域以东部地区作为参照组、数据年份以 2006 年为参照组。

a. 因为省略效应不会增加自由度，所以此简化后的模型等同于最终模型。

b. $*p<0.05$，$**\ p<0.01$，$***\ p<0.001$。

Logistic 回归分析结果来看（见表 4-4），与 "绩效偏低" 的高校对比，一所高校是否更可能成为 "绩效偏高" 的学校会受到绩效投入、产出、院校类型、所处地区等因素的影响，其影响力均达显著水平。具体而言，产出越高、投入越低的院校更可能属于 "绩效偏高" 类型高校，该结论符合课题组绩效评价的判断基准，即产出/投入的比值越大，绩效水平越高。相对于综合类院校而言，大理类院校更不易成为绩效偏高的学校，而大文类院校更易成为绩效偏高的学校；该结论与第五章 DEA 评价结果一致，即大文类高校较多为 DEA 有效，其次是综合类，而大理类高校 DEA 有效高校数量偏少。相对于东部地区的院校而言，西部地区和中部地区的院校都更不易成为绩效偏高的学校，并且西部地区的院校可能性更小，反映出绩效偏高类型高校呈现出区域聚集性特征。计算并比较上述变量的标准化回归系数，它们对绩效类型影响力从大到小依次为产出、投入、院校类型、所处地区。

与"绩效偏低"的高校对比，一所高校是否更可能成为"绩效相当"的学校会受到投入综合得分、产出综合得分、是否曾经合并以及院校类型等因素的影响，其影响力均达显著水平。同样的，产出综合得分越高、投入综合得分越低的院校更可能成为"绩效相当"的院校；并且相对于综合类院校而言，大理类院校更不易成为绩效相当的学校，而大文类院校更易成为绩效相当的学校，该结论与 DEA 评价结果一致。但是，地区因素在此处的影响力并不显著，反而是如果高校曾经进行过合并，则更可能成为"绩效相当"的学校。从上述变量的标准化回归系数来看，它们的影响力从大到小依次为产出综合得分、投入综合得分、院校类型、是否曾经合并。

表 4-4　模型的参数估计

绩效分类[a]		回归系数	标准化回归系数	标准误	Wald	自由度	显著水平[b]
绩效偏高	截距	−0.523	0	0.641	0.665	1	0.415
	产出	45.493	2.991	4.761	91.295	1	0.000***
	投入	−33.868	−2.359	3.266	107.525	1	0.000***
	曾合并	0.264	0.073	0.284	0.862	1	0.353
	"985 工程"院校	0.038	0.010	0.353	0.011	1	0.915
	大理类	−3.873	−1.062	0.487	63.224	1	0.000***
	大文类	5.691	1.208	0.771	54.472	1	0.000***
	西部地区	−1.397	−0.297	0.348	16.104	1	0.000***
	中部地区	−0.653	−0.134	0.324	4.068	1	0.044*
	2007 年数据	0.286	0.052	0.462	0.382	1	0.536
	2008 年数据	0.292	0.053	0.467	0.392	1	0.531
	2009 年数据	0.273	0.050	0.462	0.349	1	0.555
	2010 年数据	0.450	0.082	0.470	0.917	1	0.338
	2011 年数据	0.306	0.056	0.466	0.432	1	0.511
	2012 年数据	0.211	0.039	0.482	0.191	1	0.662
	2013 年数据	0.323	0.059	0.479	0.455	1	0.500

续表

绩效分类[a]		回归系数	标准化回归系数	标准误	Wald	自由度	显著水平[b]
绩效相当	截距	−5.002	0.000	0.813	37.829	1	0.000***
	产出	43.396	2.854	4.892	78.702	1	0.000***
	投入	−26.349	−1.835	3.403	59.955	1	0.000***
	曾合并	0.886	0.244	0.366	5.864	1	0.015***
	"985 工程" 院校	0.293	0.081	0.477	0.378	1	0.539
	大理类	−2.484	−0.681	0.575	18.688	1	0.000***
	大文类	7.810	1.658	0.852	83.944	1	0.000***
	西部地区	−0.699	−0.148	0.459	2.315	1	0.128
	中部地区	−0.094	−0.019	0.412	0.051	1	0.821
	2007 年数据	0.166	0.030	0.591	0.079	1	0.779
	2008 年数据	0.165	0.030	0.594	0.077	1	0.781
	2009 年数据	0.114	0.021	0.586	0.038	1	0.845
	2010 年数据	0.243	0.044	0.593	0.168	1	0.682
	2011 年数据	0.069	0.013	0.590	0.014	1	0.907
	2012 年数据	−0.009	−0.002	0.600	0.000	1	0.989
	2013 年数据	−0.001	0.000	0.604	0.000	1	0.998

注：a. 参考类别是：绩效偏低。

　　b. $*p<0.05$，　$**p<0.01$，　$***p<0.001$。

通过多项分类的 Logistic 模型回归分析发现，院校自身特征变量对绩效表现的影响如下：①院校类型的影响高于院校所处地区以及是否曾经合并的影响。②大文类院校比综合类院校更有可能成为"绩效偏高"或"绩效相当"的类型，这点与 DEA 分析结果较一致。而综合类院校比大理类院校更有可能成为"绩效偏高"或"绩效相当"的类型，该结论与 DEA 结果一致。③西部和中部地区的高校成为"绩效偏高"类型院校的可能性显著低于东部的高校，但是它们成为"绩效相当"类型院校的可能性与东部高校并不存在显著差异。④在 1992 年之后曾经合并过的高校比没有合并过的高校更有可能成为"绩效相当"的类型而非"绩效偏低"的类型。⑤但是，院校是否为"985工程"高校，对院校的绩效类型不存在显著影响。

二、高校投入、产出的关键指标对绩效结果的影响

本节仍采用2012年曾使用过的判别分析法来考察高校绩效类型与投入、产出具体指标之间的关系，找出绩效类型与这些指标之间的关联度并甄别出关键指标。

（一）分析方法及数据说明

沿用2012年绩效评价研究中采用的判别分析法，探讨直属高校绩效类型与投入、产出各指标之间的关系。判别分析是在研究对象类别已知的条件下，根据其多种特征值判别类型归属问题的多变量统计分析方法。该方法可用于预测亦可用于解释。本节主要侧重判别分析的解释功能，即通过分析各投入、产出指标在判别方程上的结构负荷量大小，反映它们与直属高校绩效类型之间的关系。

所用数据为2013年绩效评价结果以及72所教育部直属高校2006—2013年在投入、产出指标上的统计数据。其中作为绩效评价结构的绩效类型是类别变量，投入、产出指标是连续变量。具体而言，以直属高校绩效类型作为因变量，投入、产出指标作为自变量，分别建立判别方程并进行检验，分析这些指标在判别方程上的结构负荷量大小，负荷量越大说明指标对于绩效分类的影响作用越大，也就是说指标对于绩效水平的相对重要性也越大。使用SPSS 20.0统计分析软件进行数据处理和统计分析。

（二）不同类型高校投入产出对绩效分类的影响

分别对综合类、大理类、大文类直属高校的绩效分类与投入、产出指标进行判别分析，获得判别方程及其特征值。判别方程中各自变量的标准

化判别系数，代表各自变量对于计算观测值在该判别方程上判别分数的相对重要性，系数越大，表示该自变量的重要性越高。为了能够准确解释各自变量在判别方程上的意义，完成判别方程显著性检验后，会仿照因子分析的方式对判别方程进行转轴，以得到各自变量在判别方程上的结构负荷量（structure loading）作为解释自变量在判别方程上的意义。结构负荷量值代表自变量与判别方程的相关程度，相关越高表示该自变量在判别方程上的重要性越高。

1. 投入、产出指标对综合类高校绩效分类的影响

从分析结果来看，综合类高校绩效分类与投入、产出指标的判别分析可以形成两个判别函数，第一个判别函数的特征值是 2.247，可以解释因变量变异的 75.5%，第二个判别函数的特征值是 0.730，可以解释因变量变异的 24.5%。Wilk's Lambda 检验结果显著，表明这两个判别函数都能够有效解释样本在因变量上的变异量。（见表 4-5）

表 4-5　综合类高校判别方程的特征值统计结果

函　　数	特征值	方差解释率	累积方差解释率	典型相关系数
1	2.247[a]	75.5%	75.5%	0.832
2	0.730[a]	24.5%	100.00%	0.650

注：a. 分析中使用了前 2 个典型判别式函数。

从综合类高校判别方程结果中的结构负荷量来看（见表 4-6），有 18 个指标在第一个判别函数上的结构负荷量更大且相关显著，也就是说它们对第一个判别函数的重要性更大；其余 15 个指标在第二个判别函数上的重要性更大。第一个判别函数中最重要的五个指标依次是出版专著数、专任教师数、CSSCI 期刊发表论文数、当量国家级教学成果奖获奖数、教室面积。第二个判别函数中最重要的五个指标是规划教材数、SSCI 期刊发表论文数、图书册数、教辅及工勤人员数、EI 期刊发表论文数。这些指标对于综合类高校的绩效分类区别作用更为显著。从中可以看到，影响综合类直属高校绩效分类的关键指标大多属于产出类指标，投入类指标仅有专任教师数和教室面积等少数几项指标。

表 4-6　综合类高校判别分析结构负荷量结果

指　　标	函数 1	函数 2
出版专著数	0.277*	−0.161
专任教师数	−0.258*	0.106
CSSCI 期刊发表论文数	0.258*	−0.102
当量国家级教学成果奖获奖数	0.255*	0.130
教室面积	−0.248*	0.114
当量学历在校留学生数	0.218*	−0.147
当量在校生数	−0.185*	0.149
ESI 前 1%学科数	0.170*	−0.093
实验室（实习场所）面积	−0.146*	0.054
图书馆面积	−0.142*	−0.061
精品课程数	0.133*	0.097
社会培训数	0.130*	0.002
其他经费拨款	0.125*	−0.054
研究与发展全时人员数	−0.121*	−0.003
发表论文总数	0.115*	0.050
行政人员数	−0.095*	−0.002
SCI 期刊发表论文数	0.095*	−0.007
研究报告采纳数	0.059*	0.035
规划教材数	0.222	−0.295*
SSCI 期刊发表论文数	0.142	−0.293*
图书册数	−0.051	−0.264*
教辅及工勤人员数	−0.020	−0.262*
EI 期刊发表论文数	0.064	0.239*
教育经费投入（拨款与收入）	0.022	−0.237*
百篇优秀博士学位论文数	0.102	−0.231*
科研经费拨款	0.098	−0.138*

续表

指　标	函数 1	函数 2
特色专业数	0.037	-0.124^{*}
技术转让当年实际收入金额	-0.015	0.110^{*}
当量省部级科学研究与发展成果奖数	-0.053	0.073^{*}
研究与发展课题数	0.027	0.070^{*}
专利出售当年实际收入金额	-0.002	0.049^{*}
当量国家科技奖获奖数	0.035	-0.042^{*}
具有博士学位专任教师数	-0.001	0.024^{*}

注：＊表示每个变量和任意判别函数间最大的绝对相关性。

2. 投入、产出指标对大理类高校绩效分类的影响

从分析结果来看，大理类高校绩效分类与投入、产出指标的判别分析可以形成两个判别方程，第一个判别函数的特征值是 1.543，可以解释因变量变异的 64.8%，第二个判别函数的特征值是 0.839，可以解释因变量变异的 35.2%。Wilk's Lambda 检验结果显著，表明这两个判别函数都能够有效解释样本在因变量上的变异量。（见表 4-7）

表 4-7　大理类高校判别方程的特征值统计结果

函　数	特征值	方差解释率	累积方差解释率	典型相关系数
1	1.543^{a}	64.8%	64.8%	0.779
2	0.839^{a}	35.2%	100.0%	0.675

注：a. 分析中使用了前 2 个典型判别式函数。

从大理类高校判别方程结果中的结构负荷量来看（表 4-8），有 20 个指标在第一个判别函数上的结构负荷量更大且相关显著，也就是说它们对第一个判别函数的重要性更大；其余 11 个指标在第二个判别函数上的重要性更大。第一个判别函数中最重要的五个指标依次是 CSSCI 期刊发表论文数、规划教材数、当量学历在校留学生数、当量在校学生数、发表论文总数。第二个判别函数中最重要的五个指标是实验室（实习场所）面积、教室面积、行政人员数、研究与发展全时人员数、教辅及工勤人员数。这些

指标对于大理类高校的绩效分类区别作用更为显著。从中可以看到，影响大理类直属高校绩效分类的第一个判别函数中的关键指标主要是产出类指标，而第二个判别函数中的关键指标主要是投入类指标。

表 4-8　大理类高校判别分析结构负荷量结果

指　　标	函数 1	函数 2
CSSCI 期刊发表论文数	0.699*	-0.174
规划教材数	0.598*	-0.253
当量学历在校留学生数	0.528*	-0.128
当量在校生数	0.499*	0.399
发表论文总数	0.454*	0.075
CSSCI 期刊发表论文数	0.450*	-0.237
ESI 前 1%学科数	0.445*	-0.251
当量省部级科学研究与发展成果奖数	0.444*	0.078
SSCI 期刊发表论文数	0.431*	-0.096
出版专著数	0.413*	-0.003
精品课程数	0.370*	-0.188
百篇优秀博士学位论文数	0.316*	-0.104
当量国家科技奖获奖数	0.311*	-0.052
社会培训数	0.275*	-0.037
当量国家级教学成果奖获奖数	0.274*	-0.219
EI 期刊发表论文数	0.246*	-0.076
研究与发展课题数	0.236*	0.087
专利出售当年实际收入金额	0.227*	-0.130
特色专业数	0.175*	0.004
其他经费拨款	0.022*	0.013
实验室（实习场所）面积	-0.011	-0.157*
教室面积	0.018	-0.130*
行政人员数	-0.004	-0.121*

续表

指　　标	函数 1	函数 2
研究与发展全时人员数	0.002	−0.112 *
教辅及工勤人员数	−0.027	−0.112 *
专任教师数	0.019	−0.094 *
科研经费拨款	−0.026	−0.089 *
图书馆面积	−0.005	−0.087 *
教育经费投入（拨款与收入）	0.013	−0.086 *
图书册数	0.012	−0.079 *
具有博士学位专任教师数	0.018	−0.075 *

注：* 表示每个变量和任意判别函数间最大的绝对相关性。

3. 投入、产出指标对大文类高校绩效分类的影响

从分析结果来看，大文类高校绩效分类与投入、产出指标的判别分析可以形成两个判别函数，第一个判别函数的特征值是 3.140，可以解释因变量变异的 62.0%，第二个判别函数的特征值是 1.922，可以解释因变量变异的 38.0%。Wilk's Lambda 检验结果显著，表明这两个判别函数都能够有效解释样本在因变量上的变异量。（见表 4-9）

表 4-9　大文类高校判别方程的特征值统计结果

函　　数	特征值	方差解释率	累积方差解释率	典型相关系数
1	3.140[a]	62.0%	62.0%	0.871
2	1.922[a]	38.0%	100.0%	0.811

注：a. 分析中使用了前 2 个典型判别式函数。

从大文类高校判别方程结果中的结构负荷量来看（见表 4-10），有 14 个指标在第一个判别函数上的结构负荷量更大且相关显著，也就是说它们对第一个判别函数的重要性更大；其余 12 个指标在第二个判别函数上的重要性更大。第一个判别函数中最重要的五个指标依次是教辅及工勤人员数、当量国家级教学成果奖获得数、社会培训数、行政人员数、研究与发展全时人员数。第二个判别函数中最重要的五个指标是当量学历在校留学

生数、教室面积、其他经费拨款、实验室（实习场所）面积、图书册数。这些指标对于大文类高校的绩效分类区别作用更为显著。从中可以看到，影响大文类直属高校绩效分类的关键指标主要是投入类指标，仅有当量国家级教学成果奖获得数、社会培训数、当量学历在校留学生数等少数几项产出类指标。

表 4-10　大文类高校判别分析结构负荷量结果

指　　标	函数 1	函数 2
教辅及工勤人员数	0.384*	0.028
当量国家级教学成果奖获奖数	0.351*	−0.047
社会培训数	0.349*	−0.043
行政人员数	0.343*	0.046
研究与发展全时人员数	0.221*	0.047
专任教师数	0.145*	−0.108
当量在校生数	0.140*	−0.042
百篇优秀博士学位论文数	0.132*	0.039
图书馆面积	0.106*	−0.068
教育经费投入（拨款与收入）	0.087*	0.067
具有博士学位专任教师数	0.083*	0.023
发表论文总数	0.075*	0.051
CSSCI 期刊发表论文数	0.061*	−0.055
规划教材数	0.036*	−0.019
当量学历在校留学生数	−0.105	0.491*
教室面积	0.035	−0.296*
其他经费拨款	−0.004	0.246*
实验室（实习场所）面积	0.053	−0.203*
图书册数	0.117	−0.193*
科研经费拨款	0.132	−0.186*
研究报告采纳数	−0.009	0.157*

续表

指　　标	函数 1	函数 2
出版专著数	0.122	−0.144*
精品课程数	0.032	0.126*
SSCI 期刊发表论文数	−0.062	0.093*
特色专业数	0.048	0.063*
当量省部级科学研究与发展成果奖数	0.020	0.045*

注：＊表示每个变量和任意判别函数间最大的绝对相关性，以下同。

　　综上所述，通过判别分析发现，对于不同类型的直属高校而言，与其绩效分类关联性较大的投入、产出指标存在一定的差别。因此，需要针对不同类型直属高校在判别分析中的特点，重点关注结构负荷量较高的指标，这些指标也是影响高校绩效分类的关键因素。通过分析这些指标，能够更准确地判定高校绩效所处位次。

　　三类直属高校在判别方程上结构负荷量值最大的投入、产出指标汇总结果显示（见表4-11），在投入指标中的教室面积、教辅及工勤人员数对三类高校绩效分类均有较大关联；行政人员数、研究与发展全时人员数对于大理类和大文类高校的绩效分类均有较大关联。总体上看，对绩效分类关联度大的投入指标更多地集中在人力投入和物力投入上。

　　在产出指标中，出版专著数、当量国家级教学成果奖获奖数对综合类和大文类高校的绩效分类均有较大关联；CSSCI 期刊发表论文数对综合类和大理类高校的绩效分类均有较大关联；当量学历在校留学生数对大理类和大文类的绩效分类均有较大关联。对综合类和大理类高校的绩效分类而言，关联度大的产出指标全部集中于教学产出和科研产出；但是对大文类高校的绩效分类而言，关联度大的产出指标则侧重集中在教学产出和社会服务产出。

表 4-11 三类高校判别方程结构负荷量较大投入、产出指标汇总

指标类别	综 合 类	大 理 类	大 文 类
投入指标	图书册数 教辅及工勤人员数 专任教师数 教室面积 教育经费投入（拨款与收入）	实验室（实习场所）面积 教室面积 行政人员数 研究与发展全时人员数 教辅及工勤人员数	教辅及工勤人员数 行政人员数 教室面积 其他经费拨款 研究与发展全时人员数
产出指标	规划教材数 SSCI 期刊论文 出版专著数 CSSCI 期刊论文 当量国家级教学成果奖获奖数	CSSCI 期刊论文数 规划教材数 当量学历在校留学生数 当量在校生数 发表论文总数	当量学历在校留学生数 当量国家级教学成果奖获奖数 社会培训数 研究报告采纳数 出版专著数

三、直属高校在投入、产出绩效指标上的变化情况

本节对直属高校 2011—2013 年投入、产出指标的变化趋势进行分析，包括不同类型直属高校在各指标上的增长率及变化情况，并对不同区域直属高校在各指标上的增长变化进行了比较。

（一）不同类型直属高校在投入、产出指标上的变化情况

基于教育部直属高校的投入、产出指标，从增长率和变化量两个方面对不同类型高校的发展变化进行分析。不同类型直属高校在各维度的投入、产出指标上变化情况存在差异。

1. 直属高校在投入指标上以增长为主，资源投入方向和配置结构呈现调整

（1）人力投入在规模上稳中有升，在质量上继续提高，在结构上呈现调整

从直属高校 2011—2013 年在人力投入指标上的变化来看（见表 4-12），三年间直属高校的专任教师数、行政人员数、具有博士学位专任教师数、

研究与发展全时人员数均有所增长，教辅及工勤人员数则下降了 2.60%。其中，具有博士学位专任教师数的增幅最高（15.25%），特别是大文类直属高校在该指标上增幅达 20.03%。这一结果显示出近三年来直属高校在师资队伍建设方面，不仅有数量的增长，更有结构的调整。通过对教师的人员结构、岗位结构、学历结构进行调整，实现教师队伍整体质量的提升。

表 4-12　三类直属高校在人力投入指标上的增长率（2011—2013 年）

人力投入指标	直属高校总体	综合类	大理类	大文类
1. 专任教师数	2.96%	3.33%	2.44%	3.52%
2. 行政人员数	4.16%	-0.31%	9.42%	8.48%
3. 教辅及工勤人员数	-2.60%	-2.47%	-2.57%	-4.32%
4. 具有博士学位专任教师数	15.25%	14.30%	15.77%	20.03%
5. 研究与发展全时人员数	2.11%	-0.95%	5.57%	15.65%

2011—2013 年，72 所教育部直属高校的专任教师数从 14.18 万人增长到 14.60 万人，增加了 4194 人。从这三年的变化来看（见图 4-1），不同类型直属高校的专任教师数在保持稳定的基础上均有小幅增长，年增长率均在 1.21%—1.75%。

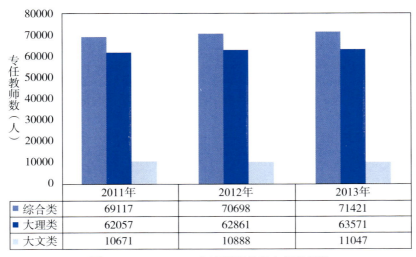

	2011年	2012年	2013年
综合类	69117	70698	71421
大理类	62057	62861	63571
大文类	10671	10888	11047

图 4-1　2011—2013 年直属高校的专任教师数

　　2011—2013 年，所有直属高校具有博士学位的专任教师数从 7.83 万人增长到 9.02 万人，增加了 1.19 万人。2011 年直属高校具有博士学位的专任教师占专任教师总数的比例为 55.19%，到 2013 年这一比例为 61.78%，提高了 6.59 个百分点。从这三年的变化来看（见图 4-2），不同类型直属高校具有博士学位的专任教师数呈现较大幅度的增长，年增长率均在 6.91%—9.56%。特别是 2012—2013 年，大文类高校具有博士学位的专任教师数增幅达 10.57%。直属高校在具有博士学位专任教师数上的增长态势与前几年保持一致。由此可见，各类直属高校在具有博士学位专任教师的数量上不断增长，同时在教师队伍的学历层次结构上均持续提升。

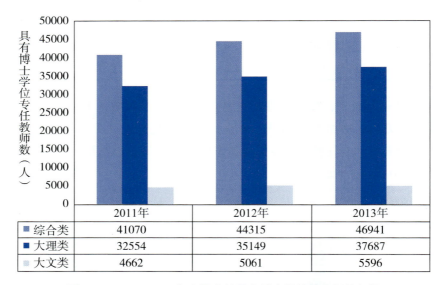

	2011年	2012年	2013年
综合类	41070	44315	46941
大理类	32554	35149	37687
大文类	4662	5061	5596

图 4-2　2011—2013 年直属高校具有博士学位的专任教师数

　　2011—2013 年，所有直属高校的研究与发展全时人员数从 7.11 万人增长到 7.26 万人，增加了 1500 人。从这三年的变化来看（见图 4-3），不同类型直属高校在研究与发展全时人员数上呈现不同的变化趋势。综合类高校的研究与发展全时人员数在保持稳定的基础上均有小幅下降，年均降幅为 0.48%；大理类高校的研究与发展全时人员数虽呈现波动变化，但整体上有所增长，2011—2012 年先下降 0.76%，2012—2013 年又增加 6.38%；

大文类高校的研究与发展全时人员数则持续大幅增加，年均增长率为7.60%。从这一结果来看，不同类型的直属高校在科研人力投入上有不同的选择，这既与学校自身特征及已有基础有关，也与学校未来发展的规划和目标有关。

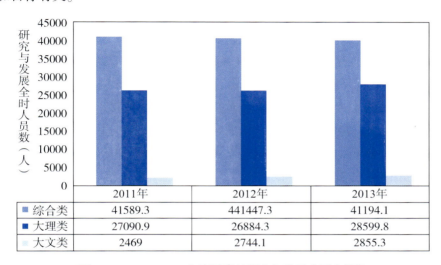

	2011年	2012年	2013年
■ 综合类	41589.3	441447.3	41194.1
■ 大理类	27090.9	26884.3	28599.8
□ 大文类	2469	2744.1	2855.3

图 4-3　**2011—2013 年直属高校研究与发展全时人员数**

（2）财力投入呈现结构调整，教育经费投入波动，科研经费拨款大幅提高

从直属高校 2011—2013 年在财力投入指标上的变化来看（见表 4-13），2011—2013 年直属高校总体的教育经费投入（拨款与收入）下降了14.39%，其他经费拨款下降了7.53%，但是科研经费拨款增加了15.84%。特别是综合类高校在教育经费投入（拨款与收入）和其他经费拨款上降幅最大，分别为 25.51% 和 20.77%；大理类高校在这两个指标上也略有下降，降幅分别为 0.97% 和 0.50%；但是大文类高校却在这两个指标上大幅提高，增幅分别为 11.03% 和 83.87%。三类高校在科研经费拨款上均有所提升，其中大理类高校增幅最高，大文类高校最低。

表 4-13　三类直属高校在财力投入指标上的增长率 (2011—2013 年)

财力投入指标	直属高校总体	综合类	大理类	大文类
6. 教育经费投入 (拨款与收入)	−14. 39%	−25. 51%	0. 97%	11. 03%
7. 科研经费拨款	15. 84%	15. 38%	16. 38%	10. 21%
8. 其他经费拨款	−7. 53%	−20. 77%	−0. 50%	83. 87%

　　2011—2013 年, 72 所教育部直属高校的教育经费投入 (拨款与收入) 从 1363. 53 亿元下降至 1167. 31 亿元, 减少了 196. 22 亿元。从这三年的变化来看 (见图 4-4), 不同类型直属高校的教育经费投入 (拨款与收入) 呈现波动变化。2011—2012 年三类院校在该指标上均有下降, 综合类高校降幅达 27. 46%, 大理类和大文类高校降幅分别为 5. 59% 和 3. 83%。2012—2013 年三类院校在该指标上均有提高, 大文类高校的增长率为 15. 45%, 综合类和大理类高校增长率分别为 2. 69% 和 6. 95%。

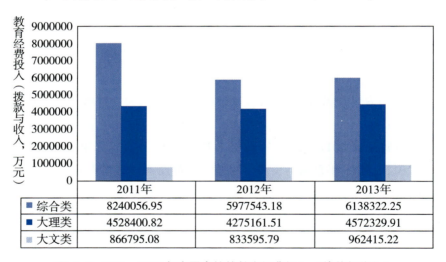

图 4-4　**2011—2013 年直属高校的教育经费投入 (拨款与收入)**

　　2011—2013 年, 72 所直属高校的科研经费拨款从 249. 33 亿元增长为 288. 83 亿元, 增加了 39. 50 亿元。从这三年的变化来看 (见图 4-5), 不同类型直属高校科研经费拨款均呈现较大幅度的增长, 年增长率均在 4. 99%—8. 03%。特别是 2011—2012 年, 综合类和大理类高校科研经费拨款的增长率分别为 15.81% 和 13.66%。直属高校在科研经费拨款上的增长态势与前几年保持一致。

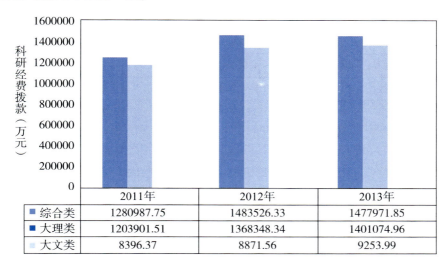

	2011年	2012年	2013年
■ 综合类	1280987.75	1483526.33	1477971.85
■ 大理类	1203901.51	1368348.34	1401074.96
□ 大文类	8396.37	8871.56	9253.99

图 4-5 2011—2013 年直属高校的科研经费拨款

（3）物力投入整体上稳中有增，各类直属高校略有差异

从直属高校 2011—2013 年在物力投入指标上的变化来看（见表 4-14），2011—2013 年直属高校总体的实验室（实习场所）面积、图书馆面积、教室面积、图书册数均呈增长趋势，增幅在 4.18%—5.07%。综合类和大理类高校在上述 4 个指标上的增长率与直属高校总体的增长率基本相当；但是大文类高校有所不同，这类高校的实验室（实习场所）面积下降了 8.12%，但是其教室面积增加了 10.65%；其图书册数仅增加了 1.88%，低于直属高校总体情况和另两类高校的增长率。由此可见，不同类型高校在物力投入上的着力点各不相同，这与其自身办学特征及已有的资源基础有关，因此各直属高校资源投入方向和配置结构的变化各有特点。

表 4-14　三类直属高校在物力投入指标上的增长率（2011—2013 年）

投入指标	直属高校总体	综合类	大理类	大文类
9. 实验室（实习场所）面积	4.97%	5.96%	4.41%	-8.12%
10. 图书馆面积	4.18%	5.27%	2.94%	3.50%
11. 教室面积	4.97%	4.16%	4.62%	10.65%
12. 图书册数	5.07%	4.43%	6.78%	1.88%

2011—2013 年，72 所直属高校的实验室（实习场所）面积从 1245.78 万平方米增长到 1307.67 万平方米，增加了 61.89 万平方米。从这三年的变化来看（见图 4-6），综合类和大理类直属高校的实验室（实习场所）面积在稳定中保持增长，年增长率分别为 2.94% 和 2.19%。但是大文类直属高校的实验室（实习场所）面积则呈现较为明显的下降趋势，特别是 2012—2013 年从 20.51 万平方米降至 19.02 万平方米，降幅为 7.08%。

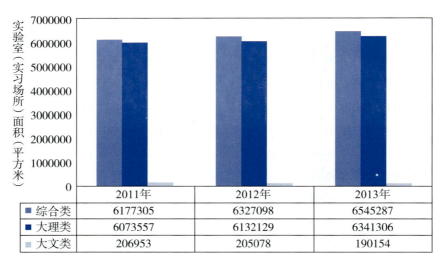

	2011年	2012年	2013年
综合类	6177305	6327098	6545287
大理类	6073557	6132129	6341306
大文类	206953	205078	190154

图 4-6　2011—2013 年直属高校的实验室（实习场所）面积

2011—2013 年，72 所直属高校的图书馆面积从 315.60 万平方米增长到 328.80 万平方米，增加了 13.20 万平方米。从这三年的变化来看（见图 4-7），三类直属高校的图书馆面积都在稳定中持续增长，年增长率在 1.48%—2.62%。

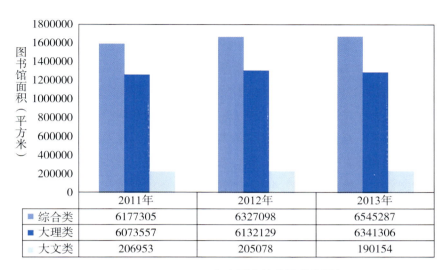

图 4-7　**2011—2013 年直属高校的图书馆面积**

2011—2013 年，72 所直属高校的教室面积从 668.41 万平方米增长到 701.65 万平方米，增加了 33.24 万平方米。从这三年的变化来看（见图 4-8），三类直属高校的教室面积都在稳定中持续增长，年增长率在 2.06%—5.20%。这一变化趋势与前几年的情况相反。

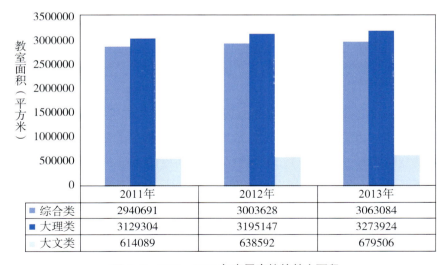

图 4-8　**2011—2013 年直属高校的教室面积**

2. 直属高校在产出指标上大幅提高，说明其办学实力不断增强

（1）教学产出有增有降，培养规模下降，但整体质量提升

从直属高校 2011—2013 年在教学产出指标上的变化来看（见表 4-15），三年直属高校的当量学历在校留学生数、规划教材数、ESI 前 1% 学科数以及百篇优秀博士论文数均有大幅增长，其增幅均超过 10%；当量在校生数下降了 8.60%。由于精品课程数、特色专业数以及当量国家级教学成果获奖数没有新的评选结果，因此没有发生变化。其中，百篇优秀博士学位论文数的增幅最高（17.46%）。这一结果显示出近三年来直属高校在教学产出方面成果颇丰，在教学的国际影响力、课程资源建设、学科建设以及人才培养成果方面均有长足进步。

表 4-15　三类直属高校在教学产出指标上的增长率（2011—2013 年）

教学产出指标	直属高校总体	综合类	大理类	大文类
1. 当量在校生数	-8.60%	-9.69%	-6.36%	-14.20%
2. 当量学历在校留学生数	16.12%	7.95%	32.37%	14.14%
3. 规划教材数	11.38%	11.47%	10.35%	16.41%
4. 精品课程数	0	0	0	0
5. 特色专业数	0	0	0	0
6. ESI 前 1% 学科数	14.73%	13.86%	16.67%	0
7. 百篇优秀博士学位论文数	17.46%	2.22%	38.89%	300.00%*
8. 当量国家级教学成果奖获奖数	0	0	0	0

注：＊大文类高校 2011 年百篇优秀博士学位论文数为 0，2013 年为 3，在计算增长率时暂以300%表示其增长幅度。

2011—2013 年，72 所教育部直属高校的当量在校生数（不含留学生与培训生）从 303.96 亿人下降至 277.82 亿人，减少了 26.14 亿人。从这三年的变化来看（图 4-9），不同类型直属高校的当量在校生数在波动中呈现下降趋势。2011—2012 年三类院校在该指标上均有下降，大文类高校降幅最大为 17.40%，综合类和大理类高校降幅分别为 10.65% 和 8.21%。2012—2013 年三类院校在该指标上均有小幅提高，大文类高校的增长率为3.43%，综合类和大理类高校增长率分别为 1.07% 和 2.01%。这表明近年来直属高校在人才培养规模上开始呈现下降趋势。

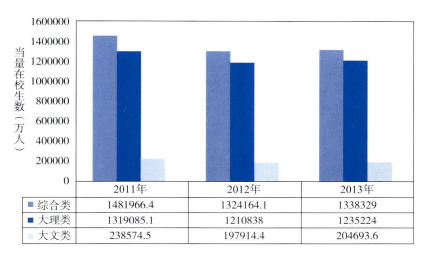

	2011年	2012年	2013年
■综合类	1481966.4	1324164.1	1338329
■大理类	1319085.1	1210838	1235224
■大文类	238574.5	197914.4	204693.6

纵轴标题：当量在校生数（万人）

图 4-9　**2011—2013 年直属高校的当量在校生数**

2011—2013 年，72 所教育部直属高校的当量学历在校留学生数从 5.49 万人增长到 6.38 万人，增加了 8857 人。从这三年的变化来看（见图 4-10），不同类型直属高校的当量学历在校留学生数有了较为明显的增加。特别是大理类和大文类高校在该指标上的年增长率分别为 15.07% 和 6.84%。这一结果说明直属高校的人才培养和教学质量在国际上越发得到认可，有越来越多国家的学生选择来到这些高校取得学历。

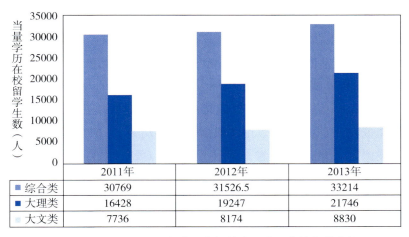

	2011年	2012年	2013年
■综合类	30769	31526.5	33214
■大理类	16428	19247	21746
■大文类	7736	8174	8830

纵轴标题：当量学历在校留学生数（人）

图 4-10　**2011—2013 年直属高校的当量学历在校留学生数**

2011—2013 年，直属高校的 ESI 前 1%学科数从 292 个增加到 335 个，增加了 43 个。从这三年的变化来看（见图 4-11），综合类和大理类院校在该指标上均呈现出先大幅增长再小幅下降的趋势。该指标表明直属高校在学科建设上卓有成效，有越来越多的学科跻身国际前列。

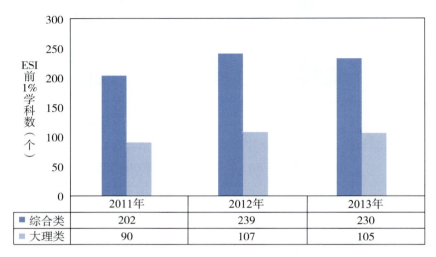

	2011年	2012年	2013年
■ 综合类	202	239	230
■ 大理类	90	107	105

图 4-11　**2011—2013 年直属高校 ESI 前 1%学科数**

（2）科研产出在数量和质量上均有明显提升，科研实力不断增强

从直属高校 2011—2013 年在科研产出指标上的变化来看（见表 4-16），2011—2013 年直属高校总体上呈现增长趋势。特别是在科研论文发表方面，SCI 期刊发表论文数、SSCI 期刊发表论文数、EI 期刊发表论文数的增长率分别达到 34.40%、47.69%和 8.67%。此外，研究与发展课题数以及当量省部级科学研究与发展成果奖数的增长率分别达到 12.33%和 19.65%。大文类高校的科研产出增长尤为明显，其 SCI 期刊发表论文数和 SSCI 期刊发表论文数增长率分别为 67.51%和 51.65%，研究与发展课题数以及当量省部级科学研究与发展成果奖数的增长率为 19.07%和 138.60%。

表 4-16　三类直属高校在科研产出指标上的增长率（2011—2013 年）

科研产出指标	直属高校总体	综合类	大理类	大文类
9. 出版专著数	1.48%	−0.76%	9.40%	−6.44%
10. 发表论文总数	2.67%	2.25%	3.66%	−2.92%
11. SCI 期刊发表论文数	34.40%	30.86%	40.25%	67.51%
12. EI 期刊发表论文数	8.67%	8.29%	9.25%	−12.75%
13. CSSCI 期刊发表论文数	−0.34%	−2.98%	2.53%	13.18%
14. SSCI 期刊发表论文数	47.69%	47.07%	48.20%	51.65%
15. 当量国家科技奖获奖数	−1.27%	4.12%	−5.38%	0
16. 当量省部级科学研究与发展成果奖数	19.65%	17.66%	15.50%	138.60%
17. 研究与发展课题数	12.33%	9.62%	15.18%	19.07%

　　2011—2013 年，教育部直属高校发表 SCI 期刊论文数从 9.17 万篇提升到 12.32 万篇，增加了 3.15 万篇。从三年的变化来看（见图 4-12），不同类型直属高校的 SCI 期刊论文数均有大幅提升，年均增长率在 14.39%—30.36%。特别是 2012—2013 年，大文类高校在该指标上的年增长率高达 45.96%。这一结果表明，直属高校在科学领域的研究水平及论文发表在数量和质量上均有大幅提升。

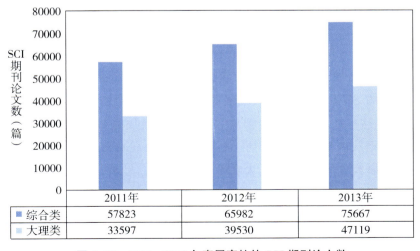

图 4-12　2011—2013 年直属高校的 SCI 期刊论文数

2011—2013 年，综合类和大理类直属高校发表 EI 期刊论文数从 17.20 万篇提升到 18.69 万篇，增加了 1.49 万篇。这三年的变化来看（见图 4-13），综合类和大理类直属高校的 EI 期刊论文数均有稳定的提升，年均增长率为 4.12% 和 4.56%。特别是 2012—2013 年，这两类高校在该指标上的年增长趋势明显，增长率达 7.65% 和 7.18%。这一结果表明，直属高校在工程领域的研究水平及论文发表在数量和质量上保持稳中有增的发展趋势。

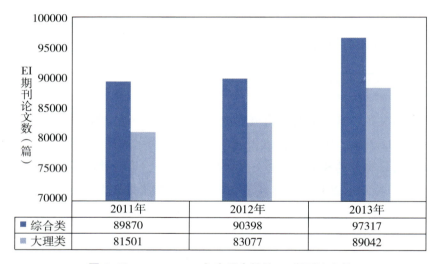

	2011年	2012年	2013年
■ 综合类	89870	90398	97317
■ 大理类	81501	83077	89042

图 4-13　2011—2013 年直属高校的 EI 期刊论文数

2011—2013 年，教育部直属高校发表 SSCI 期刊论文数从 3179 篇提升到 4695 篇，增加了 1516 篇。这三年的变化来看（见图 4-14），不同类型直属高校的 SSCI 期刊论文数均有大幅提升，年均增长率在 21.29%—23.15%。这一结果表明，尽管从数量上看，直属高校在 SSCI 期刊上的发表数量不及在 SCI 和 EI 期刊上的数量，但是直属高校近年来在人文社会领域的研究水平及论文发表在数量和质量上呈现出大幅提升的发展趋势。

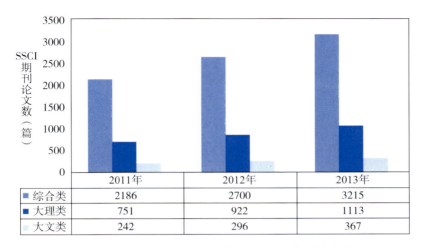

	2011年	2012年	2013年
■ 综合类	2186	2700	3215
■ 大理类	751	922	1113
■ 大文类	242	296	367

图 4-14　2011—2013 年直属高校的 SSCI 期刊论文数

2011—2013 年，教育部直属高校的研究与发展课题数从 18.84 万项增加到 21.16 万项，增加了 2.32 万项。这三年的变化来看（见图 4-15），综合类高校的研究与发展课题数下降后再大幅提升，而大理类和大文类高校在该指标上则显示大幅提升后再有所下降。但总体而言，不同类型直属高校的研究与发展课题数在波动中均呈现明显提升，年均增长率为 10.96%—14.69%。这一结果表明，直属高校科研实力不断提升，并得到外界越来越多的认可。

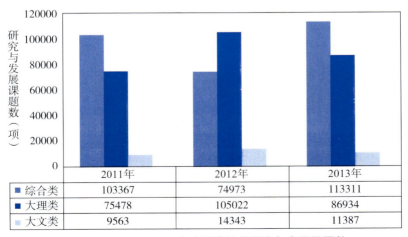

	2011年	2012年	2013年
■ 综合类	103367	74973	113311
■ 大理类	75478	105022	86934
■ 大文类	9563	14343	11387

图 4-15　2011—2013 年直属高校的研究与发展课题数

（3）社会服务产出总体上大幅提升，社会服务能力持续增强

从直属高校 2011—2013 年在社会服务产出指标上的变化来看（见表 4-17），2011—2013 年直属高校总体上呈现大幅提升的趋势，社会培训数增长率为 110.28%、技术转让当年实际收入金额增长率为 30.14%、专利出售当年实际收入金额增长率为 6.91%。尽管直属高校研究报告采纳数在总体上下降了 4.30%，但是下降主要集中在综合类高校（下降了21.03%），而大理类和大文类高校在该指标上都呈现大幅提升（增长率分别为 95.35% 和 33.66%）。

表 4-17　三类直属高校在社会服务产出指标上的增长率（2011—2013 年）

社会服务产出指标	直属高校总体	综合类	大理类	大文类
18. 研究报告采纳数	−4.30%	−21.03%	95.35%	33.66%
19. 社会培训数	110.28%	156.13%	70.33%	17.04%
20. 专利出售当年实际收入金额	6.91%	6.59%	7.14%	0
21. 技术转让当年实际收入金额	30.14%	−3.33%	60.86%	0

2011—2013 年，教育部直属高校承担社会培训数从 27.67 万人提升到 58.19 万人，增加了 30.52 万人。这三年的变化来看（见图 4-16），不同类型直属高校承担社会培训数均有大幅提升，综合类高校在该指标上的年均增长率高达 63.85%，大理类和大文类高校在该指标上的年均增长率也分别达到 30.53% 和 11.01%。由此可见，近年来直属高校更多地承担起服务社会的责任，通过其知识资源和智力资源为社会人力资本的提升贡献力量，同时其服务水平也越发得到社会的认可，这从其承担社会培训数量连年提升中可以得到有力证明。

2011—2013 年，教育部直属高校研究报告采纳数从 2165 项略微下降至 2072 项，减少了 93 项。这三年的变化来看（见图 4-17），不同类型直属高校在该指标上的变化趋势略有不同。综合类高校的研究报告采纳数连年下降，年均下降 11.12%；大理类高校的研究报告采纳数持续大幅提高，年均增长率高达 40.23%；大文类高校的研究报告采纳数在波动中大幅提高，尽管 2011—2012 年下降了 31.22%，但是在 2012—2013 年陡增

94.33%，年均增长率为 31.55%。这表明，近年来大理类和大文类高校的研究报告越来越多地得到委托方的认可和采纳，从一个侧面反映出其研究水平和研究质量的提升。

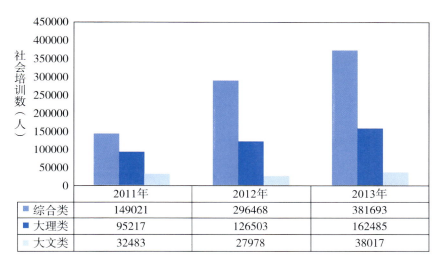

	2011年	2012年	2013年
■ 综合类	149021	296468	381693
■ 大理类	95217	126503	162485
■ 大文类	32483	27978	38017

图 4-16　2011—2013 年直属高校的社会培训数

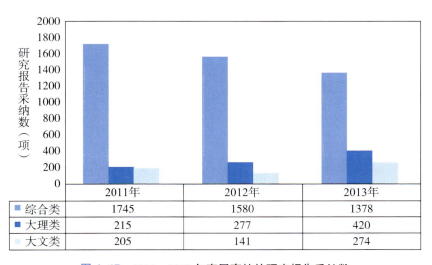

	2011年	2012年	2013年
■ 综合类	1745	1580	1378
■ 大理类	215	277	420
■ 大文类	205	141	274

图 4-17　2011—2013 年直属高校的研究报告采纳数

　　2011—2013 年，综合类和大理类直属高校技术转让当年实际收入金额从 125.58 亿元增加到 163.43 亿元，增加了 37.85 亿元。这三年的变化来看（见图 4-18），综合类高校的技术转让当年实际收入略有下降，年均降幅为 1.66%；大理类高校的技术转让当年实际收入在波动中大幅提高，年均增长率高达 33.63%。这表明，近年来大理类高校在科研成果转化能力方面有了显著增强。

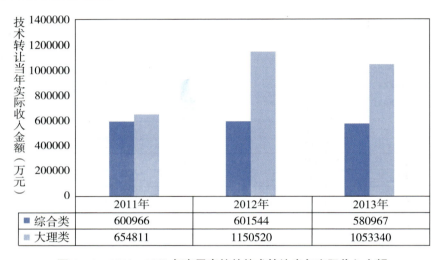

技术转让当年实际收入金额（万元）	2011年	2012年	2013年
综合类	600966	601544	580967
大理类	654811	1150520	1053340

图 4-18　2011—2013 年直属高校的技术转让当年实际收入金额

（二）不同区域直属高校在投入、产出指标的变化情况

　　基于高校绩效评价的投入、产出指标，从增长率和变化量两个方面对 2011—2013 年不同区域内直属高校的发展状况进行了分析。在 72 所直属高校中（见表 4-18），东部地区 47 所，中部地区 13 所，西部地区 12 所，分别占总数的 65.28%、18.05% 和 16.67%。可以看到，各类直属高校主要集中在东部地区，绝大多数中西部地区的直属高校为综合类或大理类。

表 4-18　不同区域各类直属高校分布

院校类型	东　部	中　部	西　部
综合类	15	6	6
大理类	21	6	5
大文类	11	1	1
合计	47	13	12

1. 直属高校资源投入呈现区域差异，中西部地区发展迅速

从直属高校 2011—2013 年在产出指标上的变化来看（见表 4-19），在人力投入上，东、中、西部地区直属高校的专任教师数、行政人员数、具有博士学位专任教师数均有不同幅度的增长；东部和西部地区直属高校的研究与发展全时人员数均有所增加，中部地区直属高校则在这一指标上有所下降；东、中、西部地区直属高校在教辅及工勤人员数上均有所下降。从各项指标的增长率来看，2011—2013 年中部和西部地区直属高校具有博士学位的专任教师数大幅度提升，分别增长了 17.15% 和 20.87%；西部地区直属高校研究与发展全时人员数增长了 12.22%。这表明，随着近几年高学历的师资不断充实到中西部地区直属高校的教师队伍中，使其师资力量得到提升和加强。

表 4-19　不同区域直属高校在投入指标上的增长率（2011—2013 年）

投入指标		东部地区	中部地区	西部地区
人力	1. 专任教师数	3.30%	1.72%	3.34%
	2. 行政人员数	4.94%	0.48%	5.99%
	3. 教辅及工勤人员数	−0.66%	−5.55%	−5.37%
	4. 具有博士学位专任教师数	13.28%	17.15%	20.87%
	5. 研究与发展全时人员数	2.32%	−5.24%	12.22%
财力	6. 教育经费投入（拨款与收入）	−23.85%	14.33%	4.61%
	7. 科研经费拨款	19.17%	−1.08%	21.58%
	8. 其他经费拨款	−14.95%	8.30%	32.01%

投入指标		东部地区	中部地区	西部地区
物力	9. 实验室（实习场所）面积	5.87%	3.05%	4.13%
	10. 图书馆面积	4.62%	4.57%	2.48%
	11. 教室面积	4.24%	3.94%	8.22%
	12. 图书册数	5.83%	4.07%	3.81%

在财力投入上，尽管如前文所述 2011—2013 年直属高校总体的教育经费投入（拨款与收入）和其他经费拨款均有所下降，但从不同区域直属高校在该指标上的变化来看，经费的下降主要集中在东部地区，而中部和西部地区在这两项指标上均呈现大幅增长。在教育经费投入上，中部地区增加 14.33%，西部地区增加 4.61%；在其他经费拨款上，中部地区增加 8.30%，西部地区增加 32.01%。从科研经费拨款的变化来看，东部地区和西部地区直属高校均有大幅提高，增长率分别为 19.17% 和 21.58%，而中部地区略有下降。从财政投入指标总体变化来看，可以发现国家近些年在直属高校的拨款上向中西部地区倾斜的政策导向。

在物力投入上，2011—2013 年不同区域直属高校的实验室（实习场所）面积、图书馆面积、教室面积、图书册数均呈现增长。东部和西部地区直属高校在实验室（实习场所）面积的增长均高于中部地区；东部和中部地区直属高校在图书馆面积以及图书册数的增长上均高于西部地区；西部地区直属高校在教室面积增长上远远高于东部和中部地区。数据分析表明，不同类型高校在物力投入上的着力点各不相同，这与各个区域直属高校自身发展水平及已有的资源基础有关，因此直属高校在资源投入方向各有特点。

2. 不同区域直属高校的产出均明显增长，中、西部尤为突出

从直属高校 2011—2013 年在产出指标上的变化来看（见表 4-20），在教学产出上，不同区域直属高校的当量学历在校留学生数、规划教材数、ESI 前 1% 学科数以及百篇优秀博士论文数均有大幅增长；仅有当量在校生数呈现下降。由于精品课程数、特色专业数以及当量国家级教学成果获奖

数没有新的评选结果，因此没有发生变化。尽管全国直属高校当量在校生数整体下降，但是从区域分布来看，这种下降趋势更突出集中在东部地区（降幅 12.78%），而中西部地区当量在校生数则下降比例较低。与此相反，当量学历在校留学生数、百篇优秀博士学位论文数的增长主要突出集中在中部地区和西部地区的直属高校，甚至远高于东部地区。此外，西部地区直属高校在 ESI 前 1% 学科数的增长上也高于中部和西部地区直属高校。由此可见，尽管东部地区直属高校数量众多，但是中西部地区直属高校的教学水平和教学产出表现出很强的整体实力及良好的发展势头。

表 4-20　三类直属高校在产出指标上的增长率（2011—2013 年）

	产出指标	东部地区	中部地区	西部地区
教学	1. 当量在校生数	−12.78%	−3.06%	−1.90%
	2. 当量学历在校留学生数	14.47%	17.88%	28.63%
	3. 规划教材数	11.69%	10.68%	10.52%
	4. 精品课程数	0	0	0
	5. 特色专业数	0	0	0
	6. ESI 前 1% 学科数	14.49%	13.04%	17.95%
	7. 百篇优秀博士学位论文数	2.08%	87.50%	42.86%
	8. 当量国家级教学成果奖获奖数	0	0	0
科研	9. 出版专著数	−0.35%	8.01%	1.47%
	10. 发表论文总数	4.75%	−4.64%	2.77%
	11. SCI 期刊发表论文数	33.85%	37.43%	33.46%
	12. EI 期刊发表论文数	8.57%	6.07%	12.59%
	13. CSSCI 期刊发表论文数	0.39%	3.27%	−8.38%
	14. SSCI 期刊发表论文数	44.30%	62.97%	56.32%
	15. 当量国家科技奖获奖数	−8.76%	11.27%	22.92%
	16. 当量省部级科学研究与发展成果奖数	38.70%	3.52%	−21.73%
	17. 研究与发展课题数	13.04%	6.29%	16.83%

续表

产出指标		东部地区	中部地区	西部地区
社会服务	18. 研究报告采纳数	−7.63%	−9.98%	47.02%
	19. 社会培训数	99.02%	108.73%	410.88%
	20. 专利出售当年实际收入金额	−13.77%	433.47%	−31.46%
	21. 技术转让当年实际收入金额	13.00%	320.73%	−24.05%

在科研产出上，2011—2013年不同区域直属高校总体上多呈增长趋势。在科研成果发表方面，中西部地区直属高校在出版专著数、SCI期刊论文数、SSCI期刊论文数、EI期刊论文数的增长率均高于东部地区直属高校。在当量国家科技奖获奖数指标上，东部地区直属高校下降了8.76%，而中部和西部地区直属高校分别增长了11.27%和22.92%。但是在当量省部级科学研究与发展成果获奖数和发表论文总数的增长率来看，东部地区直属高校则明显高于中西部地区的直属高校。总体上看，东、中、西部地区直属高校科研实力和科研产出的发展势头均非常好，不相上下。

在社会服务产出上，2011—2013年各区域直属高校总体上呈大幅提升趋势。尤其是中部和西部地区直属高校开展社会培训数分别增长了108.73%和410.88%；中部地区直属高校专利出售当年实际收入金额和技术转让当年实际收入金额分别增长了433.47%和320.73%，而东部和西部直属高校在这两个指标上均呈现出下降；尽管东部和中部地区直属高校在研究报告采纳数上下降了，但西部地区直属高校在该指标上则增长了47.02%。总的来说，直属高校通过智力和知识资源服务社会力度不断增强，特别是中西部地区在社会服务产出上的突飞猛进，越来越得到社会的认可。

第五章

基于资源优化配置视角的高校绩效评价

开展高校绩效评价，目的是客观诊断高校办学资源配置状况，引导高校优化资源配置，提升办学效率与效益。党的十八届三中全会指出，要发挥市场在资源配置中的决定性作用，这对我国传统高校资源配置方式提出了新的要求。本章采用资源优化配置评价最常用的数据包络分析法（Data Envelopement Analysis，DEA）对直属高校 2006—2013 年的资源配置状况进行评价。

一、高校资源优化配置的理论价值

（一）高校资源优化配置的内涵

高校资源优化配置属于教育经济学研究范畴。在探讨高校资源优化配置的内涵之前，首先需要明确两个概念：高校资源和资源配置。

高校资源是从事高等教育教学活动的基础，是高校发展的物质保障。从已有相关文献看，学术界对于高校资源的概念目前仍没有形成统一认识。罗亚光认为，高校资源是高等教育组织所拥有的使用于高等教育活动事业、提高受教育者人力资本或价值的各种资源综合。这些资源有些是有形的物质资源，有些是无形的非物质资源，主要包括人力资源、财力资源、物力资源、学科与专业资源、信息资源、科技资源、社会资源、声誉资源和文化资源等。[①] 康宁认为高等教育资源通常是指对人类有价值的所有组成的集合，包括自然资源、人力资源、信息资源、时空资源和制度资源。[②] 岳武将高等教育资源分为广义和狭义两个方面。广义的高等教育资源，是指能够促进高等教育发展的一切社会存在，有三种表现形式：物质形态的存在，如能够促进高等教育发展的各种设施、资产等；运动形态的存在，如相关人员的能够促进高等教育发展的组织活动；思维形态的存在，如能够促进高等教育发展的思想理论、知识体系等。狭义的高等教育资源，则是指能够推进高等教育发展的人力、财力、物力。[③] 薛天祥认为高等教育资源是指能使高等教育得以生存和发展下去的各类物质和精神资料，包括有形资源和无形资源。有形资源如：一定的校园面积（土地）、教室、办公场所、图书馆、实验室以及资料设备、一定数量的教师和学生、办学经费等；无形资源如：学校的声誉、学术成果、优秀的管理体制等。[④] 综上，不论哪种概念定义，人财物始终是高校资源最核心的组成部分。

资源配置是经济学研究的核心问题，即研究经济组织如何对稀缺资源在多种经济用途之间进行合理分配和使用的学问，以解决"生产什么、如何生产、为谁生产"这些问题。资源需要配置的原因在于资源稀缺性与需求无限性之间的矛盾。[⑤] 所谓高校资源配置是指对稀缺的高等教育资源进行分配和使用，以解决教育服务的产出规模、结构和提供方式等问题。按照主体和影响范围不同，高校资源配置可以分为两个层次：宏观层面，国家或省级政府统筹安排有限的高等教育资源并将其分配于不同高校；微观层面，高校对其拥有或控制的教育资源在不同院系部门间进行合理组织和

---

① 罗亚光. 高等教育资源概念界定及其功能分析 [J]. 天府新论，2006（3）：151-153.

② 康宁. 中国经济转型中高等教育资源配置的制度创新 [M]. 北京：教育科学出版社，2005：57.

③ 岳武. 中国高等教育资源配置改革问题及对策研究 [D]. 长春：东北师范大学，2012.

④ 薛天祥. 高等教育学 [M]. 桂林：广西师范大学出版社，2001：20-25.

⑤ 邵争艳. 中国区域高等教育资源优化配置评价与对策研究 [D]. 哈尔滨：哈尔滨工程大学，2006.

充分利用，以发挥出最大效益。

高校资源优化配置主要体现经济学中的效率概念，即投入与产出之间实现最大比例关系。高校资源优化配置体现在宏观和微观两方面，并且互相影响。微观层面的资源优化配置是指一个高校如何组织并使用有限的资源，发挥最大作用，最大限度培养合格人才、提供良好科研成果和社会服务；宏观层面的资源优化配置是指如何在不同高校间分配有限资源，实现高等教育资源分配效率的最大化。

（二）高校资源优化配置的必要性

在高校资源配置上，西方发达国家对教育的投入非常关注，同时也更加关注教育产出，"财政充足"模式、"资源共享"模式、"学校效能"模式等都是在西方发达国家进行了一系列的教育资源配置模式改革之后产生的，美国 20 世纪 80 年代兴起了教育资源共享的研究热潮。休斯（J. T. Hughes）作为杰出代表提出了自己一整套理论，来阐述为什么要教育资源共享，以何种模式进行教育资源共享，教育资源共享会受到什么因素的影响及教育资源共享需要什么配套措施。在如何使有限量的教育资源得到合理使用以及如何实现教育资源均衡化配置研究方向上，休斯的资源共享理论具有重要参考意义。

20 世纪 90 年代以来，美国兴起了教育财政充足改革。美国原来的教育财政体制只关注教育投入，在人们逐渐高涨的提高教育质量呼声中，美国的教育财政体制开始发生了转向，相关研究围绕教育投入与教育产出并重点展开。美国教育财政改革说明了要达到资源配置的高质量均衡发展，必须保障与教育效果和教育质量相关联的资源配置的充足，而仅仅关注资源配置的公平是远远不够的。从 2000 年开始，英国政府根据学校的改进程度给予不同的绩效奖励，推出一系列学校绩效管理政策，绩效也与教师薪酬标准挂钩，即"按绩效付酬"（performance-related pay）[①]。

----

① 赵薇. 国外高校资源配置研究对我国高校后勤社会化的启示 [J]. 理论月刊，2010（11）：90-91.

近年来，随着知识经济迅速发展，全球化、市场化、信息化的趋势广泛影响着国家之间的竞争方式，人才成为极其重要的战略物资。各国高校面临的世界性新课题也不断涌现，如网络资源教育战略研究、全球竞争性人才战略研究、高等学校资源竞争及重新整合等。高等学校面向全球资源流动与整合的发展更加受到重视，各国也在积极寻找符合自己条件的发展模式和前进方向，对本国人才资源的激励、培育及保护、高校竞争力与可持续发展的制度创新，以及跨国人才资源争夺和知识产权保护都是各方面重视的研究。但是无论如何，扩大资源来源，整合和优化资源配置，仍然是西方发达国家高校的共识。

党的十七大报告提出"要深化对社会主义市场经济规律的认识，从制度上更好发挥市场在资源配置中的基础性作用"。这一方面标志着我国的市场配置资源模式已经进入到制度化建设阶段，另一方面也表明在高等教育领域要进一步发挥"市场在资源配置中的基础性作用"。党的十八届三中全会提出要"发挥市场的决定作用"，从基础性作用到决定性作用，进一步反映了党和政府对于市场作用认识的深入。从我国经济社会改革的整体趋势来看，高校资源配置在今后的调整中，也要大力发挥市场的基础性甚至决定性作用。可以说，引入市场机制是盘活资源存量、优化资源配置、实现资源共享的有效途径。

（三）高校资源优化配置的标准

高等教育属于非义务教育，具有准公共产品的性质。目前当代西方发达市场经济资源一般采取以市场调节为基础，以政府干预为辅的混合配置方式。按照经济学的原理，衡量高校资源优化配置的标准是帕累托最优原则。帕累托最优是指，所考察的经济现象中，在其他人效用水平保持不下降的条件下，不可能通过改变资源的配置，使至少一人效用水平有所提高。同理，高校资源优化配置的考量标准，也就是在资源不变的前提下，实现它的效用最大化。

二、高校资源优化配置的 DEA 评价方法

（一）DEA 方法用于高校资源优化配置评价的优势

数据包络分析（DEA）是由著名运筹学家查恩斯（A. Charnes）和库珀（W. Cooper）等人以相对效率概念为基础，依据线性规划技术发展起来的用于经济定量分析的非参数系统分析方法。除了 DEA 方法外，常用于资源优化配置的综合评价方法还有层次分析法、模糊综合评价法、数理统计方法、人工神经网络评价等。层次分析法、模糊综合评价方法适用于指标难以量化表示的评价问题，这类方法属于主观决策范畴，指标值和指标权重受人为因素影响较大。数理统计评价方法、人工神经网络评价方法以及 DEA 方法均不需要人为设定指标权重，属于客观决策范畴。就本课题研究的直属高校资源优化配置评价而言，一是选择的评价指标体系属于定量指标，不适宜采用主观决策评价方法；二是直属高校的投入与产出指标是一个具有多输入和多输出的系统，也不适合采用处理一果多因问题的数理统计评价方法。另外，由于可获得的相关数据量非常有限，不能将数据分成学习样本和决策样本，因此人工神经网络方法也不适用。DEA 方法用于资源优化配置评价的突出特点是：①可以较好处理多输入、多输出特征的复杂系统相对效率评价问题，非常符合直属高校投入产出相对效率评价；②不需人为设定指标权重，保证了评价结果的客观性；③DEA 方法中用到的相对有效性概念与经济学中的帕累托有效性等价，符合高校资源优化配置的评价标准。其不足在于 DEA 方法对单个样本数据的误差非常敏感，评价的稳定性不如参数方法好。另外，DEA 建立在同类相比的基础和前提之上，只能判断相对有效，当判断是否绝对有效时，需综合考虑多方面因素。由于 DEA 方法的诸多优点使其成为高等教育系统相对有效性评价的一个新工具，既有大学之间整体资源配置使用效率的比较，也有大学的某项职能如科研绩效的衡量，还有对大学内部各院系，或某个部门如图书馆的

绩效评价等。①

（二）高校资源优化配置静态评价模型——CCR 和 BCC

经典的 DEA 模型主要有两种：CCR 模型和 BCC 模型。CCR 模型是 1978 年查恩斯、库珀和罗德斯（E. Rhodes）首先提出的第一个 DEA 分析模型。1984 年班克（R. Banker）、查恩斯和库珀又给出了被称为 BCC 的模型。其后研究者又开发出更多的 DEA 分析模型，但均是在 CCR 模型和 BCC 模型基础上的拓展与延伸。DEA 是一种测算具有相同类型投入和产出若干部门相对效率的有效方法。该方法实质是根据一组关于输入输出的观察值，采用数学规划模型，来估计有效生产的前沿面，再将各决策单元（Decision Making Unit，DMU）与前沿面进行比较，进而衡量效率是否有效。凡处在前沿面上的决策单元认定其投入产出组合具有效率，其效率值定为 1；不在前沿面上的则认为无效率，同时以前沿面上的有效点为标准，给予一个相对的效率值，其区间在 0—1。生产前沿面是经济学中生产函数在多产出条件下的一种推广。这种相对有效性概念与经济学中的帕累托有效性是等价的，符合高等教育资源优化配置的评价标准。因此，课题组仍沿用 DEA 中的经典模型 CCR 和 BCC 模型对直属高校 2006—2013 年的投入产出进行相对有效性分析。构建高等教育资源优化配置 DEA 评价模型如下。

根据 DEA 原理，每个决策单元 DMU_j 都有相应的效率评价指数：

---

① 对大学之间整体资源配置使用效率进行比较的代表性文献可参见 Sarrico C S, Dyson R G. Using DEA for planning in UK universities-An institutional perspective ［J］. Journal of the Operational Research Society, 2000, 51（7）: 789-800. 对大学科研绩效评价的文献可参见 JOHNES J, YU L. Measuring the research performance of Chinese higher education institutions: An application of data envelopment analysis ［J］. China Economic Review, 2008（19）: 679-696. 对大学院系绩效评价的文献可参见 ARCELUS F J, COLEMAN D F. An efficiency review of university departments ［J］. International Journal of System Science, 1997, 28（7）: 721-729. 对大学图书馆使用效率进行评价的文献可参见 CHEN T. A measurement of the resource utilization efficiency of university libraries ［J］. Internaltional Journal of Production Economics, 1997, 53（1）: 71-80.

$$h_j = \frac{u^T y_j}{v^T x_j} = \frac{\sum\limits_{r=1}^{s} u_r y_{rj}}{\sum\limits_{i=1}^{m} v_i x_{ij}} \qquad j = 1, 2, \cdots, n$$

在上述公式中，v_i 是第 i 种类型投入指标的权重；u_r 是第 r 种类型产出指标的权重。可以有选择得确定权重系数 v 和 u，使得 $h_j \leqslant 1$。一般来说，h_j 越大，表明决策单元 DMU_j 能够用相对较少的投入得到相对较多的产出。如果要对 DMU_j 进行评价，看 DMU_j 在这些 DMU 中相对来说是否是最优的。需要考察当尽可能变化权重时，h_j 的最大值究竟是多少。以第 j 个决策单元的效率指数为目标，以所有决策单元的效率指数为约束条件，就构造出 CCR 模型：

$$\max h_{j0} = \frac{\sum\limits_{r=1}^{s} u_r y_{rj_0}}{\sum\limits_{i=1}^{m} v_i x_{ij_0}}$$

$$s.t. \ \frac{\sum\limits_{r=1}^{s} u_r y_{rj}}{\sum\limits_{i=1}^{m} v_i x_{ij}} \leqslant 1$$

这里，$v = (v_1, v_2, \cdots, v_m)^T \geqslant 0$，$u = (u_1, u_2, \cdots, u_s)^T \geqslant 0$。其中，$v \geqslant 0$ 表示对于 $i = 1, 2, \cdots, m$，$v_i \geqslant 0$，并且至少存在某 i_0（$1 \leqslant i_0 \leqslant m$），$v_{t_0} > 0$。对于 $u \geqslant 0$ 含义相同。

上述公式是一个分式规划问题，使用 Charnes-Cooper 变化，即令：

$t = \dfrac{1}{v^T x_0}$，$\varpi = tv$，$\mu = tu$，可变成如下的线性规划模型：

$$(P) \begin{cases} \max h_{j0} = \mu^T y_0 \\ s.t. \ \varpi^T x_j - \mu^T y_j \geqslant 0 \\ \varpi^T x_o = 1 \\ \varpi \geqslant 0, \ \mu \geqslant 0 \end{cases}, \qquad j = 1, 2, \cdots, n$$

用线性规划的最优解来定决策单元 j_0 是不是有效是相对于其他决策单元而言的。通过建立（P）的对偶模型更易于从理论上及经济意义上做深入分析。该线性规划的对偶规划公式如下。

$$(D') \begin{cases} \min\theta \\ s.t. \displaystyle\sum_{j=1}^{n} \lambda_j x_j \leqslant \theta x_0 \\ \displaystyle\sum_{j=1}^{n} \lambda_j y_j \geqslant y_0 \\ \lambda_j \geqslant 0 \end{cases} \quad \text{这里，} j = 1,\ 2,\ \cdots,\ n,\ \theta \text{ 无约束条件。}$$

根据线性规划的对偶理论，可以通过对偶规划来判断 DMU 的有效性。加入松弛变量 s^+ 和剩余变量 s^- 后，上面的不等式约束条件可以变成等式约束。上述公式可以改写为线性规划（D_{CCR}）称为（P）的对偶规划。

$$(D_{CCR}) \begin{cases} \min\theta \\ s.t. \displaystyle\sum_{j=1}^{n} \lambda_j x_j \leqslant \theta x_0 \\ \displaystyle\sum_{j=1}^{n} \lambda_j y_j + s^+ = \theta x_0 \\ \displaystyle\sum_{j=1}^{n} \lambda_j y_j - s^- = y_0 \\ \lambda_j \geqslant 0 \end{cases} \quad \begin{array}{l} \text{这里，} j = 1,\ 2,\ \cdots,\ n,\ \theta \text{ 无约束条件，} \\ s^+ \geqslant 0,\ s^- \geqslant 0。 \end{array}$$

由定理：线性规划（P）和其对偶规划（D）均存在可行解，具有最优值。假设它们的最优质分别为 $h_{j_0}{}^*$ 和 θ^*，则 $h_{j_0}{}^* = \theta^* \leqslant 1$。我们可以得到如下两种结论：

结论一，若线性规划（P）的最优值 $h_{j_0}{}^* = 1$，则称决策单元 DMU_j 为弱 DEA 有效。

结论二，若线性规划（P）的解中存在 $\omega^* > 0$，$\theta^* > 0$，并且其最优值 $h_{j_0}{}^* = 1$，则称决策单元 DMU 为 DEA 有效。

结论一中弱 DEA 有效的充分必要条件是线性规划（D）的最优值 $\theta^* = 1$。结论二中 DEA 有效的充分必要条件是规划（D）的最优值 $\theta^* = 1$，并且对于每个最优解 λ^*，s^{*-}，s^{*+}，θ^*，都有 $s^{*-} = 0$，$s^{*+} = 0$。根据以上结论，我们可以根据 DEA 中的 CCR 模型判断生产活动是否同时技术有效和规模有效。判断结果有如下几种情况：

① 若 $\theta^* = 1$，且 $s^{*+} = 0$，$s^{*-} = 0$。此时决策单元为 DEA 有效，同时具有技术有效和规模有效。s^{*+} 表示产出的不足，s^{*-} 表示投入冗余。这种条件下不存在冗余投入和不足产出。

② 若 $\theta^* = 1$，且 s^{*+} 和 s^{*-} 至少有一个大于 0。此时决策单元为弱 DEA 有效。决策单元不同时具有技术有效和规模有效。表明某些方面的投入仍有冗余，某些产出存在不足。

③ 若 $\theta^* < 1$，此时决策单元 DEA 无效，决策单元既不是技术效率最佳，也不是规模收益最佳。

另外，在 CCR 模型中可以根据 λ_j 的最优值来判断 DMU 的规模收益情况。这里就存在三种情况：

① 如果存在 λ_j^*，使得 $\sum \lambda_j^* = 1$，则决策单元为规模效益不变；

② 如果不存在 λ_j^*，使得 $\sum \lambda_j^* = 1$，则若 $\sum \lambda_j^* < 1$，那么决策单元为规模收益递增；

③ 如果不存在 λ_j^*，使得 $\sum \lambda_j^* = 1$，则若 $\sum \lambda_j^* > 1$，那么决策单元为规模收益递减。

当决策单元为 DEA 无效时，则被评价的高校必定存在投入冗余 ΔX_i 或者产出不足 ΔY_i 两种情况。为了实现 DEA 有效，可以在产出不变的情况下通过减少投入 ΔX_i，或者在投入不变的情况下通过增加产出 ΔY_i 等实现决策单元有效。假设 s^{*+}、s^{*-} 和 θ^* 是线性规划模型的解，由 $(\hat{X}_i, \hat{Y}_i)$ 构成的投入和产出相对于原来的决策单元是有效的，那么投入冗余 ΔX_i 和产出不足 ΔY_i 的计算公式分别为：

$$\Delta X_i = X_i - \hat{X}_i = (1 - \theta_i^*) X_i + S_i^{*+}, \quad \Delta Y_i = Y_i - \hat{Y}_i = S_i^{*-}.$$ 投入冗余率和产出不足率则可以分别表示为：

$$\rho_i = \frac{\Delta X_i}{X_i} = \frac{(1 - \theta_i^*) X_i + S_i^{*+}}{X_i} = 1 - \theta_i^* + \frac{S_i^{*+}}{X_i}, \quad \eta_i = \frac{\Delta Y_i}{Y_i} = \frac{S_i^{*-}}{Y_i}, \quad (i = 1,$$

2，…，n）。以上是 DEA 中的 CCR 模型，即假设决策单元处于固定规模报酬下的相对效率。然而，实际上决策单元可能处于规模报酬递减或者规模报酬递增的状态下，因此决策单元无效的原因除了可能是本身投入、产出配置不优化外，也可能是决策单元规模大小的原因。如果能获知决策单元所处的规模报酬状态，将有助于决策者在规模上特别是投入规模上进行调整，从而达到总体上 DEA 有效。这就是 CCR 模型的改进方案——BCC 模型。该模型 1984 年由 Banker 等人提出。BCC 模型中考虑到规模报酬可变的情况，在原有的 CCR 模型中增加一个凸性假设，即可得到规模报酬可变的 BCC 模型。加入规模报酬可变的假设，实际上是在计算决策单元的技术效率时，从中分离出了规模效率，从而得到的是纯技术效率。其具体模型表达式为：

$$(D_{BCC}) \begin{cases} \min\theta \\ s.t. \sum_{j=1}^{n} \lambda_j x_j + s^+ = \theta x_0 \\ \sum_{j=1}^{n} \lambda_j y_j - s^- = y_0 \qquad \text{这里，} j = 1, 2, \cdots, n_\circ \\ \sum_{j=1}^{n} \lambda_j = 1 \\ \theta \text{无约束，} s^+ > 0, s^- \geqslant 0 \end{cases}$$

在 BCC 模型中，假如只有一个条件 $\theta^* = 1$，则决策单元为弱 DEA 有效。如果在条件 $\theta^* = 1$ 外，还满足 $s^{*+} = s^{*-} = 0$ 条件，则决策单元为 DEA 有效。与 CCR 模型计算得到决策单元综合技术效率不同的是，BCC 模型计算得到的是决策单元的纯技术效率。决策单元的规模效率可以通过综合技术效率与纯技术效率的比值求得。这里有 3 个概念需要明确并做区分：综合技术效率、纯技术效率和规模效率。综合技术效率是对决策层单元的资源配置能力、资源使用效率等多方面能力的综合衡量与评价。综合技术效率 = 1，表示该决策单元的投入产出是综合有效的，即同时技术有效和规模有效。纯技术效率反映的是决策单元在一定（最优规模时）投入要素的生产效率，主要指决策单元由于管理和技术等因素影响的生产效率。纯技术效率 = 1，表示在目前的技术水平上，其投入资源的使用是有效率的，未能达到综合有效的根本原因在于规模无效，因此其改革的重点在于如何更好地发挥其规模效率。规模效率是由于决策单元规模因素影响的生产效率，反映的是实际规模与最优生产规模的差距。三者的关系是：综合技术效率＝纯技术效率×规模效率。

（三）高校资源优化配置动态评价模型——Malmquist 生产率指数模型

直属高校资源优化配置的过程是一个动态变化过程。只有将直属高校资源优化配置的评价放到具有时间维度的空间中进行评价，评价结果才能更全面科学地反映直属高校资源配置实际状况。因此有必要建立模型对不同年份的直属高校资源优化配置效率进行动态、纵向评价。前面 DEA 的经典模型主要针对决策单元在某一时间节点上的静态、横向评价，故本节引入生产率指数，建立基于 DEA 的生产率指数模型，对直属高校投入产出效率进行动态、纵向评价。

生产率指数有多种形式，目前被广泛使用的生产率指数是 Malmquist 指数。Malmquist 生产率指数是在距离函数概念的基础上建立起来的用于测量全要素生产率 TFR（Total-Factor Productivity）变化的专门指数。全要素生产率，又叫技术进步率，是新古典经济学派增长理论中用来衡量纯技术进步在生产中作用的指标。所谓纯技术进步包括知识、教育、技术培训、规模经济、组织管理等方面的改善，但还不能归因于有效的效率如更高的资本设备、技巧更高的劳动、肥效更大的土地等生产要素的增加投入量，又称为非具体化的技术进步。因此，全要素生产率增长率是指全部生产要素（包括资本、劳动、土地等）的投入量都不变时，而生产量仍能增加的部分。① 其测量方法有两种，一种为非参数方法——DEA 方法；另一种为计量经济学的参数方法。由于 Malmquist 指数是在距离函数的基础上定义的，和 Farrell 提出的相对效率理论有着密切联系，故课题组采用 DEA 方法测度生产率指数，建立基于 DEA 的 Malmquist 生产率指数评价模型对直属高校资源优化配置进行动态、纵向评价。

---

① 石枕. 怎样理解和计算"全要素生产率"的增长——评一个具体技术经济问题的计量分析 [J]. 数量经济技术经济研究, 1988 (12)：68-71.

　　Malmquist 指数是在 Shenhard 提出的投入距离函数的基础上构造的。距离函数的定义如下：

　　假设对于 $t=1$，2，…，T 的每一期，规模收益不变（CRS）且投入要素可自由处置（strong disposability）的生产可能集合 R^t ［简称（C，S）］由所有可行的投入产出向量组成，其中称集合 $L(y^t|(C，S))=\{x^t|(x^t，y^t)\in R^t\}$ 为对于 y^t 的输入可能集合；称集合 $P(x^t|(C，S))=\{y^t|(x^t，y^t)\in R^t\}$ 为对于 x^t 的输出可能集合。则 $D_0^t(x^t，y^t|(C，S))=\min\{d>0$：$(x^t/d)\in L(y^t)\}$ 为投入距离函数。投入距离函数的定义等同于给定 y^t，投入变量 x^t 可以等比例缩小倍数的倒数。这个函数完全刻画了决策单元相对效率的特点。基于投入距离函数定义，就可以写出 Malmquist 生产率指数的表达式。用（x^t，y^t）和（x^{t+1}，y^{t+1}）分别表示时期 t、$t+1$ 的决策单元投入和产出向量，D_0^t（x^t，$y^t|(C，S)$）和 D_0^t（x^{t+1}，$y^{t+1}|(C，S)$）分别表示以 t 时期生产可能集合 R^t 为参照的时期 t 和时期 $t+1$ 决策单元的投入距离函数。则 t 时期基础上决策单元的 Malmquist 生产率指数为：

$$M_0^t(x^t，y^t，x^{t+1}，y^{t+1})=\frac{D_0^t(x^{t+1}，y^{t+1}|(C，S))}{D_0^t(x^t，y^t|(C，S))}$$

　　同理，以 $t+1$ 时期生产可能集合 R^{t+1} 作为参照，构造的 $t+1$ 时期基础上决策单元的 Malmquist 生产率指数为：

$$M_0^{t+1}(x^t，y^t，x^{t+1}，y^{t+1})=\frac{D_0^{t+1}(x^{t+1}，y^{t+1}|(C，S))}{D_0^{t+1}(x^t，y^t|(C，S))}$$

　　当时期 t 到时期 $t+1$ 发生技术进步时，有 $M_0^t(x^t，y^t，x^{t+1}，y^{t+1})>1$ 和 $M_0^{t+1}(x^t，y^t，x^{t+1}，y^{t+1})>1$。为了避免由于时期选择的任意性所带来的差异，仿照 Fisher 理想指数的构造方法，Caves、Christensen 和 Diewert 以两个时期的 Malmquist 指数的几何平均值，作为测度 t 时期到时期 $t+1$ 决策单元生产率变化的 Malmquist 生产率指数 $M_0^{t\sim t+1}(x^t，y^t，x^{t+1}，y^{t+1})>1$，①即：

---

　　① ROLF F, GROSSKOPF S. Average products and Malmquist Productivity Indexes ［J］. International Journal of System Science, 1997（14）：26-48.

$$M_0^{t \sim t+1}(x^t,\ y^t,\ x^{t+1},\ y^{t+1}) = \left[\frac{D_0^t(x^{t+1},\ y^{t+1} \mid (C,\ S))}{D_0^t(x^t,\ y^t \mid (C,\ S))} \times \frac{D_0^{t+1}(x^{t+1},\ y^{t+1} \mid (C,\ S))}{D_0^{t+1}(x^t,\ y^t \mid (C,\ S))} \right]^{\frac{1}{2}}$$

该定义下的 Malmquist 生产率指数具有良好的理论性质。Caves 和 Diewert（1992）证明，在 Translog 形式距离函数的假定条件下，Malmquist 生产率指数与 Tornqvist 生产率指数是等同的，而且与 Fisher 生产率指数相近，因此，可以说 Malmquist 指数是更为一般性的生产率指数。

为了计算决策单元时期 t 到时期 $t+1$ 资源配置效率变化的 Malmquist 指数，需要解决四个不同的线性规划问题：D_0^t $(x^t,\ y^t \mid (C,\ S))$、D_0^t $(x^{t+1},\ y^{t+1} \mid (C,\ S))$、$D_0^{t+1}$ $(x^t,\ y^t \mid (C,\ S))$ 和 D_0^{t+1} $(x^{t+1},\ y^{t+1} \mid (C,\ S))$，这四个线性规划问题都可以用 DEA 方法中的经典模型 CCR 模型求解。需要注意的是在计算跨期距离函数 D_0^t $(x^{t+1},\ y^{t+1} \mid (C,\ S))$ 和 D_0^{t+1} $(x^t,\ y^t \mid (C,\ S))$ 时，要区分参考期投入产出矩阵和待评价期投入产出矩阵。

测算距离函数 D_0^t $(x^t,\ y^t \mid (C,\ S))$ 和 D_0^{t+1} $(x^{t+1},\ y^{t+1} \mid (C,\ S))$ 的 DEA 模型 CCR 具体形式为：

$$(A) \begin{cases} (D_0^t(x^t,\ y^t \mid (C,\ S))) - 1 = \min\theta \\ s.t. \ \displaystyle\sum_{j=1}^{n} \lambda_j X_j^t \leqslant \theta X_j^t \\ \displaystyle\sum_{j=1}^{n} \lambda_j Y_j^t \geqslant Y_j^t \\ \lambda_j \geqslant 0 \end{cases} \qquad j = 1,\ 2,\ \cdots,\ n$$

测算距离函数 D_0^t $(x^{t+1},\ y^{t+1} \mid (C,\ S))$ 的 DEA 模型 CCR 具体形式为：

$$(B) \begin{cases} (D_0^t(x^{t+1},\ y^{t+1} \mid (C,\ S))) - 1 = \min\theta \\ s.t. \ \displaystyle\sum_{j=1}^{n} \lambda_j X_j^t \leqslant \theta X_j^{t+1} \\ \displaystyle\sum_{j=1}^{n} \lambda_j Y_j^t \geqslant Y_j^{t+1} \\ \lambda_j \geqslant 0 \end{cases} \qquad j = 1,\ 2,\ \cdots,\ n$$

测算距离函数 D_0^{t+1}（x^t，$y^t \mid (C, S)$），的 DEA 模型 CCR 具体形式为：

$$(C) \begin{cases} (D_0^{t+1}(x^t, y^t \mid (C, S)))^{-1} = \min\theta \\ s.t. \sum_{j=1}^{n} \lambda_j X_j^{t+1} \leqslant \theta X_j^t \\ \sum_{j=1}^{n} \lambda_j Y_j^{t+1} \geqslant Y_j^t \\ \lambda_j \geqslant 0 \end{cases} \qquad j = 1, 2, \cdots, n$$

Malmquist 生产率指数是评价全要素生产率变化的定量指标，因而利用该指数测度直属高校资源配置效率的动态变化，能够客观反映各类直属高校在一段连续时期内资源优化配置的程度。另外，Malmquist 生产率指数还具有可分解的特点，能够详尽地刻画生产率变化的因素，这有利于分析影响直属高校资源优化配置过程的各种因素，为制定优化直属高校办学资源配置的对策提供科学依据。

下面以图 5-1 说明 Malmquist 生产率指数的构成及其经济意义。[①] 该图描述了在单一投入和产出条件下，且假定生产的规模收益不变条件下 Malmquist 指数的计算情况。这里，X 为投入，Y 为产出；射线 L_1 和 L_2 分别表示时期 1 和时期 2 的生产前沿面。由于 L_2 高于 L_1，可以看作从 t_1 到 t_2 出现了生产技术的进步。点（x_1，y_1）和（x_2，y_2）分别为时期 1 和时期 2 某决策单元投入产出组合点，这两点均不在生产前沿面上，说明该决策单元在两个时期都不处于 DEA 相对有效状态。比率 of/oe 和 ob/oa 分别表示时期 1 与时期 2 该决策单元的相对效率，比率 of/oc 表示以时期 2 的生产前沿面作为基准度量的时期 1 的相对效率，比率 ob/od 则是以时期 1 的生产前沿面作为基准度量的时期 2 的相对效率。

Malmquist 生产率指数 $M_0^{t \sim t+1}(x^t, y^t, x^{t+1}, y^{t+1})$ 用图 5-1 中的符号表示为：

---

① SUN W. Research of Malmquist Productivity Index Based on Input Frontier of Nonparameter [J]. Management and Science of China. 2000（3）：22-28.

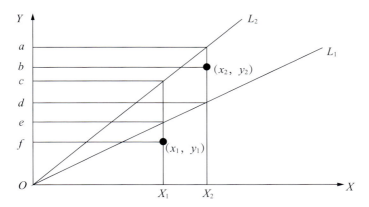

图 5-1 **Malmquist 指数及其构成的图形表述**

$$M_0^{t \sim t+1}(x^t, \ y^t, \ x^{t+1}, \ y^{t+1}) = \left(\frac{ob/od}{of/oe} \times \frac{ob/oa}{of/oc} \right)^{1/2}$$ 。这一表达式还可以进

一步变化为:

$$M_0^{t \sim t+1}(x^t, \ y^t, \ x^{t+1}, \ y^{t+1}) = \frac{ob/oa}{of/oe} \times \left[\frac{ob/od}{ob/oa} \times \frac{of/oe}{of/oc} \right]^{1/2}$$ 式中的第一项度

量了决策单元从时期 t 到时期 $t+1$ 的 DEA 相对效率的变化,称之为综合效率指数,简称 MC 指数;第二项即带有平方根的项度量了生产前沿面边界的推移程度,而生产前沿面的变化往往是由于行业的技术进步或制度创新引起的,在高等教育领域中管理创新对前沿面推移的影响要比行业技术进步大,因此,该项在本研究中称为管理创新指数,简称 MF 指数。MC 指数和 MF 指数用距离函数表示分别为:

$$MC = \frac{ob/oa}{of/oe} = \frac{D_0^{t+1}(x^{t+1}, \ y^{t+1} \mid (C, \ S))}{D_0^t(x^t, \ y^t \mid (C, \ S))}$$

$$MF = \left[\frac{ob/od}{ob/oa} \times \frac{of/oe}{of/oc} \right]^{1/2}$$

$$= \left[\frac{D_0^t(x^{t+1}, \ y^{t+1} \mid (C, \ S))}{D_0^{t+1}(x^{t+1}, \ y^{t+1} \mid (C, \ S))} \times \frac{D_0^t(x^t, \ y^t \mid (C, \ S))}{D_0^{t+1}(x^t, \ y^t \mid (C, \ S))} \right]^{1/2}$$

可见,Malquist 生产率指数是由 MC 指数和 MF 指数构成的,即:

$$M_0^{t \sim t+1} = MC \times MF$$

MC 指数的测度与时期的选择无关，它衡量了在既定的生产前沿面条件下，某个决策单元与生产前沿面的接近程度。*MC* 指数应用于直属高校资源配置评价领域，反映了在不考虑行业制度进步的影响下，各个直属高校由于个体的努力而带来的资源配置效率的变化。*MF* 指数与时期的选择有关，它衡量了相邻两个时期生产前沿面的变化情况。在本课题中，*MF* 指数反映了由于在院校层面上管理的变化对直属高校资源配置效率的影响。Malmquist 生产率指数由 *MC* 指数和 *MF* 指数两部分构成，充分体现了由于直属高校内外因素的影响而带来的高校办学资源配置效率的变化。当 Malmquist 生产率指数大于 1 时，表明直属高校资源配置效率的提高，呈现出资源优化配置的状态；当 Malmquist 生产率指数等于 1 时，表示直属高校资源配置状态保持不变；当 Malmquist 生产率指数小于 1 时，表明直属高校资源配置效率降低，资源配置状态趋于恶化。

上述 Malmquist 生产率指数及其组成部分的距离函数是在规模收益不变且要素可自由处置的假定条件下，利用 CCR 模型计算的。Färe 和 Grosskopf 结合以规模收益可变为假定条件下的 BCC 模型，将 *MC* 指数进一步分解为纯技术效率（*TE*）的变化和规模效率（*SE*）的变化。

纯技术效率（*TE*）可理解为决策单元中一定技术条件下生产管理水平的优劣程度。它是通过 BCC 模型（D_2）求得的 DEA 相对效率，纯技术效率的变化（简称 ΔTE）定义为时期 $t+1$ 与时期 t 的技术效率的比率，即：

$$\Delta TE = \frac{TE^{t+1}}{TE^{t}}$$

规模效率（*SE*）可理解为某一生产点与规模有效点比较，规模经济性的发挥程度。它是综合效率（CCR）与纯技术效率（BCC）的比值。规模效率的变化（简称记为 ΔSE）定义为时期 $t+1$ 与时期 t 的规模效率的比率，即：

$$\Delta SE = \frac{SE^{t+1}}{SE^{t}}$$

这样，*MC* 指数可进一步分解为：

$MC = \Delta TE \times \Delta SE$。将该式带入上式，就得到 Malmquist 指数的一个完

整分解公式:

$$M_0^{t \sim t+1} = MC \times MF = \Delta TE \times \Delta SE \times MF$$

综上所述,Malmquist 指数在测度直属高校资源配置效率变化时,可理解为由三部分共同作用带来的变化:规模效率的变化、纯技术效率的变化和生产前沿面的变化。

三、2013 年直属高校资源配置评价结果

(一)直属高校资源优化配置静态评价结果

1. 研究样本及计算程序

本节沿用了前章绩效评价所用三类直属高校 2006 年和 2013 年的投入、产出指标原始数据。采用经典 DEA 模型对 2006 年、2013 年两个时间节点的直属高校资源配置效率进行评价。DEA 为非参数前沿分析方法,虽然相对于参数方法,DEA 对决策单元数量的要求相对较少,但是如果决策单元数量过少,例如决策单元的数量比投入产出指标的数量还要少,则很容易出现大部分甚至全部决策单元均有效的结果,使 DEA 失去对决策单元效率进行有效区分的能力。一般来讲,决策单元的数量不应少于投入和产出指标数量的乘积,同时不少于投入和产出指标数量的 3 倍。[①] 在实际应用中,往往决策单元数量是固定的,当模型区分能力不足时,只能通过减少投入或产出指标数量来提高区分度。基于本课题直属高校数量,三类直属高校数量最少的大文类仅有 13 所高校,而对应的投入指标却有 12 项,产出指标有 14 项。这种决策单元数量不符合 DEA 模型要求,需要减少投入或产出指标数量来提高区分度。课题组拟首先采用传统主成分分析方法对投入、产出指标进行降维,然后根据主成分分析后的投入、产出主成分结果进行 DEA 模型测算。具体运算程序如下。

---

① 成刚. 数据包络分析方法与 MaxDEA 软件 [M]. 北京:知识产权出版社,2014:28.

第一，对投入、产出原始指标进行同向化和无量纲化。

第二，计算相关系数矩阵及特征值和特征向量。

第三，计算贡献率和累计贡献率，按照特征值大于 1 的原则建立主成分的个数，建立主成分方程。

第四，将各个高校的原始数据带入主成分方程，求得综合得分值。

第五，由于传统主成分分析获得的综合得分结果基于 Z 分数计算得到，因此综合得分值可能为负值，不能直接用于 DEA 模型求解，因此需要对得分进行平移处理。平移公式如下：

$z'_{ij} = 0.1 + \dfrac{z_{ij} - b_j}{a_j - b_j} \times 0.9$。这里 a_j 和 b_j 分别为第 j 项指标的最大和最小

值。$z'_{ij} \in [0, 1]$。将处理后的数据分别带入 DEA 模型，即求得各个高校的效率值。

2. DEA 效率评价结果分析

将主成分分析获得的标准化数据通过 DEA 评价模型测算，运用的软件是 DEAP 2.1。按照对效率的测量方式不同，DEA 模型可分为投入导向、产出导向和非导向。投入导向模型是从投入的角度对被评价决策单元无效率程度进行测量，关注的是在不减少产出的条件下，要达到技术有效各项投入应该减少的程度；产出导向模型是从产出的角度对被评价决策单元无效率的程度进行测量，关注的是在不增加投入的条件下，要达到技术有效各项产出应该增加的程度；非导向模型则是同时从投入和产出两个方面进行测量。模型导向的选择主要取决于分析目的。如果分析目的只是获得各单位的效率值，上述三种导向均可。如果需要做进一步的投影分析，从管理角度考虑，如想考虑把减少投入作为对无效率单位提高效率的主要途径，应选择投入导向模型；如想考虑把增加产出作为提高效率的主要途径，则应选择产出导向模型。导向的选择要结合分析的具体研究领域去了解。下面从总体效率、纯技术效率、规模效率和非 DEA 有效单元投影分析四个方面对评价结果进行分析。

（1）总体效率分析

效率在经济学中具有广泛的含义。本课题研究中的效率是指直属高校

在资源配置过程的投入产出效率。2006 年和 2013 年两个时间节点三类直属高校资源配置总体效率结果见表 5-1。这里总体效率是指直属高校投入产出综合运营效率即 DEA 法下的综合技术效率，是纯技术效率和规模效率的乘积。由表 5-1 可以得到如下结论。

表 5-1　三类直属高校 2006 年和 2013 年资源配置总体效率结果

大 理 类	2006 年	2013 年	综 合 类	2006 年	2013 年	大 文 类	2006 年	2013 年
清华大学	1	1	北京大学	1	0.958	北京外国语大学	1	0.886
北京交通大学	0.991	1	中国人民大学	1	1	北京语言大学	0.660	1
北京科技大学	0.793	0.907	北京师范大学	1	1	中国传媒大学	1	0.661
北京化工大学	0.799	0.998	南开大学	0.913	0.963	中央财经大学	0.891	0.887
北京邮电大学	1	1	吉林大学	1	1	对外经济贸易大学	1	1
中国农业大学	0.856	1	东北师范大学	0.950	1	中央音乐学院	1	1
北京林业大学	0.919	0.926	复旦大学	1	0.962	中央美术学院	1	1
北京中医药大学	1	1	上海交通大学	0.856	0.812	中央戏剧学院	1	1
华北电力大学	0.725	0.746	华东师范大学	1	1	中国政法大学	0.928	1
天津大学	0.914	0.992	南京大学	1	1	上海外国语大学	0.958	1
大连理工大学	0.702	0.768	东南大学	0.961	0.964	上海财经大学	1	1
东北大学	0.703	0.731	江南大学	0.845	1	中南财经政法大学	1	1
东北林业大学	0.672	0.740	浙江大学	1	1	西南财经大学	1	1
同济大学	0.656	0.762	厦门大学	1	0.873			
华东理工大学	0.733	0.766	山东大学	0.982	0.925			
东华大学	0.694	0.812	中国海洋大学	0.942	0.927			
中国矿业大学	0.668	0.623	武汉大学	1	1			
河海大学	0.755	0.819	华中师范大学	1	1			
南京农业大学	0.866	0.942	湖南大学	0.935	1			
中国药科大学	0.930	0.970	中南大学	0.935	1			
合肥工业大学	0.601	0.704	中山大学	0.844	0.987			
中国石油大学	0.646	0.684	四川大学	0.985	1			
华中科技大学	0.706	0.882	重庆大学	0.972	1			
中国地质大学	0.806	0.861	西南大学	0.968	1			

续表

大 理 类	2006年	2013年	综 合 类	2006年	2013年	大 文 类	2006年	2013年
武汉理工大学	0.584	0.673	西安交通大学	0.835	0.884			
华中农业大学	0.906	1	陕西师范大学	1	0.995			
华南理工大学	0.638	0.774	兰州大学	0.884	0.947			
西南交通大学	0.799	0.731						
电子科技大学	0.946	0.782						
西安电子科技大学	0.856	0.717						
长安大学	0.565	0.664						
西北农林科技大学	0.741	0.896						

① 从当前（2013 年）三类直属高校投入产出效率 DEA 有效的总体比例看，大文类最高，其次是综合类，再次是大理类。大文类 13 所高校有 10 所投入产出效率 DEA 有效，占总数的 76.92%；综合类 27 所高校有 15 所投入产出效率 DEA 有效，占总数的 55.56%；大理类 32 所高校有 6 所投入产出效率 DEA 有效，占总数的 18.75%。总的来看，72 所直属高校共有 31 所高校投入产出综合效率 DEA 有效，占总数的 43.06%，即当前一半以上的直属高校投入产出效率为非 DEA 有效的高校。

同时兼顾两个时间节点看，即 2006 年和 2013 年两个时间节点三类直属高校投入产出均 DEA 有效的高校比例看。大理类两个时间节点均属于 DEA 有效的高校仅有 3 所，分别是清华大学、北京邮电大学和北京中医药大学，仅占大理类高校总数比例的 9%。综合类共有 8 所，占总数比例的 30%；大文类共有 7 所，占总数的 54%。总体看，72 所直属高校 2006 年和 2013 年投入产出同时 DEA 有效的高校共有 18 所，占总数的比例为 25%，即四分之三的直属高校同时在 2006 年和 2013 年为非 DEA 有效高校。表明直属高校综合效率水平亟待改善。

② 2013 年三类直属高校投入产出总体效率与 2006 年相比，多数直属高校效率值均有较大程度提高。大理类有 2 所高校：北京交通大学和华中农业大学由 2006 年的非 DEA 有效达到 2013 年的 DEA 有效。综合类有 7 所高校由非 DEA 有效达到 DEA 有效，这 7 所高校分别是：江南大学、湖

南大学、中南大学、四川大学、重庆大学和西南大学。大文类有 1 所高校（北京语言大学）由非 DEA 有效达到 DEA 有效。尽管仍有较多高校在 2013 年未达到 DEA 有效，但其综合效率值与 2006 年相比，均有较大程度提高。反映出直属高校在努力改善总体效率水平。

③ 也有部分直属高校 2013 年总体效率与 2006 年相比有所下降，甚至由 DEA 有效下降为非 DEA 有效。2013 年较 2006 年投入产出效率下降的大理类高校共有 4 所，分别是中国矿业大学、西南交通大学、电子科技大学和西安电子科技大学。综合类共有 6 所，分别是北京大学、复旦大学、上海交通大学、厦门大学、山东大学和中国海洋大学，其中北京大学、复旦大学和厦门大学 3 所高校由 DEA 有效高校下降为非 DEA 有效。大文类共有 2 所，分别是中国传媒大学和中央财经大学，其中中国传媒大学由 DEA 有效高校下降为非 DEA 有效。

（2）纯技术效率分析

纯技术效率（Pure Technical Efficiency，PTE）反映的是直属高校投入产出资源的管理水平和控制能力。纯技术效率与综合技术效率的区别在于计算纯技术效率时没有考虑要素利用率问题所带来的效率损失，它的计算使用带有拥挤的 DEA 模型。一般意义上的"综合技术效率"是在"可变规模报酬（VRS）"下所提及的，因为在这种情况下厂商往往没有达到最优规模（即从原点出发与生产可能性曲线相切的斜率最大点，称此射线为 F），因此此时的"综合技术效率"既包括了对实际生产点与生产可能性曲线差距的测度（即纯技术效率），也包括了实际生产点与 F 射线差距的测度（即规模效率）。所以"纯技术效率"就已经假定生产已经对应了最优生产规模，即在"不变规模报酬（CRS）"假定下测度实际生产点与生产可能性曲线差距的测度。纯技术效率反映的是决策单元中最优规模时投入要素的生产效率，主要反映由于管理和技术等因素影响的生产效率。纯技术效率=1，表示在目前的技术水平上，其投入资源的使用是有效率的。2006 年和 2013 年两个时间节点三类直属高校投入产出纯技术效率结果见表 5-2。可以得到如下结论。

表 5-2　三类直属高校 2006 年和 2013 年资源配置纯技术效率结果

大 理 类	2006年	2013年	综 合 类	2006年	2013年	大 文 类	2006年	2013年
清华大学	1	1	北京大学	1	1	北京外国语大学	1	0.965
北京交通大学	1	1	中国人民大学	1	1	北京语言大学	0.706	1
北京科技大学	0.834	0.936	北京师范大学	1	1	中国传媒大学	1	0.982
北京化工大学	0.864	1	南开大学	1	0.987	中央财经大学	0.929	0.942
北京邮电大学	1	1	吉林大学	1	1	对外经济贸易大学	1	1
中国农业大学	0.881	1	东北师范大学	0.958	1	中央音乐学院	1	1
北京林业大学	1	0.962	复旦大学	1	0.984	中央美术学院	1	1
北京中医药大学	1	1	上海交通大学	0.869	0.831	中央戏剧学院	1	1
华北电力大学	0.840	0.931	华东师范大学	1	1	中国政法大学	0.954	1
天津大学	1	1	南京大学	1	1	上海外国语大学	0.96	1
大连理工大学	0.886	0.913	东南大学	1	1	上海财经大学	1	1
东北大学	0.845	0.922	江南大学	0.845	1	中南财经政法大学	1	1
东北林业大学	0.816	0.988	浙江大学	1	1	西南财经大学	1	1
同济大学	0.904	0.926	厦门大学	1	0.891			
华东理工大学	0.805	0.929	山东大学	1	0.941			
东华大学	0.803	0.901	中国海洋大学	0.989	0.946			
中国矿业大学	0.862	0.933	武汉大学	1	1			
河海大学	0.928	0.938	华中师范大学	1	1			
南京农业大学	0.975	0.996	湖南大学	1	1			
中国药科大学	0.973	1	中南大学	0.935	1			
合肥工业大学	0.815	0.927	中山大学	0.845	1			
中国石油大学	0.884	0.921	四川大学	1	1			
华中科技大学	1	1	重庆大学	1	1			
中国地质大学	0.928	0.950	西南大学	0.972	1			
武汉理工大学	0.788	0.888	西安交通大学	0.835	0.887			
华中农业大学	1	1	陕西师范大学	1	1			
华南理工大学	0.869	0.966	兰州大学	1	1			
西南交通大学	0.932	1						
电子科技大学	0.994	0.916						
西安电子科技大学	0.980	0.946						
长安大学	0.768	0.927						
西北农林科技大学	0.845	0.977						

第一，32所大理类高校2013年有11所纯技术效率等于1，占总数的34.38%，与2006年相比增加2所。大理类高校除武汉理工大学纯技术效率值低于0.9外，其他均在0.9以上且平均值为0.959，说明整个大理类高校总体只有不到4%的投入量没有能够有效达到最适合的产出量。因此，从纯技术效率角度看，这32所高校总体资源利用效率是有效的，目前并未出现严重的资源浪费现象，大理类直属高校的资源管理水平较高。

第二，27所综合类2013年共有20所纯技术效率等于1，占总数的74.07%，与2006年相比增加1所。综合类直属高校2013年纯技术效率平均值为0.980，说明整个综合类高校总体只有不到1%的投入量没有能够有效达到最适合产出量，综合类直属高校的资源管理水平也较高。

第三，13所大文类共有10所纯技术效率等于1，占总数的76.92%，与2006年相比增加1所。大文类直属高校纯技术效率平均值为0.991，整个大文类高校总体只有不到1%的投入量没有能够有效达到最适合产出量，大文类直属高校的资源管理水平最高。综上所述，72所直属高校共有41所纯技术效率有效，占总数的56.94%；除个别高校外，三类直属高校纯技术效率值大多在0.9以上，纯技术效率值较高，说明直属高校总体资源管理水平较高。与三类直属高校总体效率水平即综合效率值相对较低的客观现实对比分析，纯技术效率不是造成总体效率值低的主要原因，规模效率低是主要影响因素。

（3）规模效率和规模报酬分析

规模效率是对直属高校投入产出规模收益状况的测度，衡量的是在一定技术水平条件下，各直属高校是否在规模最佳状态下开展办学活动。规模效率等于总体效率与纯技术效率的比值，规模效率越接近1，表示办学规模越合适。如果规模效率值等于1，则表示该决策单元处于固定规模报酬状态，即规模报酬最优状态。如果规模效率值小于1，则说明该决策单元处于规模报酬递增或递减的低效率状态。三类直属高校2013年规模效率及报酬状态结果见表5-3。可以得到如下结论。

表 5-3　三类直属高校 2013 年规模效率及报酬状态结果

大 理 类	规模效率	报酬状态	综 合 类	规模效率	报酬状态	大 文 类	规模效率	报酬状态
清华大学	1	—	北京大学	0.958	drs	北京外国语大学	0.919	drs
北京交通大学	1	—	中国人民大学	1	—	北京语言大学	1	—
北京科技大学	0.970	drs	北京师范大学	1	—	中国传媒大学	0.673	drs
北京化工大学	0.998	irs	南开大学	0.976	irs	中央财经大学	0.942	drs
北京邮电大学	1	—	吉林大学	1	—	对外经济贸易大学	1	—
中国农业大学	1	—	东北师范大学	1	—	中央音乐学院	1	—
北京林业大学	0.962	drs	复旦大学	0.978	drs	中央美术学院	1	—
北京中医药大学	1	—	上海交通大学	0.978	drs	中央戏剧学院	1	—
华北电力大学	0.801	drs	华东师范大学	1	—	中国政法大学	1	—
天津大学	0.992	drs	南京大学	1	—	上海外国语大学	1	—
大连理工大学	0.841	drs	东南大学	0.964	irs	上海财经大学	1	—
东北大学	0.793	drs	江南大学	1	—	中南财经政法大学	1	—
东北林业大学	0.749	drs	浙江大学	1	—	西南财经大学	1	—
同济大学	0.824	drs	厦门大学	0.98	irs			
华东理工大学	0.824	drs	山东大学	0.983	drs			
东华大学	0.901	drs	中国海洋大学	0.98	drs			
中国矿业大学	0.668	drs	武汉大学	1	—			
河海大学	0.873	drs	华中师范大学	1	—			
南京农业大学	0.946	drs	湖南大学	1	—			
中国药科大学	0.970	drs	中南大学	1	—			
合肥工业大学	0.760	drs	中山大学	0.987	drs			
中国石油大学	0.742	drs	四川大学	1	—			
华中科技大学	0.882	drs	重庆大学	1	—			
中国地质大学	0.906	drs	西南大学	1	—			
武汉理工大学	0.758	drs	西安交通大学	0.996	drs			
华中农业大学	1	—	陕西师范大学	0.995	irs			
华南理工大学	0.801	drs	兰州大学	0.947	irs			
西南交通大学	0.731	drs						
电子科技大学	0.853	drs						
西安电子科技大学	0.758	drs						
长安大学	0.716	drs						
西北农林科技大学	0.917	drs						

　　注："—"代表固定规模报酬状态；"irs"代表规模报酬递增状态；"drs"代表规模报酬递减状态。下同。

① 2013 年，大理类高校仅有 6 所规模效率值等于 1，处于规模有效状态，占总数的 18.75%。同理，综合类高校有 15 所处于规模有效，占总数的 55.56%。大文类高校有 10 所处于规模有效，占总数的 76.92%。大文类高校规模有效的比例最高，其次是综合类，大理类最低。总的来看，三类直属高校共有 31 所规模有效，占总数的 43.06%，从中可以看到大多数直属高校未实现资源配置的规模报酬最优状态，结合大多数直属高校综合效率值较低的现实，规模报酬未达到最优是造成多数直属高校总体效率水平不高的主要原因。

② 大理类非规模有效的 26 所高校中，除北京化工大学属于规模报酬递增状态外，其余 25 所均处于规模报酬递减状态。综合类非规模有效的 12 所高校中，有 7 所处于规模报酬递减状态，有 5 所处于规模报酬递增状态。大文类非规模有效的 3 所高校均处于规模报酬递减状态。规模报酬递减状态下的高校其产出比例的增加会小于投入比例的增加。因此对这类高校应适当控制办学规模，避免盲目扩大办学资源的再投入，合理配置和使用现有资源，提高资源利用效率。

③ 结合表 5-2 纯技术效率结果看，某些直属高校虽非规模有效，但却是纯技术效率有效。规模因素是造成非 DEA 有效的主要原因。对这类高校的纯技术效率而言并没有投入、产出需要减少、增加，它们的综合效率之所以没有达到最优即效率值为 1，是因为其规模和投入、产出不匹配。对这类高校建议保持现有的资源配置比例，适度控制投入，以便达到规模报酬最优状态。

④ 对于纯技术效率和规模效率均小于 1 的直属高校，要实现办学效率的提升，不仅要调整整体办学规模，适度减少投入，同时还应注重内部结构和比例的调整，评估投入要素的配置比例，最终实现技术有效。

（4）非 DEA 有效单元的投影分析

根据前面表 5-1 等的计算结果可知，三类高校共有 41 所投入产出总体效率相对较低或称非 DEA 有效高校。那么这些高校距离 DEA 有效高校的差距有多少，如果想改进应从哪些方面着手，需要改进多少等等。解决这些问题需要经过投影分析。根据前面公式分别计算出 2013 年三类非

DEA 有效直属高校的投入冗余率和产出不足率，结果见表 5-4、表 5-5 和表 5-6。表中数据反映了每所 DEA 无效直属高校通过适当减少投入或者适当增加产出的路径实现由无效转向有效的方法及具体操作措施。以大文类高校说明如下。

表 5-4　2013 年非 DEA 有效大文类直属高校投入冗余率和产出不足率

大文类高校	2013 年总体效率值	产出不足率				投入冗余率		
		产出 1	产出 2	产出 3	产出 4	投入 1	投入 2	投入 3
北京外国语大学	0.886	0.111	0.110	0	0	0	0.053	0
中国传媒大学	0.661	0	0	0	0.008	0.169	0.258	0.402
中央财经大学	0.887	0	0	0	0.163	0	0.067	0.230

表 5-5　2013 年非 DEA 有效大理类直属高校投入冗余率和产出不足率

大理类高校	2013 年总体效率值	产出不足率			投入冗余率	
		产出 1	产出 2	产出 3	投入 1	投入 2
北京科技大学	0.907	0	0	0	0	0.03
北京化工大学	0.998	0	0	0	0	0
北京林业大学	0.926	0	0	0	0	0.009
华北电力大学	0.746	0.034	0	0	0.027	0.115
天津大学	0.992	0	0	0	0	0
大连理工大学	0.768	0	0	0	0.026	0.215
东北大学	0.731	0	0	0	0	0.012
东北林业大学	0.740	0	0	0	0.088	0.157
同济大学	0.762	0	0	0	0.05	0.141
华东理工大学	0.766	0	0	0	0	0.078
东华大学	0.812	0	0	0	0	0.106
中国矿业大学	0.623	0	0	0	0.054	0.191
河海大学	0.819	0.017	0	0.009	0	0.137
南京农业大学	0.942	0	0	0.015	0	0.036
中国药科大学	0.970	0	0	0	0	0

续表

大理类高校	2013 年总体 效率值	产出不足率			投入冗余率	
		产出 1	产出 2	产出 3	投入 1	投入 2
合肥工业大学	0.704	0	0	0	0.027	0.224
中国石油大学	0.684	0.070	0	0.036	0.045	0.224
华中科技大学	0.882	0	0	0	0	0
中国地质大学	0.861	0.064	0	0	0.021	0
武汉理工大学	0.673	0.037	0	0	0.045	0.104
华南理工大学	0.774	0	0	0.044	0.076	0.176
西南交通大学	0.731	0	0	0	0	0
电子科技大学	0.782	0.032	0	0	0	0.166
西安电子科技大学	0.717	0	0	0	0.017	0.129
长安大学	0.664	0.011	0	0	0.099	0.213
西北农林科技大学	0.896	0	0	0	0.088	0

表 5-6　**2013 年非 DEA 有效综合类直属高校投入冗余率和产出不足率**

综合类高校	2013 年总体 效率值	产出不足率				投入冗余率	
		产出 1	产出 2	产出 3	产出 4	投入 1	投入 2
北京大学	0.958	0	0	0	0	0	0
南开大学	0.963	0	0	0	0.030	0	0
复旦大学	0.962	0	0	0.037	0.102	0	0.003
上海交通大学	0.812	0	0	0.234	0	0	0
东南大学	0.964	0	0	0	0	0	0
厦门大学	0.873	0	0	0	0.036	0	0
山东大学	0.925	0.060	0.031	0	0	0	0
中国海洋大学	0.927	0.072	0.136	0.111	0	0	0
中山大学	0.987	0	0	0	0	0	0
西安交通大学	0.884	0	0	0.043	0	0	0.003
陕西师范大学	0.995	0	0	0	0	0	0
兰州大学	0.947	0	0	0	0	0	0

产出既定，从投入情况看，北京外国语大学应该在投入 2 指标上减少 5.3%；而中国传媒大学需要在投入 3 项成分指标上分别减少 16.9%、25.8% 和 40.2%，哪些具体原始指标需要减少以及减少的比例是多少，还需要再结合每个投入指标在各成分上的特征向量结果做进一步的具体分析；中央财经大学需要在投入 2 和投入 3 上分别减少 6.7% 和 23%，原始指标减少的比例同上。

投入既定，从产出情况看，北京外国语大学应该在产出 1 和产出 2 两项成分指标上分别增加 11.1% 和 11%。同理，可以对大理类和综合类非有效高校进行类似的投影分析。

大理类非 DEA 有效高校投影分析表明，几乎所有非 DEA 有效大理类高校都存在投入冗余现象，即存在单位产出条件下投入过多的情况。大理类非 DEA 有效高校应通过减少投入的方式实现资源优化配置。

综合类非 DEA 有效高校投影分析表明，除了复旦大学和西安交通大学存在投入冗余现象外，其他非 DEA 有效综合类高校存在产出不足现象，即存在单位投入条件下产出过少的情况。综合类非 DEA 有效高校应通过增加产出的方式实现资源优化配置。

上述分析表明，不同类别直属高校造成非 DEA 有效的原因各有不同。为保证直属高校投入产出资源优化配置，各直属高校应及时从自身做起，发现办学资源利用低效率的出处和原因，及时做出调整，走结构合理、资源节约、特色鲜明的内涵式发展之路。

3. 静态评价结论

本节通过 CCR 和 BCC 两种经典 DEA 模型，结合利用传统主成分分析方法处理的 2006 年和 2013 年两年的截面数据，比较了三类直属高校的办学效率，以了解各高校投入产出的效率和差异，找出非 DEA 有效高校的改进方向，为直属高校的优化配置资源提供参考。这种测算方法综合了主成分分析和 DEA 两种方法的优点，对直属高校投入产出利用效率进行了客观评价，经检验该方法可行并有效。从分析结果看，仅有 31 所直属高校总体效率有效，占全部总数的不到一半。共有 41 所直属高校纯技术效率有效，占总数的 56.94%；除个别高校外，三类直属高校纯技术效率值均较高，说明多数直属高校资源管理技术水平较高，资源管理技术水平并非影响总体效率无效的主要原因。影响高校非 DEA 有效的主要元素是规模效率低造成的。因此各高校在提高投入产出效率上，除应在教育资源使用上开源节流外，应特别重视各项投入资源的有效利用，尽可能实现规模报酬最优状态，这样才能提升高校整体资源利用率，实现总体效率提高，达到 DEA 有效状态。

（二）直属高校资源优化配置动态评价结果

上节采使用 DEA 计算所得的效率值仅是对具体某一年份直属高校资源配置效率的相对有效性的测度，是基于截面数据的静态的效率评价。这就会导致如下情况发生：某直属高校虽然两个时期均处于效率前沿面之外且本期 DEA 效率值低于上期，但其绝对效率有可能高于上期，即处于效率逐步改善阶段。静态的 DEA 效率评价就无法发现这些直属高校的效率进步或退步。本节重点研究 2006 年—2013 年直属高校资源配置效率的时序变化情况。将 DEA 运用到 Malmquist 指数计算过程中，通过使用面板数据来计算决策单元时间序列上的直属高校投入产出资源配置效率的动态变化。这里的资源配置效率变化采用 Malmquist 指数表示，该指数是一个包含横截面和时间序列的混合数据，由综合效率变化和管理创新变化两部分组成。综合效率变化又可分解为纯技术效率变化和规模效率变化两部分。因此本节中计算各类直属高校投入产出资源配置效率变化的 Malmquist 指数时，也从资源配置纯技术效率变化、规模效率变化、综合效率变化和管理水平变化四部分测度。这里直属高校投入产出资源配置的纯技术效率指数指公式中的 ΔTE、规模效率指数指公式中的 ΔSE、综合效率指数指公式中的 MC、管理创新指数指公式中的 MF、全要素生产率指数指公式中的 $Malmquist$ 指数，各类直属高校 Malmquist 指数的计算结果分别见下。MF 指数反映了由于在院校层面上管理的变化对直属高校资源配置效率的影响。Malmquist 生产率指数由 MC 指数和 MF 指数两部分构成，充分体现了由于直属高校内外因素的影响而带来的高校办学资源配置效率的变化。当 Malmquist 生产率指数大于 1 时，表明直属高校资源配置效率的提高，呈现出资源优化配置的状态；当 Malmquist 生产率指数等于 1 时，表示直属高校资源配置状态保持不变；当 Malmquist 生产率指数小于 1 时，表明直属高校资源配置效率降低，资源配置状态趋于恶化。

1. 直属高校资源配置效率平均趋势变化的测度

根据公式，利用求算术平均数的方法，计算出 2006 年到 2013 年三类教育部直属高校投入产出资源配置效率的变化趋势，再利用求几何平均数的方法，计算出 8 年来平均每年的各种效率变化的直属值。计算结果详见表 5-7、表 5-8 和表 5-9。

表 5-7　综合类直属高校 2006—2013 年 Malmquist 指数结果

年　份	纯技术效率	规模效率	综合效率	管理创新	Malmquist 指数
2006—2007	0.993	1.001	0.994	0.940	0.935
2007—2008	0.999	1.008	1.007	0.888	0.894
2008—2009	1.014	0.987	1.001	0.918	0.919
2009—2010	0.987	0.989	0.976	1.006	0.982
2010—2011	1.011	0.984	0.995	0.958	0.953
2011—2012	1.007	1.028	1.035	0.944	0.977
2012—2013	0.999	1.009	1.008	0.993	1
平均值	1.001	1.001	1.002	0.949	0.951

表 5-8　大理类直属高校 2006—2013 年 Malmquist 指数结果

年　份	纯技术效率	规模效率	综合效率	管理创新	Malmquist 指数
2006—2007	0.981	1.005	0.987	0.972	0.959
2007—2008	1.064	1.024	1.089	0.880	0.959
2008—2009	1.001	1	1.001	1.007	1.008
2009—2010	1.008	0.969	0.976	1.007	0.983
2010—2011	0.996	1.013	1.010	0.985	0.995
2011—2012	1	1.028	1.028	0.983	1.011
2012—2013	1.010	0.972	0.981	0.996	0.977
平均值	1.008	1.001	1.010	0.975	0.984

表 5-9　大文类直属高校 2006—2013 年 Malmquist 指数结果

年　份	纯技术效率	规模效率	综合效率	管理创新	Malmquist 指数
2006—2007	0.993	0.996	0.99	0.962	0.952
2007—2008	1.033	0.978	1.010	0.845	0.853
2008—2009	1.010	1.033	1.044	0.921	0.961
2009—2010	1.003	1	1.003	1.060	1.063
2010—2011	0.995	0.976	0.971	0.896	0.87
2011—2012	0.993	0.972	0.965	1.077	1.039
2012—2013	1.004	1.015	1.019	1.023	1.043
平均值	1.004	0.996	1	0.966	0.966

依据下述各表，可以得出如下结论。

（1）从各年 Malmquist 指数平均值看，三类直属高校的 Malmquist 指数平均值均小于1，说明这8年间三类直属高校投入产出资源配置的总体效率呈下降趋势，即存在资源配置状态趋于恶化倾向。其中综合类下降最快，其次是大文类，再次是大理类。从具体年份看，综合类直属高校除2013年与上年持平外，其他年份均呈下降态势。大理类直属高校除2009年和2012年比上年有所增长外，其他年份也呈下降趋势。大文类直属高校除2010年、2012年和2013年比上年有所增长外，其他年份同样呈下降趋势。

（2）从 Malmquist 指数的组成部分看，资源配置综合效率指数 MC 指数年度均值大于管理创新指数 MF 指数年度均值，说明直属高校资源配置综合效率改进对拉动投入产出资源配置全要素生产率的提高作用大，而管理创新的变化对资源配置生产率的提高作用相对较小。具体是，大理类、综合类和大文类综合效率值 MC 分别为1.01、1.002和1，大于相应管理创新指数值 MF，且 MF 指数呈下降趋势。

（3）从资源配置综合效率指数 MC 指数的组成部分看，纯技术效率指数的年度均值大于1，略高于规模效率指数的年度均值。从三类直属高校8年来两个指数变化情况看，三类直属高校纯技术效率指数均呈现缓慢阶梯式上升的态势。大理类和综合类的规模效率指数也呈现缓慢增长，而大文类则保持不变。可见，现阶段拉动直属高校投入产出资源配置相对综合效率提高的主要因素是纯技术效率指数。不同具体年份，两个指数均值变化有所起伏。

2. 不同类型直属高校资源配置效率平均趋势变化的测度

三类直属高校 2006—2013 年 Malmquist 指数及各组成部分指数的结果分别见表 5-10、表 5-11 和表 5-12。由表 5-10 可知，大理类直属高校 Malmquist 均值为 0.984 小于 1，表明大理类高校这 8 年间总体资源配置效率有所下降。综合效率值为 1.01，且大于管理创新指数 0.975。这反映出大理类高校综合效率变动较管理创新的作用更重要。从综合效率分解的组成部分看，纯技术效率和规模效率均值大于 1，纯技术进步效率和办学规模效率对大理类直属高校均有所增长，相对效率处于改善阶段。分具体高校看，清华大学、北京化工大学、华中科技大学、武汉理工大学和华南理工大学 4 所大理类高校 Malmquist 指数大于 1，这 4 所高校相对效率在此时间段一直处于不断改善阶段。

表 5-10　大理类直属高校 2006—2013 年 Malmquist 指数结果

大理类高校	纯技术效率	规模效率	综合效率	管理创新	Malmquist 指数
清华大学	1	1	1	1.015	1.015
北京交通大学	1	1.001	1.001	0.968	0.969
北京科技大学	1.017	1.003	1.020	0.980	0.999
北京化工大学	1.021	1.011	1.032	0.971	1.002
北京邮电大学	1	1	1	0.975	0.975
中国农业大学	1.018	1.004	1.022	0.976	0.998
北京林业大学	0.995	1.007	1.001	0.971	0.972
北京中医药大学	1	1	1	0.953	0.953
华北电力大学	1.015	0.989	1.004	0.975	0.979
天津大学	1	1.012	1.012	0.980	0.991
大连理工大学	1.004	1.009	1.013	0.978	0.990

续表

大理类高校	纯技术效率	规模效率	综合效率	管理创新	Malmquist 指数
东北大学	1.013	0.993	1.006	0.982	0.987
东北林业大学	1.028	0.986	1.014	0.971	0.985
同济大学	1.003	1.018	1.022	0.970	0.991
华东理工大学	1.021	0.986	1.006	0.974	0.980
东华大学	1.016	1.006	1.023	0.972	0.995
中国矿业大学	1.011	0.979	0.990	0.975	0.965
河海大学	1.002	1.010	1.012	0.972	0.984
南京农业大学	1.003	1.009	1.012	0.973	0.985
中国药科大学	1.004	1.002	1.006	0.951	0.957
合肥工业大学	1.018	1.004	1.023	0.973	0.995
中国石油大学	1.006	1.002	1.008	0.979	0.987
华中科技大学	1	1.032	1.032	0.974	1.005
中国地质大学	1.003	1.006	1.009	0.983	0.992
武汉理工大学	1.017	1.003	1.02	0.984	1.004
华中农业大学	1	1.014	1.014	0.969	0.983
华南理工大学	1.015	1.013	1.028	0.978	1.006
西南交通大学	1.010	0.977	0.987	0.974	0.962
电子科技大学	0.988	0.985	0.973	0.980	0.954
西安电子科技大学	0.995	0.980	0.975	0.975	0.951
长安大学	1.027	0.996	1.023	0.976	0.999
西北农林科技大学	1.021	1.006	1.028	0.971	0.998
平均值	1.008	1.001	1.010	0.975	0.984

由表5-11可知，大文类Malmquist指数为0.966，小于1，说明大文类直属高校投入产出资源优化配置在这8年间呈下降趋势，相对效率有退化倾向。综合效率均值为1保持不变。管理创新指数为0.966，呈下降趋势，表明资源管理能力有退化倾向。综合效率变动是导致大文类Malquist指数

变化的主要原因。从综合效率的组成部分看，纯技术效率对综合效率变动的作用最大，纯技术效率指数略大于1，表明大文类高校资源配置技术呈不断改善趋势。从具体每所高校看，大文类直属高校办学配置资源效率有不断下降趋势。

表 5-11 大文类直属高校 2006—2013 年 Malmquist 指数结果

大文类高校	纯技术效率	规模效率	综合效率	管理创新	Malmquist 指数
北京外国语大学	0.995	0.988	0.983	0.954	0.938
北京语言大学	1.051	1.01	1.061	0.941	0.998
中国传媒大学	0.997	0.945	0.943	0.967	0.912
中央财经大学	1.002	0.998	0.999	0.994	0.993
对外经济贸易大学	1	1	1	0.943	0.943
中央音乐学院	1	1	1	0.990	0.990
中央美术学院	1	1	1	0.985	0.985
中央戏剧学院	1	1	1	0.960	0.960
中国政法大学	1.007	1.004	1.011	0.983	0.994
上海外国语大学	1.006	1	1.006	0.990	0.996
上海财经大学	1	1	1	0.991	0.991
中南财经政法大学	1	1	1	0.905	0.905
西南财经大学	1	1	1	0.956	0.956
平均值	1.004	0.996	1	0.966	0.966

由表 5-12 可知，综合类直属高校 Malmquist 指数值均小于1，综合类高校在这 8 年中投入产出配置资源效率呈下降趋势，综合效率呈退化倾向。从 Malmquist 的组成部分看，综合变动效率均值大于管理创新指数。从综合性效率变动组成部分看，纯技术效率与规模效率相比具有相同作用，更能体现直属高校效率变动因素主要来自于纯技术效率。管理创新指数消退过于迅速，表明综合类高校资源管理能力呈不断退化倾向。

表 5-12 综合类直属高校 2006—2013 年 Malmquist 指数结果

综 合 类	纯技术效率	规模效率	综合效率	管理创新	Malmquist 指数
北京大学	1	0.994	0.994	0.963	0.957
中国人民大学	1	1	1	0.953	0.953
北京师范大学	1	1	1	0.964	0.964
南开大学	0.998	1.009	1.008	0.953	0.960
吉林大学	1	1	1	0.868	0.868
东北师范大学	1.006	1.001	1.007	0.937	0.943
复旦大学	0.998	0.997	0.994	0.981	0.976
上海交通大学	0.994	0.999	0.993	0.961	0.954
华东师范大学	1	1	1	0.950	0.950
南京大学	1	1	1	0.957	0.957
东南大学	1	1	1	0.941	0.941
江南大学	1.024	1	1.024	0.958	0.981
浙江大学	1	1	1	0.982	0.982
厦门大学	0.984	0.997	0.981	0.957	0.938
山东大学	0.991	1	0.992	0.933	0.925
中国海洋大学	0.994	1.004	0.998	0.959	0.957
武汉大学	1	1	1	0.963	0.963
华中师范大学	1	1	1	0.957	0.957
湖南大学	1	1.010	1.01	0.956	0.965
中南大学	1.010	1	1.01	0.964	0.973
中山大学	1.024	0.998	1.023	0.936	0.957
四川大学	1	1.002	1.002	0.940	0.942
重庆大学	1	1.004	1.004	0.945	0.949
西南大学	1.004	1.001	1.005	0.949	0.953
西安交通大学	1.009	1	1.008	0.953	0.96
陕西师范大学	1	0.999	0.999	0.911	0.910
兰州大学	1	1.010	1.010	0.935	0.945
平均值	1.001	1.001	1.002	0.949	0.951

3. 动态评价结论

为了弥补经典 DEA 模型效率测度只能进行同时期内决策单元之间的相对有效性的横向比较，而无法考虑时间因素条件下自身效率的纵向比较这一不足，本节使用基于 DEA 的 Malmquist 指数法对直属高校进行投入产出资源配置效率测度，计算高校历年间的生产率变化。同时对 Malmquist 指数进行了分解研究，分解出的不同效率层面造成 Malmquist 指数变化的原因。研究发现，总体上看，三类直属高校在这 8 年间资源配置效率总体上都存在倒退现象。综合效率变动对总体效率退步所起作用大于管理创新因素。对综合效率继续分解解构看，除大文类的规模效率下降外，其他高校的纯技术效率均值均大于 1。表明纯技术效率对综合效率变动影响作用最大。具体对于三类不同直属高校内部之间的效率看，不同类型直属高校其内部情况又有所区别。

最后需要指出的是尽管 DEA 方法应用广泛并逐渐完善，但它还是存在着"与生俱来"的局限性，这些局限性来源于该方法的前提假设和计算公式。DEA 方法的局限性主要有：①作为一种相对效率评价方法，效率值只反映当前 DMU 的相对情况，当 DMU 发生变化时，效率评价结果也会发生改变，而且效率值的大小并不能反映 DMU 效率的绝对情况；②分辨率低，当 DMU 数量较多时容易聚堆，反映不出不同 DMU 真实效率差别，且效率不可比，难以排序；③要求投入和产出指标不宜太多，指标较多时容易使得所有 DMU 效率都为 1，无法对 DMU 的效率值加以区分辨识。① 因此，未来研究仍需要根据相关研究方法的不足，选择更适宜的 DEA 模型进行深入探讨，对原有方法进行修正，减少方法局限性对评价结果的影响。

---

① 喻登科，邓群钊. DEA 方法应用的若干思考 [J]. 现代管理科学，2012（10）：20–23.

结 语

高校绩效评价，作为一种评价方式，在西方发达国家都已得到了广泛应用，特别是用于政府对高校的绩效拨款。在我国，高校绩效评价发展的时间并不长，虽然在20世纪90年代就已经有了这方面的探索，但经过近二十年的发展仍局限于高校办学的个别领域，比如科研、师资管理等，而并未扩展到对整个学校的办学绩效进行评价。2009年中国教育科学研究院发布了教育部直属高校绩效评价结果，大大推动了高等学校绩效评价的系统研究和实践探索，并在一段时间内，引起了社会各界广泛关注和争鸣。

与此同时，政府也不断出台文件强调高校绩效管理，甚至直接推动评价结果和绩效拨款挂钩。2010年《国家中长期教育改革和发展规划纲要（2010—2020年）》提出高校"引入竞争机制，实施绩效评估，进行动态管理"，直接推动了我国高校绩效评价的发展。2012年，教育部发布的《国家教育事业发展第十二个五年规划》提出"设立高等教育拨款咨询委员会，完善高等学校财政支出绩效评价体系，构建以绩效为导向的资源配置机制"。2013年党的十八届三中全会《中共中央关于全面深化改革若干重大问题的决定》中提出："要严格绩效管理，突出责任落实，确保权责一致。"由此可见，政府对绩效的重视，提到了非常重要的高度。

在此背景下，地方财政部门也开始建立起高校绩效预算管理机制，注重绩效预算全过程管理。比如，2010年上海市率先探索高校绩效评价，在

《上海市中长期教育改革和发展规划纲要（2010—2020年）》中，就明确指出"将财政投入与高等学校绩效考核衔接起来"，在全国率先以制度形式确定了高等学校的绩效拨款模式。2011年，江苏省决定对省属高校的人才培养质量开展绩效评估，并根据评估结果进行绩效拨款。此外，近年来，浙江、福建等地也在开展省域层面的绩效拨款改革。上述实践为我国进一步完善大学绩效评估和绩效拨款奠定了基础。总之，根据绩效评价结果与绩效拨款挂钩，进行拨款系数调整，对高校的人才培养、师资队伍建设和保障等都起了良性引导的作用。

然而，作为我国高等教育领域里的"新事物"，高校绩效评价的研究和实践，仍然还处于探索阶段[①]，也还需要不断发展和完善。

一是高校绩效评价的理论研究、指标体系、工具方法、具体实施还需要不断深化和推进；高校绩效评价作为一种评价方式，存在差异分歧也正常，的确并非所有的变量都可以观测。但是，通过能够观测的指标，能够反映出一些关键问题[②]。而且，高校绩效评价作为一种评价方式，对于改变过去的那种绝对评价，引导资源合理配置，仍然有它不可替代的地位和作用。至于在具体实践中，出现了一些的情况，也在所难免。只要坚持科学的价值取向和定位，针对具体问题，在研究过程中不断进行调整和优化，应该可以作为一种非常重要的高校评价方式，从而促进高校的内涵发展。

二是高校绩效评价的外部内部环境还有待优化，比如要为社会、高校广泛接受，要形成高校自觉接受和参与绩效评价、公众加大关注和监督的良好氛围。作为一种评价方式，高校绩效评价的使用边界尤其为人所诟病。有人认为这样一种评价方式如果和绩效拨款挂钩，甚至成为绝对的、唯一的评价标准之后，对高校发展会带来巨大的冲击，甚至会有许多负面影响。从实践上来看，世界上许多国家都将高校绩效评价和绩效拨款挂钩，这样虽然也有风险，但是只要评价标准科学，指标选取合理，方法应

---

① 张男星，等. 高等学校绩效评价报告 2012 [M]. 北京：教育科学出版社，2013：207.

② HORNE J, HU B. Estimation of cost efficiency of Australian universities [J]. Mathematics and Computers in Simulation, 2008：206.

用适当，就不会存在对高校产生误导的说法，或者总体上来看，利大于弊。同时，许多高校也都自觉开展校本绩效评价，积极发挥高校绩效评价对于学校运行诊断和改善的功能。

很显然，和政府加强"绩效管理"的期待以及高等教育内涵发展的诉求相比，目前高校绩效评价还只是在小范围、部分地区开展，还有待于进一步扩大。从今后的研究和实践方向来看，高校绩效评价的推进要结合政府的需求，在管办评分离大的政策背景下，承担起为高校资源配置科学诊断的使命，同时，要积极加强评估部门和高校的联系与合作，协同推进高校绩效评价的科学化和常态化。

与高校协同推进绩效评价工作，重点是调动高校的积极性，主动参与或接受评估，其中最重要的是完善高校信息公开制度。笔者以为，高校发展，不仅要考虑学校自身的层面，更要肩负起为国家、社会培育英才的责任；不仅要考虑学校的短期声誉，更要着眼于学校的长远大计。因此，公开学校办学信息，也是推进高校治理现代化的应有之义。当前，教育发展进入了信息化时代，需要我们进一步开放办学、积极沟通，减少交易成本，实现有效的信息对称。高校绩效评价，其实就是实现信息对称的有效途径。总的来看，高校绩效评价作为一种评价方式，无疑对优化高校办学资源，提升办学水平具有至关重要的作用。

新时期，随着我国经济发展进入新常态，整体经济增长放缓，政府越来越强调高等教育的问责。从未来的发展趋势来看，绩效评价必然将在一定程度上和绩效拨款挂钩。《国家中长期教育改革和发展规划纲要（2010—2020 年）》要求在高校"引入竞争机制，实行绩效评估，进行动态管理"。2014 年 7 月教育部直属高校第 24 次工作咨询委员会明确提出："以科学评价为基础，通过绩效拨款引导高校内涵发展、提高质量。"从以上政策动向来看，足以反映高校绩效评价研究的价值和功用。随着研究和实践的深入，高校绩效评价将会得到更多高校的认可；而且在政府的倡导和社会的呼吁下，高校绩效评价的价值将会更加彰显。

总之，在 2013 年度的高校绩效评价报告中，我们在理论研究、指标体系、具体方法、研究指向上都有新的进展，而且更加明确地提出要以高校绩效评价促进资源配置的优化。相信在后续的研究和实践中，高校绩效评价将会发挥更大的作用，并以此为"杠杆"，推动教育综合改革，进而实现高等教育内涵发展的目的。评价原本就是一项带有风险的工作，而高等教育领域的绩效评价更具挑战性，我们愿意与学界同仁一起迎接这样的挑战。

后　记

　　本报告是国家自然科学基金面上项目"高校绩效评价与资源配置"（项目批号：71273249）以及中国教育科学研究院科研公益基金课题的研究成果。

　　该课题由中国教育科学研究院高等教育研究中心承担。课题负责人张男星提出本报告的写作思路和写作结构，参与写作的人员共同讨论并形成基本观点。写作分工如下。

　　前言：张男星，孙继红；第一章：王占军（浙江师范大学），楚晓琳，郭芳芳（山西大学）；第二章：王占军，姜朝晖，郭芳芳；第三章：孙继红；第四章：王纾；第五章：孙继红，姜朝晖；结语：姜朝晖。姜朝晖参与前期合稿，王纾统稿、统校，王春春协助校稿，张男星统稿并定稿。

　　在此，向以不同方式为本报告的完成提供支持与帮助的领导和同事们一并致谢！

高等学校绩效评价课题组
2015 年 7 月

出 版 人　所广一

责任编辑　夏辉映

版式设计　孙欢欢

责任校对　贾静芳

责任印制　叶小峰

图书在版编目（CIP）数据

高等学校绩效评价报告. 2013／张男星等著 . —北京：
教育科学出版社，2015.12
　（国视教育研究书系）
　ISBN 978-7-5041-9964-5

Ⅰ.①高…　Ⅱ.①张…　Ⅲ.①高等学校—教育评估—
研究报告—中国—2013　Ⅳ.①G649.21

中国版本图书馆 CIP 数据核字（2015）第 321059 号

高等学校绩效评价报告 2013
GAODENG XUEXIAO JIXIAO PINGJIA BAOGAO 2013

出版发行	**教育科学出版社**				
社　　址	北京·朝阳区安慧北里安园甲 9 号		市场部电话	010-64989009	
邮　　编	100101		编辑部电话	010-64989363	
传　　真	010-64891796		网　　址	http://www.esph.com.cn	
经　　销	各地新华书店				
制　　作	北京金奥都图文制作中心				
印　　刷	保定市中画美凯印刷有限公司				
开　　本	169 毫米×239 毫米　16 开		版　　次	2015 年 12 月第 1 版	
印　　张	14.5		印　　次	2015 年 12 月第 1 次印刷	
字　　数	194 千		定　　价	45.00 元	

如有印装质量问题，请到所购图书销售部门联系调换。